Autodesk Revit Architecture 2017

Detlef Ridder

Autodesk Revit Architecture 2017

Praxiseinstieg

mitp

Bibliografische Information der Deutschen Nationalbibliothek
Die Deutsche Nationalbibliothek verzeichnet diese Publikation in der Deutschen Nationalbibliografie; detaillierte bibliografische Daten sind im Internet über <http://dnb.d-nb.de> abrufbar.

Bei der Herstellung des Werkes haben wir uns zukunftsbewusst für umweltverträgliche und wiederverwertbare Materialien entschieden.
Der Inhalt ist auf elementar chlorfreiem Papier gedruckt.

ISBN 978-3-95845-377-7
1. Auflage 2016

www.mitp.de
E-Mail: mitp-verlag@sigloch.de
Telefon: +49 7953 / 7189 - 079
Telefax: +49 7953 / 7189 - 082

© 2016 mitp-Verlags GmbH & Co. KG, Frechen

Dieses Werk, einschließlich aller seiner Teile, ist urheberrechtlich geschützt. Jede Verwertung außerhalb der engen Grenzen des Urheberrechtsgesetzes ist ohne Zustimmung des Verlages unzulässig und strafbar. Dies gilt insbesondere für Vervielfältigungen, Übersetzungen, Mikroverfilmungen und die Einspeicherung und Verarbeitung in elektronischen Systemen.

Die Wiedergabe von Gebrauchsnamen, Handelsnamen, Warenbezeichnungen usw. in diesem Werk berechtigt auch ohne besondere Kennzeichnung nicht zu der Annahme, dass solche Namen im Sinne der Warenzeichen- und Markenschutz-Gesetzgebung als frei zu betrachten wären und daher von jedermann benutzt werden dürften.

Lektorat: Sabine Schulz
Sprachkorrektorat: Petra Heubach-Erdmann
Covergestaltung: © Eisenhans/fotolia.com
Satz: III-satz, Husby, www.drei-satz.de
Druck: Medienhaus Plump GmbH, Rheinbreitbach

Inhaltsverzeichnis

		Vorwort	13
1		**Revit installieren, starten und loslegen**	19
1.1		Eine Testversion holen	19
	1.1.1	Hard- und Software-Voraussetzungen	21
	1.1.2	Installation	22
1.2		Installierte Programme	25
1.3		Revit starten	26
	1.3.1	Start	26
1.4		Die Revit-Benutzeroberfläche	28
	1.4.1	Programmleiste	28
	1.4.2	Anwendungsmenü	28
	1.4.3	Schnellzugriff-Werkzeugkasten	30
	1.4.4	Durchsuchen, Autodesk 360, Autodesk Exchange Apps und »?«	31
	1.4.5	Multifunktionsleiste, Register, Gruppen und Flyouts	31
	1.4.6	Benutzung der Werkzeuge	39
	1.4.7	Eigenschaften-Manager und Typen	40
	1.4.8	Optionsleiste	41
	1.4.9	Statusleiste	42
	1.4.10	Ansichtssteuerung	44
	1.4.11	Projektbrowser	48
	1.4.12	Zeichenfläche	50
1.5		Befehlsabkürzungen	52
1.6		Kontextmenüs	53
	1.6.1	Ohne aktive Befehle	53
	1.6.2	Kontextmenü mit aktivem Element	54
1.7		Objektwahl, Klick, Doppelklick und Objektfang	55
	1.7.1	Objektwahl	55
	1.7.2	Griffe an markierten Objekten	57
	1.7.3	Doppelklicken auf Objekte zum Bearbeiten	57
1.8		Info-Center	58

1.9		Übungsfragen	59
2		**Ein einfacher Grundriss**	**61**
2.1		Neues Projekt	61
	2.1.1	Geschoss-Ebenen	62
	2.1.2	Projektinformationen	63
	2.1.3	Projekt-Basispunkt	64
	2.1.4	Objektfang	65
	2.1.5	Einheiten	66
	2.1.6	Geschosshöhen	67
	2.1.7	Die 3D-Ansicht	68
2.2		Die ersten Wände	69
	2.2.1	Wände zeichnen	71
	2.2.2	Wandlängen korrigieren	74
	2.2.3	Innenwände konstruieren	75
2.3		Fenster und Türen	79
2.4		Geschossdecken	85
	2.4.1	Geschossdecke bearbeiten	88
	2.4.2	Unterschied Fixieren – Verbinden	89
2.5		Treppen	90
	2.5.1	Vorbereitung der Treppenseitenwand	91
	2.5.2	Treppe erstellen	93
	2.5.3	Das Treppenloch	94
2.6		Mehrere Stockwerke	95
	2.6.1	Stockwerke kopieren	95
	2.6.2	Geschossabhängige Änderungen	96
2.7		Dächer	99
2.8		Weitere Grundrisse und Ansichten	102
	2.8.1	Terrasse	103
	2.8.2	Eingangstreppe	105
	2.8.3	Kohlenschütte	106
	2.8.4	Komplexe Treppe	107
	2.8.5	Obergeschoss	108
	2.8.6	Keller	109
2.9		Übungsfragen	109
3		**Bearbeitungsfunktionen der Basiselemente**	**111**
3.1		3D-Ansicht für einzelne Geschosse erstellen	112
3.2		Das Register »Ändern«	114

	3.2.1	Gruppe »Auswählen«	115
	3.2.2	Gruppe »Eigenschaften«	117
	3.2.3	Gruppe »Zwischenablage«	117
	3.2.4	Gruppe »Geometrie«	118
	3.2.5	Gruppe »Ändern«	119
	3.2.6	Gruppe »Ansicht«	133
	3.2.7	Gruppe »Messen«	137
	3.2.8	Gruppe »Erstellen«	139
3.3	Geschossdecken bearbeiten		140
	3.3.1	Geschossdecke am Dach begrenzen	140
	3.3.2	Bodenplatte im Keller bearbeiten	142
3.4	Wände bearbeiten		144
	3.4.1	Die Geschoss-Schnitthöhe	144
	3.4.2	Wandtyp ändern	144
	3.4.3	Wände löschen, ergänzen und verschieben	145
	3.4.4	Verschieben mit und ohne Befehl	149
	3.4.5	Wände fixieren, Profil anpassen und Verbinden-Werkzeug	150
	3.4.6	Wände in Laufrichtung verbinden	153
3.5	Fenster bearbeiten		153
	3.5.1	Eigenschaften bearbeiten	153
	3.5.2	Fenster aus Bibliotheken	154
3.6	Türen bearbeiten		156
3.7	Geschosse kopieren		156
3.8	Übungsfragen		157
4	**Bemaßungen, Höhenkoten, Texte und Beschriftungen**		**159**
4.1	Die Bemaßungsbefehle		159
4.2	Die ausgerichtete Bemaßung		159
	4.2.1	Beispiel für ausgerichtete Bemaßung	160
	4.2.2	Maßkette bearbeiten	162
	4.2.3	Weitere Maßketten	163
4.3	Die lineare Bemaßung		165
4.4	Winkelbemaßung		166
4.5	Radius- und Durchmesserbemaßungen		167
4.6	Bogenlängenbemaßung		167
4.7	Höhenkoten		168
4.8	Punktkoordinate		170
4.9	Neigungskote		172
4.10	Text und Hinweistext		173

4.11		Bauteile beschriften	174
	4.11.1	Automatische Element-Beschriftungen	174
	4.11.2	Element-Bauelement	175
	4.11.3	Material-Bauelement	176
4.12		Übungsfragen	176

5 Gelände, Höhenausrichtung, Nord-Richtung ... 177

5.1		Gelände	177
5.2		Kellersohle	179
5.3		Baugrube	182
5.4		Weitere Geländewerkzeuge	182
5.5		Geografische Position	183
5.6		Projekt auf echte Höhe verschieben	184
5.7		Ausrichten nach der Himmelsrichtung	186
	5.7.1	Nordpfeil	186
5.8		Übungsfragen	188

6 Ansichten, Pläne und Plot ... 189

6.1		Ansichten	189
	6.1.1	Die Grundrisse	189
	6.1.2	Die Deckenpläne	190
	6.1.3	3D-Ansichten	191
	6.1.4	Außenansichten	195
	6.1.5	Innenansichten	198
	6.1.6	Schnitt	199
6.2		Planerstellung	200
6.3		Detailansichten und Detaillierung	202
	6.3.1	Detailausschnitt	202
	6.3.2	Detailschnitt	203
6.4		Plot	205
6.5		Übungsfragen	206

7 Konstruktionshilfen ... 209

7.1		Modelllinien	209
	7.1.1	Beispiel für Hilfskonstruktion	212
7.2		Raster	213
7.3		Arbeitsebenen	214
	7.3.1	Arbeitsebenen erstellen	214
	7.3.2	Arbeitsebene ausrichten	216
	7.3.3	Arbeitsebenenraster für Wandkonstruktion nutzen	217

7.4	Referenzebenen	217
7.5	Übungsfragen	218
8	**Weiteres zu Wänden, Decken, Fußböden und Treppen**	**219**
8.1	Wände	219
	8.1.1 Schichtaufbau	219
	8.1.2 Fassadenwände	220
	8.1.3 Abziehbilder	224
8.2	Decken und Lampen	224
8.3	Fußböden	226
	8.3.1 Türen, Treppen und Fußböden	230
8.4	Treppen	231
	8.4.1 Treppe nach Bauteil	232
	8.4.2 Treppe nach Skizze über Lauf	239
	8.4.3 Treppe nach Skizze über Begrenzung und Steigung	240
8.5	Geländer	241
8.6	Rampen	242
8.7	Übungsfragen	243
9	**Tragwerke**	**245**
9.1	Stützen	245
	9.1.1 Stützenarten	245
	9.1.2 Raster für Stützen	246
	9.1.3 Nichttragende Stützen	250
	9.1.4 Geneigte Stützen	251
9.2	Träger	252
9.3	Trägersysteme	255
9.4	Streben	257
9.5	Übungsfragen	258
10	**Weitere Dachformen**	**259**
10.1	Einzelne Dachformen	260
	10.1.1 Walmdachformen	261
	10.1.2 Satteldach	265
	10.1.3 Dächer mit Neigungspfeil	271
	10.1.4 Dächer über Extrusion	275
	10.1.5 Sonderformen	281
10.2	Dachzubehör, Dachgauben	284
10.3	Übungsfragen	288

11	**Konzeptionelles Design**	291
11.1	Volumenkörper erstellen	291
11.2	Dächer erzeugen	295
11.3	Fassaden und Wände erzeugen	296
11.4	Körpergeschosse und Geschossdecken erstellen	297
11.5	Konzeptuelles Design am Beispiel eines einfachen Hauses	298
11.6	Übungsfragen	305
12	**Komplexe Elemente**	307
12.1	Gruppen verwenden	307
	12.1.1 Gruppen erstellen	307
	12.1.2 Gruppen einfügen	308
	12.1.3 Gruppen bearbeiten	308
12.2	AutoCAD-Importe (Gelände)	309
12.3	Export	310
12.4	Übungsfragen	313
13	**Auswertungen**	315
13.1	Räume und Raumstempel	315
	13.1.1 Raumtrennung	315
	13.1.2 Raumstempel	316
	13.1.3 Farb-Legenden	318
	13.1.4 Nettoflächen	319
13.2	Flächen	322
13.3	Elementlisten	323
13.4	Übungsfragen	326
14	**Rendern**	327
14.1	Echte Höhe und geografische Ausrichtung	327
14.2	Standort	327
14.3	Sonnenstand und Schattenwurf	328
14.4	Rendern, fotorealistische Bilder	330
14.5	Hintergrund	333
14.6	Kameras	334
14.7	Walkthroughs	337
14.8	Übungsfragen	340
15	**Familieneditor**	341
15.1	Beispiel: Eigenes Fenster	341
	15.1.1 Familieneditor starten	341

	15.1.2	Die Multifunktionsleiste »Erstellen«	343
	15.1.3	Fenster-Bearbeitung.............................	345
	15.1.4	Fensterrahmen	348
	15.1.5	Fensterglas	351
15.2	Übungsfragen		352
A	**Befehlskürzel**		353
B	**Fragen und Antworten**		359
	Stichwortverzeichnis		371

Vorwort

Was ist Revit?

Objektorientiert und assoziativ

Revit ist ein sehr modernes objektorientiertes dreidimensionales Architekturprogramm mit stark interaktiven Funktionen. Der Name entspricht der Abkürzung von »REVise InstanTaneously« – auf Deutsch »Änderungen sofort übernehmen«. Dahinter steckt der Anspruch, Änderungen am CAD-Modell sofort zu übernehmen und auch so zu integrieren, dass alle damit in Verbindung stehenden Konstruktionselemente automatisch angepasst werden. Das wird dadurch realisiert, dass die Konstruktionselemente miteinander in assoziativer Verbindung stehen. Das wiederum ist nur durch eine Datenbank im Hintergrund realisierbar, die die Verknüpfungen der Elemente sofort aktualisiert. Die Zeichnungsdatei bei Revit trägt die Endung *.rvt als Abkürzung des Programmnamens.

Automatische Sicherungen

Damit diese kompakte Datei auch gut gesichert wird, führt Revit in regelmäßigen Zeitabständen automatische Speicherungen durch und verwaltet auch mehrere Versionen dieser Sicherungsdatei.

Wie oft Sie an das Speichern eines Projekts erinnert werden möchten, können Sie mit R-|OPTIONEN, dort unter der Registerkarte ALLGEMEIN (Abbildung 1) und bei ERINNERUNGSINTERVALL - SPEICHERN einstellen.

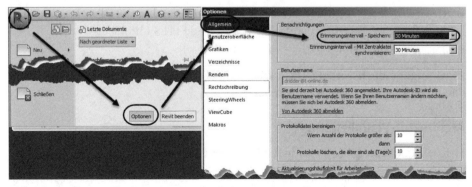

Abb. 1: Einstellungen für das automatische Sicherungsintervall

Die maximale Anzahl der Sicherungsdateien können Sie ändern unter ®-|SPEI-
CHERN UNTER|PROJEKT, und dort unter OPTIONEN bei SICHERUNGSKOPIEN MAXIMAL.
Vorgabemäßig werden 20 Sicherungen angelegt (Abbildung 2). Damit bleibt die
Möglichkeit, auch auf ältere Versionen des Projekts zurückzugreifen. Die Datein-
amen enthalten dann eine Versionsnummer.

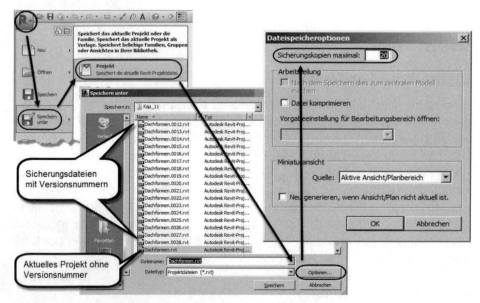

Abb. 2: Einstellen der maximalen Anzahl von Sicherungskopien

Neu in Revit 2017

Integration der Bereiche Architektur, Gebäudetechnik und Ingenieurbau

In der aktuellen Revit-Version sind nun die klassischen drei Einzelkomponenten

- *Architektur* – FRÜHER REVIT ARCHITECTURE,
- *Gebäudetechnik* – früher REVIT MEP (Gebäudesysteme planen, konstruieren und dokumentieren), entspricht den Bereichen HLS und Elektro – und
- *Ingenieurbau* – früher REVIT STRUCTURE

zusammengeführt worden. Das aktuelle Buch behandelt als einführendes Werk den klassischen Revit-Bereich *Architektur*.

Architektur-Visualisierung

Tiefenabschwächung der Linien in Ansichten und Schnitten

Um Ansichten und Schnitte visuell übersichtlicher zu gestalten, ist es möglich, eine Abschwächung der Linienstärken mit der Tiefe zu aktivieren. Damit werden weiter entfernt liegende Linien weniger intensiv dargestellt, was der natürlichen Wahrnehmung näher kommt.

Referenzebenen mit Farben, Linienstärken und Linientypen

In parametrischen Bauteile-Familien spielen Referenzebenen eine immer größere Rolle. Damit diese nach Sinn und Zweck besser unterschieden werden können, lassen sie sich nun mit verschiedenen Farben, Linienstärken und Linientypen darstellen.

Punktwolken

Die Sichtbarkeit lässt sich besser steuern.

Rendern

Der AutoCAD Raytracer wird nun verwendet. Damit ist keine spezielle Engine mehr nötig.

Walkthrougs mit Raytracing sind möglich.

Es gibt einen neuen transparenten Hintergrundstil.

Analyse

Es gibt eine neue effektive Energieanalyse-Funktion. Die Ergebnisse können ins Format gbXML zur Übergabe an andere Softwarepakete transferiert werden.

Weitere

Geländer lassen sich *abhängig von Oberflächen* skizzieren.

Die *Anzeige* von *Wänden* wurde optimiert.

Der Export als *FBX*-Format zu *3D-Studio-Max* ist möglich.

Ein *Format 360 Converter* verbessert den Export nach *A360*.

Um *Treppen* flexibler gestalten zu können, können sie jetzt als *Projektfamilien* erzeugt werden. Das eröffnet beste Gestaltungsmöglichkeiten.

Gebäudetechnik

In diesem Modul gibt es zahlreiche Detailverbesserungen.

Ingenieurbau

Verbesserungen wurden für Stützenverbindungen, Fundamente und Bewehrungen durchgeführt.

Für wen ist das Buch gedacht?

Dieses Buch wurde in der Hauptsache als Buch zum Lernen und zum Selbststudium konzipiert. Es soll Revit-Neulingen einen Einstieg und Überblick über die Arbeitsweise der Software geben, unterstützt durch viele Konstruktionsbeispiele. Nach der Benutzeroberfläche im ersten Kapitel werden im zweiten Kapitel die grundlegenden *Konstruktionsbefehle* anhand eines Einfamilienhauses erläutert. Im dritten Kapitel folgen dann die *Bearbeitungsbefehle*, die einerseits an passenden Einzelbeispielen erläutert werden, andererseits aber auch zur Vervollständigung des Einfamilienhauses aus dem vorhergehenden Kapitel genutzt werden. In den folgenden Kapiteln werden dann weitere Konstruktions- und Bemaßungsbefehle einzeln anhand von speziellen Detail-Beispielen demonstriert. Insbesondere soll durch die authentisch wiedergegebenen Bedienbeispiele in Form von Befehlsprotokollen auch ein schnelles autodidaktisches Einarbeiten erleichtert werden. Der Leser wird im Laufe des Lesens einerseits die Befehle und Bedienelemente von Revit in kleinen Schritten erlernen, aber darüber hinaus auch ein Gespür für die vielen Anwendungsmöglichkeiten entwickeln.

In zahlreichen Kursen, die ich für die *Handwerkskammer für München und Oberbayern* abhalten durfte, habe ich erfahren, dass gute Beispiele für die Befehle mehr zum Lernen beitragen als die schönste theoretische Erklärung. Erlernen Sie die Befehle und die Vorgehensweisen, indem Sie gleich Hand anlegen und mit dem Buch vor sich jetzt am Computer die ersten Schritte gehen. Sie finden hier zahlreiche Demonstrationsbeispiele, aber auch Aufgaben zum Selberlösen. Wenn darunter einmal etwas zu Schwieriges ist, lassen Sie es zunächst weg. Sie werden sehen, dass Sie etwas später nach weiterer Übung die Lösungen finden. Benutzen Sie die Dokumentationen und insbesondere das Register am Ende auch immer wieder zum Nachschlagen.

Arbeiten mit dem Buch

Das Buch ist in 15 Kapitel gegliedert und kann, sofern genügend Zeit (ganztägig) vorhanden ist, vielleicht in zwei bis drei Wochen durchgearbeitet werden. Am Ende aller Kapitel finden Sie Übungsfragen zum theoretischen Wissen. Im Anhang liegen auch die Lösungen vor, sodass Sie sich kontrollieren können. Nutzen Sie diese Übungen im Selbststudium und lesen Sie ggf. einige Stellen noch mal durch, um auf die Lösungen zu kommen. An vielen Stellen waren auch kleine Tipps nötig, die extra hervorgehoben wurden.

Nicht jeder wird genügend Zeit haben, das Buch von vorn bis hinten durchzuarbeiten. Deshalb soll hier eine Übersicht kurz zeigen, wo Sie welche wichtigen Informationen finden:

- Kapitel 1 – Revit installieren, starten und loslegen
- Kapitel 2 – Ein einfacher Grundriss

- **Kapitel 3 – Bearbeitungsfunktionen der Basiselemente**
- **Kapitel 4 – Bemaßungen, Höhenkoten, Texte und Beschriftungen**
- Kapitel 5 – Gelände, Höhenausrichtung, Nord-Richtung
- **Kapitel 6 – Ansichten, Pläne und Plot**
- Kapitel 7 – Konstruktionshilfen
- Kapitel 8 – Weiteres zu Wänden, Decken, Fußböden und Treppen
- Kapitel 9 – Tragwerke
- Kapitel 10 – Weitere Dachformen
- Kapitel 11 – Konzeptionelles Design
- Kapitel 12 – Komplexe Elemente
- Kapitel 13 – Auswertungen
- Kapitel 14 – Rendern
- Kapitel 15 – Familieneditor

Die *grundlegenden Kapitel* sind in dieser Auflistung **fett** markiert. Diese Kapitel sollte jeder lesen bzw. inhaltlich beherrschen. Die übrigen Kapitel empfehle ich, nach Bedarf zu studieren.

Für *Anfänger*, die noch nie mit der Materie CAD zu tun gehabt haben, wäre es interessant, zunächst mit *Kapitel 1 einen Überblick* über die Oberfläche zu gewinnen, ohne aber zu tief einzusteigen. Danach sollte das *zweite Kapitel mit dem Übungsbeispiel* durchgearbeitet werden, und dann die fett markierten Kapitel.

Nach diesem Grundstudium sind alle möglichen Zeichenaufgaben lösbar. Dann wären als Erweiterung die Kapitel 5, 7 bis 14 interessant.

Wer sich mit der Erweiterung der Möglichkeiten, die Revit bietet, beschäftigen will, sollte nun in Kapitel 15 sehen, wie eigene Bauteile erstellt werden können.

Sie werden gewiss an der einen oder anderen Stelle tiefer einsteigen wollen. Den Sinn des Buches sehe ich eben darin, Sie für die selbstständige Arbeit mit der Software vorzubereiten. Sie sollen die Grundlinien und Konzepte der Software kennenlernen. Mit dem Studium des Buches haben Sie dann die wichtigen Vorgehensweisen und Funktionen kennengelernt, sodass Sie sich dann auch mit den Online-Hilfsmitteln der Software weiterbilden können.

Für weitergehende Fragen steht Ihnen eine umfangreiche Hilfefunktion in der Software selbst zur Verfügung. Dort können Sie nach weiteren Informationen suchen, und darauf soll Sie das Buch vorbereiten.

Über die E-Mail-Adresse `DRidder@t-online.de` erreichen Sie den Autor bei wichtigen Problemen direkt. Auch für Kommentare, Ergänzungen und Hinweise auf eventuelle Mängel bin ich immer dankbar. Geben Sie als Betreff bitte den Buchtitel an.

Darstellung der Icons, Dialogfelder und Schreibweise für die Befehlsaufrufe

Dialogfelder wurden für die effektive Darstellung im Buch teilweise unterbrochen und verkleinert, um Platz zu sparen. Sie erkennen das meist an den Bruchlinien.

Da die Befehle auf verschiedene Arten eingegeben werden können, die Multifunktionsleisten sich aber wohl als normale Standardeingabe behaupten, wird hier generell die Eingabe für die Multifunktionsleisten beschrieben, sofern nichts anderes erwähnt ist. Ein typischer Befehlsaufruf wäre beispielsweise ARCHITEKTUR|ERSTELLEN|TÜR (REGISTER|GRUPPE|FUNKTION).

Oft gibt es in den Befehlsgruppen noch Funktionen mit Untergruppierungen, sogenannte Flyouts, oder weitere Funktionen hinter der Titelleiste der Gruppe. Wenn solche aufzublättern sind, wird das mit dem Zeichen ▼ angedeutet. Oft findet sich auch in der rechten Ecke des Gruppentitels ein spezieller Verweis auf besondere Funktionen, mit denen meist Voreinstellungen vorzunehmen sind. Das Zeichen dafür ist ein kleines Pfeilsymbol nach rechts unten. Es wird im Buch mit ↘ dargestellt.

Wie geht's weiter?

Mit einer Revit-Testversion aus dem Internet und den hier angebotenen Lernmitteln, nämlich dem Buch und den Beispielen darin, hoffe ich, Ihnen ein effektives Instrumentarium zum Erlernen der Software zu bieten. Benutzen Sie auch den Index zum Nachschlagen und unter Revit die Hilfefunktion zum Erweitern Ihres Horizonts. Dieses Buch kann bei Weitem nicht erschöpfend sein, was den Befehlsumfang von Revit betrifft. Probieren Sie daher immer wieder selbst weitere Optionen der Befehle aus, die ich in diesem Rahmen nicht beschreiben konnte. Arbeiten Sie viel mit Kontextmenüs und Griffen sowie deren Menüs. Das Buch hat viel Mühe gekostet, aber ich hoffe, dass es sich lohnen wird, um Ihnen als Leser eine gute Hilfe zum Start in das Thema Revit 2017 zu geben. Ich wünsche Ihnen viel Spaß und Erfolg bei der Arbeit mit dem Buch und mit der Revit-Software.

Detlef Ridder
Germering, den 31.3.2016

Kapitel 1

Revit installieren, starten und loslegen

In diesem einleitenden Kapitel wird grundlegend in die Programmbenutzung eingeführt. Sie lernen zuerst den Revit-Bildschirm mit seinen Bedienelementen kennen. Schließlich wird auch die grundlegende Dateiverwaltung erläutert.

1.1 Eine Testversion holen

Testversionen von Revit 2017 für 64-Bit-Windows erhalten Sie direkt von AUTODESK über das Internet (www.autodesk.de). Eine Testversion kann 30 Kalendertage (gerechnet ab dem Installationstag) zum Testen benutzt werden. Sie kann auf einem PC nur ein einziges Mal installiert werden.

- http://www.autodesk.de
- Unten rechts bei KOSTENLOSE TESTVERSIONEN auf KOSTENLOSE TESTVERSION HERUNTERLADEN klicken.
- Im nächsten Fenster unter *Kostenlose Testversionen von CAD-Programmen* wählen Sie REVIT.
- Im darauf folgenden Fenster klicken Sie auf JETZT HERUNTERLADEN (DOWNLOAD NOW) ▼.
- Sie müssen dann die *Autodesk-Datenschutzrichtlinien* akzeptieren und erhalten den Download für die 64-Bit-Version.
- Der Download wird zwei EXE-Dateien in Ihr Download-Verzeichnis kopieren, von denen eine die Web-Installationsdatei ist, die sofort die Installation startet.
- Beim ersten Start des Programms müssen Sie dann die Lizenzdaten eingeben, die Ihnen per E-Mail zugehen, oder für den 30-Tage-Test einfach die Option zum Testen anklicken.
- Auf der Download-Seite erfahren Sie auch unter SYSTEMANFORDERUNGEN, welche Anforderungen an Hard- und Software gestellt werden.

Kapitel 1
Revit installieren, starten und loslegen

Abb. 1.1: Autodesk-Seite mit kostenlosen Testversionen

Abb. 1.2: Revit auswählen

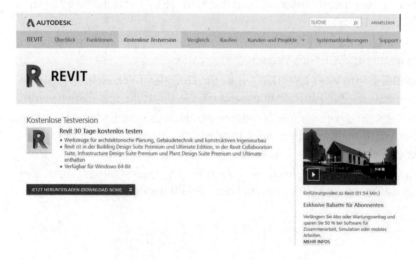

Abb. 1.3: Testversion laden oder weiter zur Studentenversion

Um eine länger nutzbare *Studentenversion* zu erhalten, können Sie auf der Download-Seite gleich in die Kategorie KOSTENLOSE SOFTWARE FÜR SCHÜLER UND STUDENTEN gehen. Dort müssen Sie sich identifizieren und Ihre Bildungseinrichtung angeben. Voraussetzung ist, dass Ihre Ausbildungsstätte bei Autodesk registriert ist. Die Studentenversion, die Sie dort herunterladen, ist länger gültig, darf aber wie die normale Testversion nicht zur kommerziellen Verwendung, sondern nur zum Üben benutzt werden.

Alternativ besuchen Sie für die Studentenversion auch direkt die Seite

- students.autodesk.com,
- melden sich mit Ihrer E-Mail-Adresse an und
- geben Ihre Ausbildungsstätte an.
- Sie können dann verschiedenste Programme von Autodesk herunterladen.
- Die Erstinstallation der Software muss auf *dem* Rechner erfolgen, auf den Sie die Software heruntergeladen haben. Per E-Mail erhalten Sie dann auch die Studentenlizenz.

Hinweis

Bitte beachten Sie, dass der Verlag weder technischen noch inhaltlichen Support für die Revit-Testversionen übernehmen kann. Bitte wenden Sie sich ggf. an den Hersteller Autodesk: www.autodesk.de.

1.1.1 Hard- und Software-Voraussetzungen

Revit 2017 läuft unter folgenden Microsoft-Windows-64-Bit-Betriebssystemen:

- *Windows 7* Enterprise, Ultimate, Professional oder Home Premium mit Service Pack 1
- *Windows 8.1* Standard, Enterprise oder Pro
- *Windows 10* Enterprise oder Pro

Zusätzlich ist mindestens Microsoft Internet Explorer 7.0 für die Installation und Hilfefunktion nötig.

Bei der Hardware wird mindestens *SSE2*-Technologie mit folgenden Prozessoren vorausgesetzt:

- *Intel-Pentium®, -Xeon®, oder i-Serie-Prozessor*
- *AMD®-Prozessor*

Ferner wird benötigt

- mindestens *4 GB RAM* (*8 GB* empfohlen)
- Bildschirmauflösung ab 1280x1024 Pixel mit True Color, empfohlen werden 1600x1050 Pixel und mehr für die Vollversion

Kapitel 1
Revit installieren, starten und loslegen

- Grafikkarte für 1024x768 Pixel mit *True Color* (24 Bit), empfohlen wird *DirectX11*-Kompatibilität
- *5 GB freier* Speicherplatz auf der Festplatte zur Installation, > *8 GB* zum Betrieb
- *Microsoft-Mouse*-kompatibles Zeigegerät (am besten optische Wheel-Mouse), *3Dconnection®-kompatible Maus* (z. B. SpaceMouse).

Grafikkarte und Treiber werden beim ersten Start auf ihre Leistung überprüft und die Voreinstellungen für fortgeschrittene 3D-Darstellungen ggf. angepasst.

Wer viel im 3D-Bereich arbeitet und fotorealistische Darstellungen erzeugt, sollte mit RAM-Speicher nicht sparen und vielleicht auf 16 GB aufrüsten, ebenso mindestens 3-GHz-Prozessoren und eine Grafikauflösung ab 1920x1200 Pixel verwenden.

Auf dem *MAC-Rechner* müssten Sie mit der Software *Parallels Desktop®* einen virtuellen PC mit einem der obigen *Windows-Betriebssysteme* installieren, um dann dort Revit zu benutzen.

1.1.2 Installation

Obwohl Sie zur Ausführung von Revit nur einfache Benutzerrechte benötigen, müssen Sie für die Installation Administratorrechte auf dem PC besitzen. Vor der Installation schließen Sie bitte alle Programme.

Bei einer gekauften Version auf einer Original-Revit-DVD startet die Installation nach dem Einlegen automatisch. Sollte die Installation nicht von selbst starten, dann

- wählen Sie unter *Windows 7* die Betriebssystemfunktion START|ALLE PROGRAMME|ZUBEHÖR|AUSFÜHREN... oder
- aktivieren Sie unter *Windows 8, 8.1 und 10* nach Rechtsklick auf das Windows-Icon unten links die Option AUSFÜHREN und
- wählen dort unter DURCHSUCHEN die Datei SETUP.EXE auf dem DVD-Laufwerk an (üblicherweise Laufwerk D:), also D:SETUP.EXE.

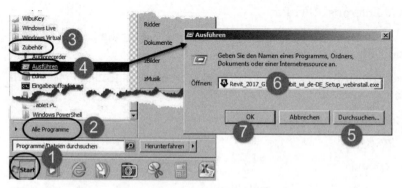

Abb. 1.4: Installation unter Windows 7 starten mit Reihenfolge der Schritte

Abb. 1.5: Installation mit AUSFÜHREN unter Windows 8, 8.1 und 10 aktivieren

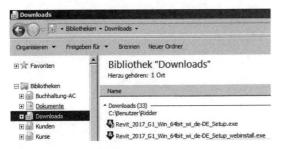

Abb. 1.6: Die Download-Dateien

Wenn Sie mit Download aus dem Internet arbeiten, haben Sie zunächst zwei *EXE-Dateien* im *Download-Verzeichnis* (Abbildung 1.6):

- C:/Downloads/Revit_2017_G1_Win_64bit_wi_de-DE_Setup.exe und
- C:/Downloads/Revit_2017_G1_Win_64bit_wi_de-DE_Setup_webinstall.exe.

Die Installation beginnt dann automatisch und meldet sich mit der Installationsseite (Abbildung 1.7).

Abb. 1.7: Produkte installieren

Kapitel 1
Revit installieren, starten und loslegen

- Hier wählen Sie INSTALLIEREN.

Abb. 1.8: Revit-2017-Komponenten konfigurieren

- Das nächste Dialogfenster heißt INSTALLIEREN > INSTALLATION KONFIGURIEREN. Hierüber lassen sich die gewählten Produkte noch wahlweise aktivieren (Abbildung 1.8):
  - AUTODESK® REVIT® 2017 und
  - AUTODESK® REVIT® CONTENT LIBRARIES 2017 – Bibliotheken für Standard-Teile wie Möbel etc. – und
  - AUTODESK® BIM 360™ ADD-IN FOR REVIT® 2017 – eine Zusatzsoftware für Projektteams, die das gemeinsame Arbeiten über BIM 360 ermöglicht.
  - Bei AUTODESK® REVIT® 2017 können Sie nach Klick auf ▼ weitere Installationsdetails einstellen: UNTERKOMPONENTEN: EXCHANGE APP MANAGER ein Zusatz zur bequemeren Verwaltung, falls Sie sich von Autodesk noch zusätzliche Apps herunterladen.

1.2 Installierte Programme

Nach erfolgter Installation steht Ihnen neben Revit noch ein Viewer zur Verfügung, die Sie beide bei *Windows 7* unter START|ALLE PROGRAMME|AUTODESK|REVIT 2017 finden. Bei *Windows 8.1* müssen Sie unter den APPS etwas suchen und bei *Windows 10* sind sie wieder leicht zu finden, wenn Sie auf das Windows-Logo links unten klicken und dann ALLE APPS wählen (Abbildung 1.9, Abbildung 1.10):

Abb. 1.9: Aufruf der Programme unter Windows 10

- REVIT VIEWER – ist ein Programm zur Anzeige und zum Plotten von Revit-Zeichnungen.

Bei Windows 8.1 finden Sie diese Programme am leichtesten, wenn Sie vom Sperr-Bildschirm über den Start-Bildschirm zu den APPS wechseln und diese dann nach INSTALLATIONSDATUM sortieren.

Abb. 1.10: Revit-Komponenten unter den Apps bei Windows 10

1.3 Revit starten

Beim ersten Start des Programms mit einem Klick auf das Revit-Symbol auf dem Desktop können Sie entweder das Programm aktivieren lassen, wenn Sie es als lizenzierte Version benutzen wollen, oder für 30 Kalendertage als Testversion ausführen. In dieser Zeit dürfen Sie die Funktionen von Revit austesten, aber keine produktiven Arbeiten damit ausführen. Wenn Sie dazu einfach PRODUKT AUSFÜHREN anklicken, werden Sie regelmäßig informiert, wie viele Kalendertage Ihnen noch für die Testversion verbleiben.

Abb. 1.11: Start-Button für Revit 2017

> **Tipp**
>
> **Strikte 30-Kalendertage-Test-Phase!**
>
> Bedenken Sie bei der Installation auch, dass die Test-Phase exakt vom Installationstag an in Kalendertagen zählt und eine spätere Neuinstallation zur Verlängerung der Test-Phase keinen Zweck hat. Nach den 30 Tagen ab Erstinstallation kann und darf die Software nur noch nach Kauf benutzt werden! Die Zeitspanne für die 30-Tage-Testperiode lässt sich nicht durch Neuinstallation umgehen!

1.3.1 Start

Nach dem Programmstart finden Sie drei verschiedene Kategorien PROJEKTE, FAMILIEN und an der rechten Seite RESSOURCEN. Unter *Projekten* versteht man die eigentlichen Konstruktionen, die Sie mit Revit erstellen wollen. Unter *Familien* werden hier die Normteile wie Möbel, Standard-Zukaufteile und auch alle Einzelkomponenten verstanden, die Sie eventuell selbst für Ihre Projekte erstellen.

Unter den RESSOURCEN finden Sie weitere Informationen und Hilfsmittel. NEUE FUNKTIONEN informiert über die Neuheiten der aktuellen Version, HILFE verzweigt zur Online-Hilfeseite, EINFÜHRUNGSVIDEOS und WEITERE VIDEOS zeigen Videos, die als Einführung sehr nützlich sind. Über AUTODESK APP-STORE können Sie auf benutzerspezifische kleine und nützliche Zusatzprogramme zugreifen, die Ihnen Autodesk teils gratis, teils kostenpflichtig anbietet. Über REVIT COMMUNITY ist eine Kommunikation mit anderen Revit-Nutzern möglich. Ganz unten gibt VIDEOS: ERSTE SCHRITTE einen kleinen Einführungskurs in die Revit-Benutzung.

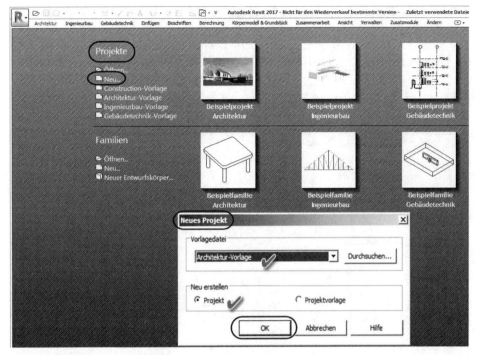

Abb. 1.12: Begrüßungsseite von Revit

Die normale Programmnutzung beginnt mit PROJEKTE|NEU oder für ein bestehendes Projekt mit PROJEKTE|ÖFFNEN.

Zu Beginn eines neuen Projekts werden Sie noch nach der Vorlagendatei gefragt (Abbildung 1.13). Für unsere Konstruktionen soll die ARCHITEKTUR-VORLAGE verwendet werden. Da in der aktuellen Version die früher einzeln verfügbaren Versionen für Revit Architecture, Revit Structure (Struktur und Berechnung) und Revit MEP (Gebäudetechnik) zusammengefaßt wurden, bestimmen Sie mit der Wahl der spezifischen Vorlage die gewünschte Disziplin.

Abb. 1.13: Wahl der Vorlage

Kapitel 1
Revit installieren, starten und loslegen

1.4 Die Revit-Benutzeroberfläche

Die Revit-Architecture-Benutzeroberfläche besitzt zahlreiche Bedienelemente, die im Folgenden vorgestellt werden.

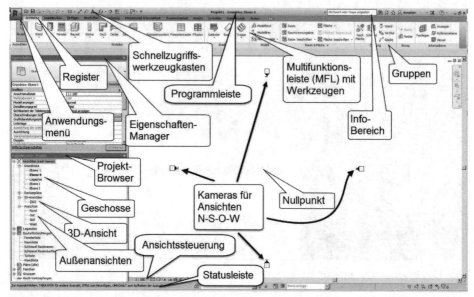

Abb. 1.14: Revit-Benutzeroberfläche

1.4.1 Programmleiste

Als oberste Leiste erkennt man die *Programmleiste*. In dieser Leiste wird, der Name der gerade in Arbeit befindlichen Zeichnung angezeigt, hier zu Beginn Projekt1.rvt. Revit zeigt hier die aktuelle Projektdatei an. Die Dateiendung für Revit-Zeichnungen ist stets *.RVT (für **ReViT**).

1.4.2 Anwendungsmenü

Ganz links oben in der *Programmleiste* liegt in der Schaltfläche mit dem Revit-Symbol das ANWENDUNGSMENÜ. Dieses Werkzeug bietet generell eine Sammlung von Dateibearbeitungsbefehlen:

- einen schnellen Zugriff auf LETZTE DOKUMENTE, GEÖFFNETE DOKUMENTE,
- die wichtigsten Dateiverwaltungsbefehle wie NEU, ÖFFNEN, SPEICHERN, SPEICHERN UNTER und EXPORTIEREN, SUITE-ARBEITSABLÄUFE, VERÖFFENTLICHEN, DRUCKEN.

- unter SCHLIEßEN die Möglichkeit zum Schließen der aktuellen oder aller Zeichnungen,
- ganz unten die Schaltfläche OPTIONEN mit Zugriff auf viele Grundeinstellungen des Programms wie z. B. das Sicherungsintervall,
- und ganz rechts unten eine Schaltfläche zum BEENDEN der Revit-Sitzung. Falls Sie noch nicht gespeichert hatten, wird Ihnen das Speichern angeboten.

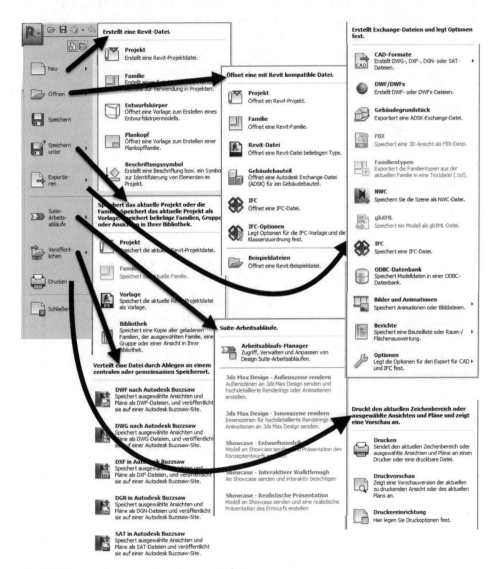

Abb. 1.15: Anwendungsmenü und seine Funktionen

1.4.3 Schnellzugriff-Werkzeugkasten

Gleich rechts neben dem ANWENDUNGSMENÜ finden Sie den SCHNELLZUGRIFF-WERKZEUGKASTEN. Darin liegen die wichtigsten und meistgebrauchten Befehlswerkzeuge wie

- die Dateiwerkzeuge ÖFFNEN, SPEICHERN, SYNCHRONISIEREN.
- ferner die beiden Werkzeuge ZURÜCK und WIEDERHERSTELLEN, um einen oder mehrere Befehle rückgängig zu machen bzw. dies zu widerrufen. Neben ZURÜCK und WIEDERHERSTELLEN finden Sie kleine schwarze Dreiecke, die Symbole zum Aufklappen. Dahinter verbirgt sich die Änderungshistorie mit der Möglichkeit, gleich mehrere Befehle rückgängig zu machen oder wiederherzustellen.
- MESSEN – Hiermit können Sie Maße in Ihrer Konstruktion abnehmen, ohne permanent eine Bemaßung zu erstellen.
- AUSGERICHTETE BEMASSUNG – erstellt eine Bemaßung.
- NACH KATEGORIE BESCHRIFTEN – erzeugt eine Beschriftung wie z. B. Nummerierung der Fenster und Türen.
- TEXT A – erstellt einen Beschriftungstext.
- 3D-ANSICHT – verzweigt zur Standard-3D-Ansicht.
- SCHNITT – dient zum Zeichnen eines *Schnittverlaufs* und erzeugt automatisch eine *Schnittansicht* sowie eine SCHNITT-Kategorie im PROJEKTBROWSER.

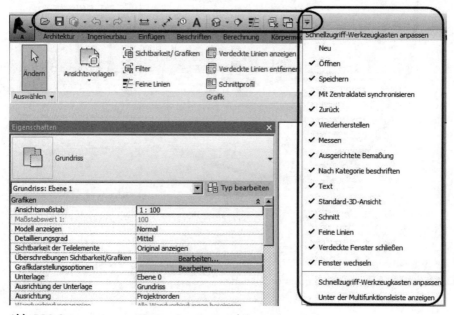

Abb. 1.16: SCHNELLZUGRIFF-WERKZEUGKASTEN und Kontextmenü

- FEINE LINIEN ⋶ – schaltet von der Anzeige mit zeichentechnischer unterschiedlicher Linienstärke zur Anzeige mit extra dünnen Linien um und umgekehrt.
- VERDECKTE FENSTER SCHLIEßEN – schließt momentan nicht sichtbare Ansichtsfenster.
- FENSTER WECHSELN – wechselt zwischen verschiedenen Ansichtsfenstern.

Rechts daneben finden Sie die Dropdown-Liste ▼ SCHNELLZUGRIFF-WERKZEUGKASTEN ANPASSEN, um Werkzeuge zu entfernen oder wieder aufzunehmen. Auch können hier beliebige Werkzeuge aus den Multifunktionsleisten-Registern darunter leicht hinzugefügt werden. Dazu gehen Sie mit einem Rechtsklick auf ein Werkzeug und wählen dann die Kontextmenüfunktion ZUM SCHNELLZUGRIFF-WERKZEUGKASTEN HINZUFÜGEN.

1.4.4 Durchsuchen, Autodesk 360, Autodesk Exchange Apps und »?«

Oben rechts in der Programmleiste finden Sie sechs Werkzeuge.

- DURCHSUCHEN – ermöglicht die Suche nach Begriffen in der *Revit-Hilfe-Dokumentation* und bei *Autodesk-Online* im Internet. Sie können dort einen Begriff eingeben und dann auf das Fernglassymbol klicken. Die Fundstellen werden durchsucht, und Sie können sie zum Nachschlagen anklicken.
- KOMMUNIKATIONS-CENTER – Hier erhalten Sie einerseits Meldungen über die *Aktualität* Ihres Programms oder nötige Updates, andererseits können Sie als Subskriptionskunde ins SUBSCRIPTION CENTER gehen und sich die Extras für Subskriptionskunden abholen. Zugänge zu FACEBOOK und TWITTER werden hier auch angeboten.
- FAVORITEN
- AUTODESK 360 – dient zur Anmeldung in der Cloud unter einer Autodesk-Kunden-ID. Sie können dort Zeichnungen hinterlegen, die sich von jedem Ort aus abrufen lassen.
- EXCHANGE APPS – Über das Werkzeug mit dem »X«-Symbol gelangen Sie in den AUTODESK APPS-STORE, wo Sie zahlreiche Zusatzfunktionen gratis oder gegen Gebühr herunterladen können.
- ? – bietet mit *Hilfe* die übliche Online-Hilfe zur Information über Befehle und Verfahren an. Im Punkt *Info über Autodesk Revit Architecture 2017* und weiter unter *Produktinformationen* können Sie die Daten Ihrer Installation und Registrierung finden.

1.4.5 Multifunktionsleiste, Register, Gruppen und Flyouts

Unterhalb der Programmleiste erscheint die *Multifunktionsleiste* mit zahlreichen *Registern*. Jedes *Register* enthält thematisch gegliederte *Gruppen* von Befehlen.

Diese *Gruppen* können teilweise noch aufgeblättert werden. Das erkennt man dann am kleinen schwarzen Dreieck ▼ im unteren Rand. Das Aufblättern kann über eine Pin-Nadel fixiert werden. Im aufgeblätterten Bereich finden sich üblicherweise die selteneren Befehle der Gruppe.

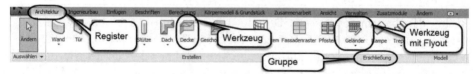

Abb. 1.17: Struktur der Multifunktionsleisten mit Registern, Gruppen, Werkzeugen

Auch innerhalb der Gruppe können die Werkzeuge noch in sogenannten *Flyouts* organisiert sein. Das *Flyout* wird wieder durch ein Dreieckssymbol ▼ gekennzeichnet. Klicken Sie darauf, um zum gewünschten Befehl zu navigieren. Danach bleibt der zuletzt benutzte Befehl als sichtbares Symbol stehen.

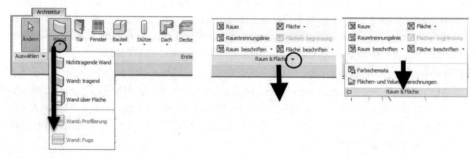

Abb. 1.18: Flyouts bei Werkzeugen und Gruppen

Sie können auch eine Gruppe aus der Multifunktionsleiste heraus auf die Zeichenfläche bewegen, indem Sie mit gedrückter Maustaste am *Gruppentitel* nach unten ziehen. Dadurch bleibt die Gruppe auch dann erhalten, wenn Sie das Multifunktionsregister wechseln. Mit einem Klick auf das kleine Symbol in der rechten oberen Ecke der Berandung lässt sich die Gruppe später wieder zurückstellen. Diese Berandung erscheint erst, wenn Sie mit dem Cursor die Gruppenfläche berühren.

Nicht immer sind alle Gruppen einer Multifunktionsleiste aktiviert. Mit einem Rechtsklick in einen *Gruppentitel* lassen sich weitere unter GRUPPEN ANZEIGEN per Klick aktivieren.

In manchen *Gruppentiteln* finden Sie rechts einen kleinen schrägen Pfeil ↘. Dahinter befinden sich üblicherweise spezielle Einstellungen und Stile für die Befehle dieser Gruppe.

In der Multifunktionsleiste werden folgende Register angeboten:

1.4 Die Revit-Benutzeroberfläche

- ARCHITEKTUR
  - enthält die grundlegenden *Konstruktionsbefehle* in den Gruppen ERSTELLEN und ERSCHLIESSUNG mit den Werkzeugen für WAND, TÜR, FENSTER, DACH, GESCHOSSDECKE und TREPPE, um nur die fundamentalen zu nennen.
  - Aber auch Funktionen für zweidimensionale Zeichnungsobjekte und *Hilfsgeometrien* wie MODELLTEXT und MODELLLINIE liegen hier in der Gruppe MODELL. Die Raumstempel und Flächenberechnungen können mit den Werkzeugen in RAUM & FLÄCHE erzeugt werden. Unter ÖFFNUNG finden sich verschiedenste Werkzeuge für Wand-, Decken- und Dachdurchbrüche.

> **Tipp**
>
> Eine *Legende für Raumstempel* finden Sie nicht hier, sondern im Register ANSICHT!

  - Und schließlich bietet die Gruppe ARBEITSEBENE für die Fälle, wo eine andere Ebene als die normale Draufsicht zum Zeichnen benötigt wird, unter FESTLEGEN und REFERENZEBENE unterschiedlich zu definierende *Arbeitsebenen* an.

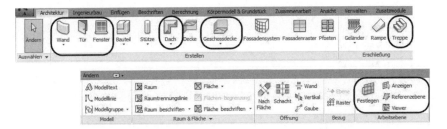

Abb. 1.19: Register ARCHITEKTUR

- INGENIEURBAU
  - Im Register INGENIEURBAU finden sich in der Gruppe INGENIEURBAU neben dem aus dem Register ARCHITEKTUR schon bekannten Befehl STÜTZE weitere Konstruktionsbefehle für Tragwerkselemente wie TRÄGER und STREBE. TRÄGERSYSTEME werden für Dachstühle interessant, das Werkzeug RASTER in der Gruppe BEZUG vereinfacht das Positionieren regelmäßig angeordneter Stützen.
  - Unter MODELL|BAUTEIL können Sie entweder aus einer umfangreichen Bibliothek seltener benutzte Bauelemente auswählen oder eigene Bauteile als Volumenkörper erstellen.
  - Bei den ÖFFNUNGEN werden hier neben den schon aus dem Register ARCHITEKTUR bekannten auch *Durchbrüche in Trägern* bei NACH FLÄCHE angeboten.

Kapitel 1
Revit installieren, starten und loslegen

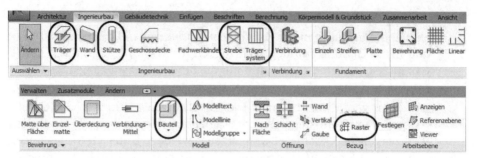

Abb. 1.20: Register INGENIEURBAU

- GEBÄUDETECHNIK – Dieses Register bietet zahlreiche Funktionen zur Gebäudeinstallation an.

Abb. 1.21: Register GEBÄUDETECHNIK

- EINFÜGEN – enthält alle möglichen Befehle zum VERKNÜPFEN und IMPORTIEREN von Objekten aus verschiedenen Quellen. Verknüpfen können Sie
  - andere REVIT-Projekte,
  - IFC-Daten-Modelle, die im neutralen CAD-Format International Foundation Classes vorliegen,
  - andere CAD-Formate wie *DWG* und *DXF* von AutoCAD®, *DGN* von MicroStation, *SAT* (ACIS-Format aus anderen ACIS-basierenden CAD-Systemen), *SKP* von SketchUp (Trimble),
  - ein ABZIEHBILD zum Anheften an eine Modell-Oberfläche in den Pixelformaten *BMP*, *JPG*, *JPEG*, *PNG* und *TIF*,
  - PUNKTWOLKEN von Laserscannern.

  Die verknüpften Daten bleiben als externe Dateien nur an das Revit-Modell angehängt und repräsentieren den aktuellen Zustand der jeweiligen Datei. Mit VERKNÜPFUNGEN VERWALTEN können sie auch aus dem Projekt entfernt oder während der aktuellen Sitzung aktualisiert werden.

Beim IMPORTIEREN werden Kopien der Dateien in das Revit-Projekt hineinkopiert und sind damit unabhängig von der Ursprungsdatei. Der Import ist möglich

- für CAD-Formate wie oben,
- mit AUS DATEI EINFÜGEN für das Revit-Format *RVT* und das Autodesk-interne Austauschformat *ADSK* z. B. aus Inventor.
- mit BILD, um ein *Hintergrundbild* für die orthogonalen Ansichten aus den Kategorien GRUNDRISSE, DECKENPLÄNE, ANSICHTEN (d.h. Außenansichten) und SCHNITTE zu nutzen.

Abb. 1.22: Register EINFÜGEN

- BESCHRIFTEN – umfasst die Befehlsgruppe BEMAßUNG mit allen Bemaßungsbefehlen, die Gruppe DETAIL mit den Werkzeugen für das Zeichnen und Illustrieren in zweidimensionalen *Detailzeichnungen*, weiter die üblichen Textbefehle. Die Gruppe BESCHRIFTUNG enthält automatisierte Befehle für *Bauteilbeschriftungen*. Schließlich findet sich unter FARBFÜLLUNG noch die FARBENLEGENDE zur Ergänzung der *Raumstempel* aus dem Register ARCHITEKTUR.

Abb. 1.23: Register BESCHRIFTEN

- BERECHNUNG – bietet Ihnen verschiedene Berechnungsmöglichkeiten für die Konstruktion an. Am interessantesten dürfte die energetische Berechnung des Gebäudes sein, die aber nur über das Internet möglich ist. Als Ergebnis gibt's eine komplette Energieverbrauchsbilanz für ein Jahr. Bedingung ist natürlich, dass das Gebäude bzw. die Gebäudehülle komplett und dicht ist.

Abb. 1.24: Register BERECHNUNG

- KÖRPERMODELL & GRUNDSTÜCK – Hierunter verbergen sich mehrere Arten von Konstruktionen.
  - Einerseits können Sie Dinge als PROJEKTKÖRPER modellieren, für die keine fertigen Elemente zur Verfügung stehen.
  - Andererseits können Sie Gebäudeaußenkonturen als PROJEKTKÖRPER modellieren und mit ÜBER FLÄCHE MODELLIEREN dann aus den Außenflächen und Stockwerken die Architekturelemente FASSADENSYSTEM, DACH, WAND und GESCHOSSDECKE erzeugen. Man nennt diese Vorgehensweise *konzeptuelles Design* im Gegensatz zum üblichen Vorgehen, wo Geschoss für Geschoss und Wand für Wand einzeln erstellt werden.
  - Mit GELÄNDE können Sie einzelne Vermessungspunkte mit Höhenangaben eingeben, um ein Gelände zu modellieren. Damit dieses Gelände die Kellerräume nicht auffüllt, müssen Sie die Kellerböden unbedingt mit einer Gebäudesohle versehen.

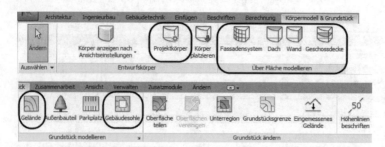

Abb. 1.25: Register KÖRPERMODELL & GRUNDSTÜCK

- ZUSAMMENBAU – In diesem Register geht es um die Verwaltung einzelner Bearbeitungsbereiche für den Fall der Teamarbeit. Zugriffsbereiche und Berechtigungen können hiermit verwaltet und Ergebnisse dann synchronisiert werden.

Abb. 1.26: Register ZUSAMMENARBEIT

- ANSICHT – Hier finden Sie viele wichtige Werkzeuge zur Steuerung der Anzeige.
  - Unter GRAFIK liegt die Funktion SICHTBARKEIT/GRAFIKEN, mit der Sie die Sichtbarkeit aller Elemente in der aktuellen Ansicht steuern können. So ist beispielsweise der PROJEKT-BASISPUNKT nicht überall sichtbar. Unter der Kategorie GRUNDSTÜCK ist er zu finden und kann hier aktiviert werden. Auch das GELÄNDE kann hier unter TOPOGRAFIE aktiviert werden.
  - Mit FEINE LINIEN kann die Bildschirmdarstellung von echten Linienstärken umgeschaltet werden auf ganz dünne Linien. Das ist sehr nützlich zur Überprüfung exakter Geometrien.
  - Des Weiteren können Sie unter ERSTELLEN mit SCHNITT Schnittverläufe festlegen und damit automatisch die *Schnittansicht* im PROJEKTBROWSER erzeugen. Mit DETAILAUSSCHNITT wird auch wieder automatisch eine neue Ansicht mit dem spezifizierten Ausschnitt im PROJEKTBROWSER erzeugt.
  - Am rechten Ende des Registers finden Sie schließlich Werkzeuge zur Steuerung der *Fenster-Sichtbarkeit* und letztlich das Werkzeug BENUTZEROBERFLÄCHE zum Ein- und Ausschalten der wichtigen Anzeigewerkzeuge VIEWCUBE, NAVIGATIONSLEISTE, PROJEKTBROWSER und STATUSLEISTE.

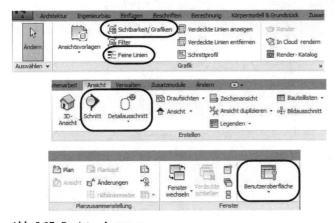

Abb. 1.27: Register ANSICHT

- VERWALTEN – Hier finden Sie zahlreiche Einstellungen für das Projekt, von denen viele auf Standardwerten bleiben können.
  - Unter PROJEKTINFORMATIONEN können die projektspezifischen Daten eingegeben werden, die dann teilweise auch im Schriftkopf der Pläne angezeigt und geplottet werden.
  - Mit PROJEKTSTANDARDS ÜBERTRAGEN können Einstellungen aus einem anderen parallel geöffneten Projekt übernommen werden.

Vorsicht

Eine Warnung sollte für die Funktion NICHT VERWENDETE BEREINIGEN ausgesprochen werden. Diese Funktion entfernt nämlich alle bisher nicht benutzten Bauelemente aus der internen Bibliothek, sodass diese danach nicht mehr benutzt werden können. Dies ist nur zu empfehlen, wenn am Projekt keine weiteren Änderungen oder Ergänzungen mehr vorgenommen werden sollen. Nur mit PROJEKTSTANDARDS ÜBERTRAGEN können Sie später die fehlenden Bibliotheksteile wieder aus einem anderen Projekt beschaffen!

- Interessant sind die Funktionen unter PROJEKTPOSITION. Hiermit lässt sich das Projekt an der geografisch korrekten Position positionieren und auch nach der aktuellen Höhe und Nord-Richtung ausrichten.
- Unter PHASEN finden Sie eine Verwaltung von verschiedenen Projektphasen wie BESTAND, ABRISS, NEUBAU.

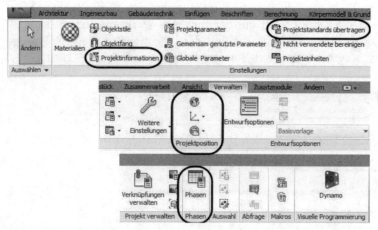

Abb. 1.28: Register VERWALTEN

- ZUSATZMODULE – Hier befindet sich das zusätzliche kostenpflichtige BIM 360-Modul, das die Zusammenarbeit von Projektteams über die Cloud ermöglicht.

1.4 Die Revit-Benutzeroberfläche

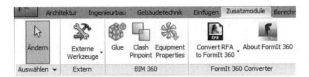

Abb. 1.29: Register ZUSATZMODULE

- ÄNDERN – Dieses Register enthält etliche allgemeine und spezielle Bearbeitungsfunktionen für verschiedene Elemente. Sobald ein Element angeklickt wird, erweitert sich dieses Register noch um elementspezifische Funktionen.
  - In der Gruppe ÄNDERN liegen die üblichen CAD-Bearbeitungsbefehle wie VERSCHIEBEN ✥, DREHEN ○, SKALIEREN 🗖 etc.
  - In der Gruppe MESSEN finden Sie sowohl die Funktion zum temporären Bemaßen ⇌ als auch die Funktion AUSGERICHTETE BEMAßUNG ↗ zum Erstellen endgültiger Maßketten.

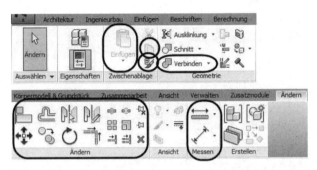

Abb. 1.30: Register ÄNDERN

> **Tipp**
>
> Falls die Multifunktionsleiste nicht wie gewohnt dargestellt wird, können Sie oben rechts neben den Registertiteln über ▼ bzw. ▲ in einem *Flyout-Menü* wählen, wie detailliert die Darstellung sein soll.

1.4.6 Benutzung der Werkzeuge

Wenn Sie *Werkzeuge* ❶ aus den Multifunktionsleisten aufrufen (Abbildung 1.31), müssen Sie mehrere Bedienelemente beachten, die im Folgenden einzeln vorgestellt werden. Dazu gehören:

- ggf. die *Flyouts* ❷ der Werkzeuge, sofern es Varianten des Werkzeugs gibt,
- ggf. die *Typen-Auswahl* ❸ für verschiedene Objekttypen, wenn Sie etwas erstellen,

Kapitel 1
Revit installieren, starten und loslegen

- der EIGENSCHAFTEN-MANAGER ❹ mit den für das Objekt wählbaren und einstellbaren Parametern,
- ggf. die *Bearbeitung* und das *Duplizieren* von *Typen* ❺, wenn Sie vom Standard abweichende Elementeigenschaften brauchen,
- die OPTIONSLEISTE ❻ mit den wichtigsten Einstellungen des Werkzeugs,
- die STATUSLEISTE ❼ mit den Eingabeaufforderungen des Werkzeugs, damit Sie wissen, was als Eingabe nun verlangt wird.

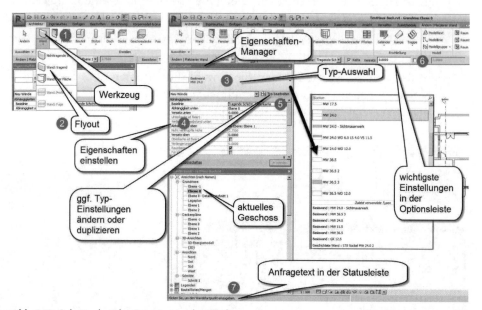

Abb. 1.31: Schritte bei der Benutzung der Werkzeuge

1.4.7 Eigenschaften-Manager und Typen

In der obersten Typenleiste des EIGENSCHAFTEN-MANAGERS können Sie die Elementtypen auswählen, darunter werden die einzelnen geometrischen und sonstigen Eigenschaften der Konstruktionselemente eingestellt und ausgewählt. Die wichtigsten Eigenschaften erscheinen meist zusätzlich noch in der grünen Optionsleiste unter der Multifunktionsleiste. Es gibt aber auch Eigenschaften, die nicht im EIGENSCHAFTEN-MANAGER verändert werden können, sondern über den Typ festgelegt sind.

Wenn Sie beispielsweise eine Wand mit Mauerwerk und Stärke 49 cm bräuchten, dann werden Sie sehen, dass es nur Wände `MW 11.5`, `MW 24` und `MW 36.5` gibt. Für eine stärkere Wand müssten Sie einen neuen Wandtyp anlegen. Dazu wählen Sie TYP BEARBEITEN und dann im Dialogfeld TYPENEIGENSCHAFTEN die Option DUPLIZIEREN, um einen neuen Namen und neue Werte wie hier für die Wandstärke einzugeben.

1.4
Die Revit-Benutzeroberfläche

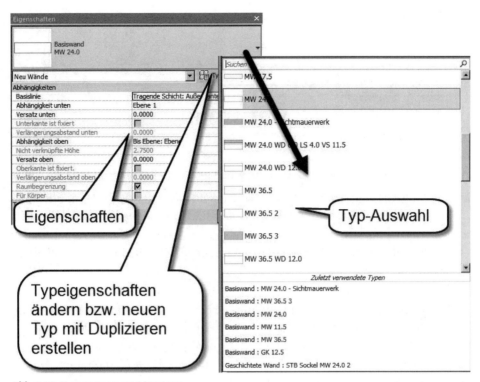

Abb. 1.32: EIGENSCHAFTEN-MANAGER

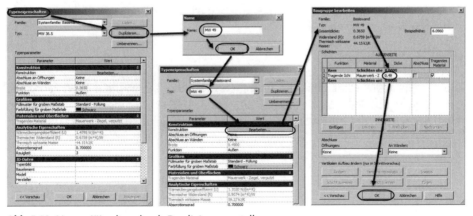

Abb. 1.33: Neuen Wandtyp durch Duplizieren erstellen

1.4.8 Optionsleiste

Die OPTIONSLEISTE zeigt oft die wichtigsten Eigenschaften eines Elements und auch zusätzliche einstellbare Konstruktionsdetails. Nach Aufruf eines Werkzeugs sollten Sie diese grüne Leiste auf jeden Fall beachten.

Kapitel 1
Revit installieren, starten und loslegen

Abb. 1.34: Optionsleiste

Am Beispiel einer Wand wird in Abbildung 1.34 gezeigt, was eingestellt werden kann:

- Die Konstruktionsrichtung kann HÖHE oder TIEFE sein, damit kann die Wand von der aktuellen Geschossebene nach oben oder nach unten konstruiert werden.
- Die Angabe für HÖHE/TIEFE kann nun in der Auswahlliste MANUELL eingestellt werden oder über die darüber/darunter liegende Geschossebene automatisch bestimmt werden.
- Die WANDHÖHE kann nur bei MANUELL direkt eingegeben werden.
- Für die BASISLINIE der Wand können verschiedene Einstellungen gewählt werden, üblich ist (aber nicht Vorgabe!) TRAGENDE SCHICHT AUSSENKANTE.
- Über die Option KETTE kann aktiviert werden, dass die Wandsegmente hintereinander zusammenhängend punktweise eingegeben werden können.
- Mit einem Wert bei VERSATZ ist es möglich, eine Wandkontur parallel zu einer bereits vorhandenen Kontur zu zeichnen.
- Die Option RADIUS generiert eine *automatische Eckenrundung* mit dem eingegebenen Wert.

1.4.9 Statusleiste

Die STATUSLEISTE zeigt links die Anfragen des aktuell gewählten Werkzeugs an. Dies ist sehr nützlich, damit Sie wissen, was das Werkzeug eigentlich von Ihnen will. Dies wird leider oft ignoriert, was wiederum zu Fehlbedienungen gehört.

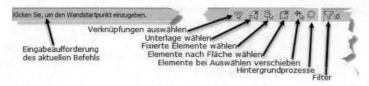

Abb. 1.35: Statusleiste

Auf der rechten Seite finden sich noch einige Icons für *Zeichnungsvorgaben*:

- VERKNÜPFUNGEN AUSWÄHLEN – Solange dies aktiv ist, können Sie Elemente, die Sie mit EINFÜGEN|... VERKNÜPFEN eingefügt haben, wie beispielsweise *verknüpfte CAD-Dateien*, wählen.

- UNTERLAGE WÄHLEN – Wenn dies aktiviert wird, lassen sich auch Elemente in der *Unterlage* zum aktuellen Geschoss wählen. Eine *Unterlage* ist eine *andere Geschossebene*, die im EIGENSCHAFTEN-MANAGER der aktuellen Geschoss-Ebene im Bereich UNTERLAGE praktisch zum Durchpausen eingeschaltet ist. Es kann dort auch ein Bereich von Geschossen eingestellt sein.

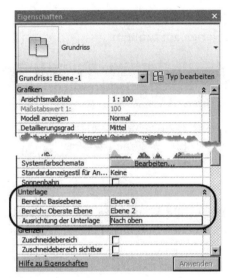

Abb. 1.36: Unterlagen zum aktuellen Geschoss

- FIXIERTE ELEMENTE WÄHLEN – Fixierte Elemente wie etwa die Treppengeländer in Abbildung 1.37 können gewählt werden, solange dieses Werkzeug aktiviert ist.

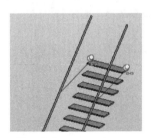

Abb. 1.37: Fixierte Elemente

- ELEMENTE NACH FLÄCHE WÄHLEN – Standardmäßig ist mit diesem Werkzeug die Wahl von Elementen nur durch Anklicken von Kanten möglich. Nach Umschalten auf Flächenwahl ist die Elementwahl auch durch Berühren der Flächen möglich.

Kapitel 1
Revit installieren, starten und loslegen

- ELEMENTE BEI AUSWÄHLEN VERSCHIEBEN – ermöglicht das sofortige Verschieben von gewählten Elementen mit dem Cursor. Zum Verschieben von Elementen ist damit also kein extra Befehl VERSCHIEBEN mehr nötig. Sie müssen nur das Element anklicken und können es dann an eine andere Position ziehen.
- HINTERGRUNDPROZESSE – zeigt an, welche Prozesse, beispielsweise Berechnungen, noch im Hintergrund laufen.
- FILTER – wenn Sie Objekte gewählt haben, können Sie hierüber einen Auswahlfilter aktivieren, um bestimmte Kategorien auszufiltern.

> **Wichtig**
>
> **Dialog mit dem Computer – Statusleiste beachten**
>
> Sie sollten wenigstens in der Lernphase die Anfragetexte der Befehle *in der Statusleiste verfolgen*, damit Sie erfahren, was die Befehle von Ihnen wollen.

1.4.10 Ansichtssteuerung

Zwischen Zeichenfläche und Statusleiste liegen die Werkzeuge der ANSICHTS-STEUERUNG. Je nach gewählter Ansicht – ob 3D oder Geschoss-Ebenen – stehen hier verschiedene Optionen zur Verfügung.

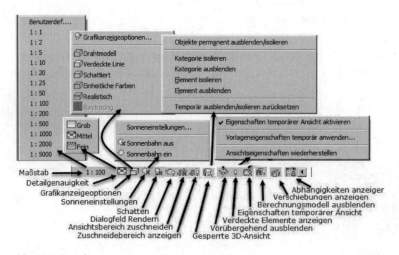

Abb. 1.38: Ansichtssteuerung

Folgende Einstellungen sind möglich:

- MASSSTAB 1 : 100 – Hier wählen Sie den gewünschten Maßstab für die spätere Anzeige auf dem Plan. Unter BENUTZERDEFINIERT können Sie *eigene Maßstäbe* definieren.

- DETAILGENAUIGKEIT – Es gibt drei Detailgenauigkeiten für die Darstellung der Architekturelemente: GROB, MITTEL, FEIN. Um beispielsweise die Anschlagsrichtungen der Fensterflügel zu realisieren, brauchen Sie FEIN.
- BILDSTIL – Insbesondere für die 3D-ANSICHT ist es interessant, zu wählen zwischen
    - GRAFIKANZEIGEOPTIONEN – zum Ändern der Anzeigevoreinstellungen in der aktuellen Ansicht, um beispielsweise Schattenwurf oder skizzenhafte Linie zu aktivieren
    - DRAHTMODELL – Darstellung der Konstruktion über die Elementkanten und Sichtkanten
    - VERDECKTE LINIE – blendet die verdeckten Kanten aus
    - SCHATTIERT – zeigt die Elemente mit ihren Farben und Schattierung an
    - EINHEITLICHE FARBEN – zeigt die Elemente mit ihren Farben ohne Schattierung an
    - REALISTISCH – zeigt die Elemente mit ihren Oberflächen-Materialien, Farben und Schattierung an
    - RAYTRACING – berechnet eine optimale Darstellung mit Oberflächen-Materialien und unter Berücksichtigung der Beleuchtungen, die aber *zeitaufwendig* ist
- SONNENBAHN – mit aktivierter Sonne können Sie für die schattierten Darstellungen den *Sonnenstand manuell einstellen.*

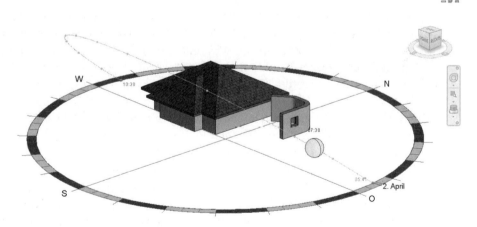

Abb. 1.39: Sonnenstandseinstellung mit Datum und Uhrzeit

- SCHATTEN AUS/EIN – deaktiviert/aktiviert den Schattenwurf.
- DIALOGFELD RENDERN AUS/EIN – deaktiviert/aktiviert das *Render*-Dialogfeld für *fotorealistische Darstellungen.*

- ANSICHT ZUSCHNEIDEN AUS/EIN – Das *Zuschneiden* der aktuellen Ansicht für die spätere *Anzeige im Plan* kann aktiviert werden. Der Rahmen des Bereichs wird aber erst mit der nächsten Option sichtbar gemacht.

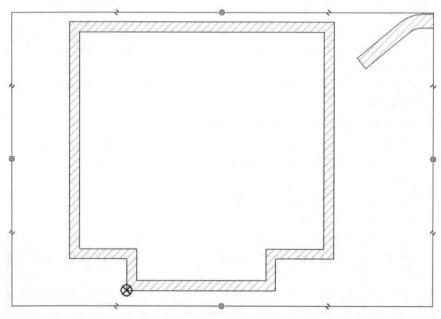

Abb. 1.40: Erdgeschoss EBENE 0 mit Zuschneidebereich

- ZUSCHNEIDEBEREICH NICHT EINBLENDEN/EINBLENDEN – Hiermit machen Sie den *Rahmen des Zuschneidebereichs sichtbar*. Wenn der Rahmen unsichtbar ist, so ist doch seine Zuschneide-Wirkung dadurch nicht beeinträchtigt, solange sie in der vorigen Funktion aktiv ist. Nach Anklicken ist der Rahmen auch modifizierbar. Über die *blauen Kreise* können die *Bereichsgrenzen verschoben* werden, über das *Unterbrechungssymbol* kann er in *Teilbereiche* unterteilt werden. Diese Änderungen wirken sich auch unmittelbar auf die Plandarstellung aus, falls die Ansicht schon in einen Plan gezogen wurde.
- ENTSPERRTE/GESPERRTE 3D-ANSICHT (NUR IN 3D-ANSICHTEN) – bietet die Möglichkeit, eine 3D-Ansicht zu erstellen, die in ihrer Ansichtsrichtung unveränderlich ist. Damit werden in dieser Ansicht der VIEWCUBE und alle Schwenkbewegungen außer dem PAN-Modus zum Verschieben deaktiviert. Sie können die Ansicht auch wieder entsperren oder nach Schwenken wahlweise die alte oder die neue Ansichtsrichtung fixieren.
- VORÜBERGEHEND AUSBLENDEN/ISOLIEREN – Markierte Objekte können hiermit temporär ausgeblendet oder isoliert werden, das heißt, alle anderen werden unsichtbar. Diese Ausblendung/Isolation können Sie für einzelne Elemente oder eine ganze Kategorie von Elementen schalten. Wenn Sie diesen

Modus mit einem Klick auf das Werkzeug verlassen wollen, können Sie entscheiden, ob das Ausblenden oder Isolieren dauerhaft werden soll oder ob beides zurückgenommen wird. Der dauerhafte Zustand kann dann mit dem nachfolgenden Werkzeug behandelt werden.

- VERDECKTE ELEMENTE ANZEIGEN/NICHT ANZEIGEN – In diesem Modus werden ausgeblendete Elemente intensiv rot markiert. Durch Anklicken und übers Kontextmenü können Sie einzelne Elemente oder ganze Kategorien wieder dauerhaft sichtbar machen, wenn Sie danach dieses Werkzeug deaktivieren. Solange das Werkzeug nicht aktiv ist, können Sie Elemente genauso nach Markieren über das Kontextmenü dauerhaft ausblenden oder isolieren.

- EIGENSCHAFTEN TEMPORÄRER ANSICHT – Sie können hiermit temporär die Ansichtseigenschaften, d.h. die Sichtbarkeit der verschiedenen Elemente, verstellen und wieder zurücksetzen oder auch fest eingestellte Ansichtseigenschaften temporär anwenden.

- BERECHNUNGSMODELL ANZEIGEN/NICHT ANZEIGEN – erlaubt, die Ergebnisse von Berechnungen anzuzeigen oder auszublenden.

- VERSCHIEBUNGEN ANZEIGEN/NICHT ANZEIGEN (NUR IN 3D-ANSICHTEN) – Es gibt die Möglichkeit, mit ÄNDERN|ANSICHT|ELEMENTE VERSCHIEBEN in 3D-Ansichten Elemente temporär zu verschieben, um bestimmte dahinter liegende Elemente besser zu sehen. Solche verschobenen Elemente werden dann mit diesem Werkzeug in Grün hervorgehoben (Abbildung 1.41). Die verschobenen Elemente können Sie auch nachträglich noch in orthogonale Richtungen verschieben, mit BEARBEITEN weitere hinzufügen und über PFAD mit *Verschiebungs-Pfaden* versehen.

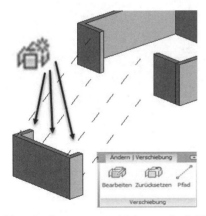

Abb. 1.41: Elemente verschieben und mit Pfaden versehen

- ABHÄNGIGKEITEN ANZEIGEN/NICHT ANZEIGEN – Abhängigkeiten zwischen Elementen, die z.B. über fixierte Bemaßungen entstanden sind, werden hiermit in Rot hervorgehoben (Abbildung 1.42).

Kapitel 1
Revit installieren, starten und loslegen

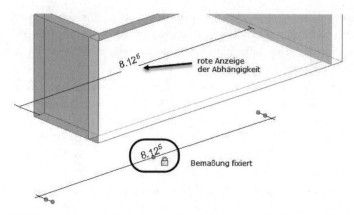

Abb. 1.42: Abhängigkeit durch die fixierte Bemaßung (Vorhängeschloss) wird rot angezeigt.

1.4.11 Projektbrowser

Der PROJEKTBROWSER dient der Verwaltung des gesamten Projekts.

Abb. 1.43: Projektbrowser

Das Projekt wird gegliedert in

- ANSICHTEN (NACH NAMEN) – Hierunter finden Sie alle Zeichnungsansichten:
  - GRUNDRISSE – verwaltet die zweidimensionalen Grundrissdarstellungen. Die vorgegebenen Namen bedeuten:
    - EBENE -1 – Keller

- EBENE 0 – Erdgeschoss
- LAGEPLAN – Ebenenübergreifende Draufsicht auf das gesamte Projekt mit aktiviertem PROJEKT-BASISPUNKT und VERMESSUNGSPUNKT
- EBENE 1 – erstes Obergeschoss
- EBENE 2 – zweites Obergeschoss

Sie können neue Geschosse erzeugen, wenn Sie in eine der ANSICHTEN gehen (NORD, SÜD, OST oder WEST), dort eine Ebene anklicken und übers Kontextmenü ÄHNLICHES PLATZIEREN wählen (Abbildung 1.44). Die Geschosshöhe geben Sie beim Platzieren ein oder danach, indem Sie die temporäre Bemaßung mit Ihrem Wert überschreiben. Das Geschoss wird über zwei Punkte für das linke und rechte Ende der Geschosslinie erstellt (Abbildung 1.44).

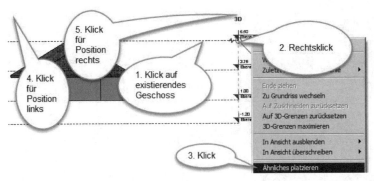

Abb. 1.44: Neues Geschoss erstellen

- DECKENPLÄNE – Passend zu den Geschossgrundrissen gibt es hier die Deckenansichten, damit Lampen oder abgehängte Decken platziert werden können.
- 3D-ANSICHTEN – Diese Kategorie enthält vorgabemäßig nur eine Ansicht, die {3D} heißt.
- ANSICHTEN – umfasst die *Außenansichten* NORD, OST, SÜD und WEST.

Auf die Kategorie ANSICHTEN (NACH NAMEN) folgen dann nicht-grafische Kategorien im Browser:

- LEGENDEN – Sie können hier Legenden der von Ihnen verwendeten Symbole und Bauelemente erstellen, die sich aus den Bauteilbeschriftungen ergeben.
- BAUTEILLISTEN/MENGEN – enthält folgende Listen für die Architekturelemente und Mengen, die automatisch mit der Konstruktion aktualisiert werden: WANDLISTE, TÜRLISTE, FENSTERLISTE, RAUMLISTE. Ferner die Listen mit Bezeichnungen: SCHLÜSSEL RAUMNAMEN, SCHLÜSSEL RAUMOBERFLÄCHEN.
- PLÄNE (ALLE) – Hier erstellen Sie Ihre eigenen Pläne, für die Sie fertige Rahmen vorfinden.

- FAMILIEN – enthält alle Standard-Revit-Konstruktionselemente, die Sie mit den Konstruktionswerkzeugen verwenden können.
- GRUPPEN – Sobald Sie mehrere Elemente zu Gruppen zusammengefügt haben, werden diese hier aufgelistet.
- REVIT-VERKNÜPFUNGEN – Verknüpfungen z. B. mit CAD-Zeichnungen aus AutoCAD werden hier verwaltet.

1.4.12 Zeichenfläche

Die ZEICHENFLÄCHE ist praktisch Ihr Konstruktionsbereich und zeigt die im PROJEKTBROWSER gewählte Ansicht. In 3D-ANSICHTEN werden die Hilfsmittel VIEWCUBE und NAVIGATIONSLEISTE angezeigt.

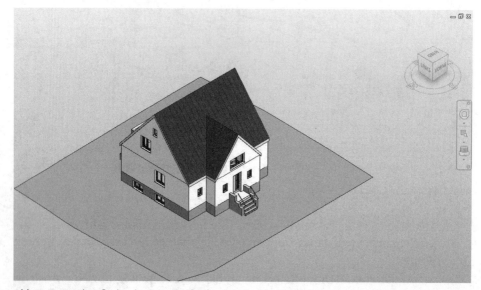

Abb. 1.45: Zeichenfläche der Ansicht {3D} mit VIEWCUBE und NAVIGATIONSLEISTE

ViewCube

Rechts oben im Zeichenbereich finden Sie den VIEWCUBE, der zum Schwenken der dreidimensionalen Ansichten verwendet werden kann. In der Draufsicht sind rechts oben die beiden Schwenkpfeile interessant, um 90°-Drehungen zu wählen.

Über das Kontextmenü des ViewCube können Sie in die perspektivische 3D-Ansicht wechseln und zurück.

Navigationsleiste

Am rechten Rand befindet sich die Navigationsleiste mit folgenden Werkzeugen:

- VOLL-NAVIGATIONSRAD – und weitere Navigationsräder bieten verschiedene Optionen zum Schwenken und Variieren der Ansichtsrichtung. Interessant sind hier die Optionen:
  - MITTE – setzt den Mittelpunkt der 3D-Schwenkbewegungen auf eine wählbare Objektposition. Das ist interessant bei großen Projekten, weil sonst vorgabemäßig um den Schwerpunkt des gesamten Projekts geschwenkt wird. Im Kontextmenü des Rades kann mit AUSGANGS-MITTELPUNKT WIEDERHERSTELLEN auf den vorgegebenen Ausgangspunkt zurückgesetzt werden.
  - ORBIT – schwenkt um den gewählten Mittelpunkt oder alternativ um den Schwerpunkt. Es kann aber auch *mit der Maus geschwenkt* werden, indem Sie [⇧] halten und dann die Maus *bei gedrücktem Mausrad bewegen*.
  - PAN – Mit dieser Funktion können Sie den aktuellen Bildschirmausschnitt verschieben. Sie können das Gleiche aber auch erreichen, indem Sie das *Mausrad drücken* und mit gedrücktem Mausrad dann die *Maus bewegen*.
- ZOOM – Normales *Zoomen* geschieht durch *Rollen des Mausrades*. Mehrere besondere Zoom-Funktionen finden sich hier im Flyout:
  - FENSTER – zoomt auf einen Ausschnitt, den Sie dynamisch mit dem Cursor aufziehen können.
  - VERKLEINERN 2X – verkleinert die Ansichtsdarstellung, sodass Sie also doppelt so viele sehen.
  - GRENZEN oder ALLES – zoomt die Bildschirmanzeige so, dass alles Gezeichnete sichtbar wird. Bei aktiviertem ZUSCHNEIDEBEREICH wird auf diesen gezoomt. Dieselbe Aktion können Sie auch *mit der Maus* durch einen *Doppelklick aufs Mausrad* tätigen.

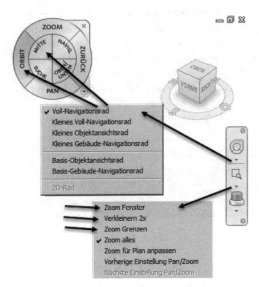

Abb. 1.46: Funktionen der Navigationsleiste

Kapitel 1
Revit installieren, starten und loslegen

> **Tipp**
>
> Im Register ANSICHT können Sie über die Gruppe FENSTER|BENUTZEROBERFLÄ-CHE die verschiedenen Bedienelemente VIEWCUBE (*Ansichtswürfel*), NAVIGA-TIONSLEISTE etc. ein- und ausschalten.

1.5 Befehlsabkürzungen

Viele Befehle können durch Steuerungstasten oder zwei bis drei Buchstaben abgekürzt werden. Diese Abkürzungen finden Sie im Register ANSICHT über die Gruppe FENSTER|BENUTZEROBERFLÄCHE. Dort wählen Sie TASTATURKURZBEFEHLE und im Dialogfenster dann ALLE DEFINIERTEN. Um eine komplette Liste dieser Abkürzungen zu haben, können Sie sie mit EXPORTIEREN in eine XML-Datei schreiben lassen. Die können Sie bequem in eine Excel-Tabelle einlesen und drucken lassen. Die Befehlskürzel sind nicht immer einfach zu merken, weil es Abkürzungen basierend auf den amerikanischen Befehlen sind.

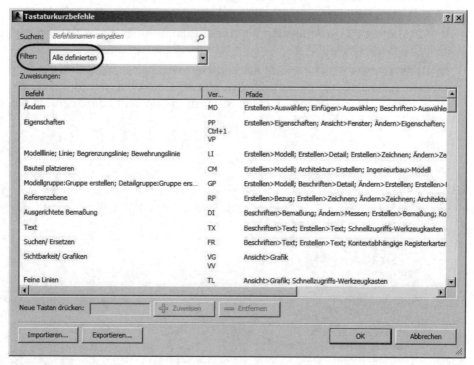

Abb. 1.47: Tastenkürzel

1.6 Kontextmenüs

1.6.1 Ohne aktive Befehle

Mit einem Rechtsklick aktivieren Sie ein *Kontextmenü*. Das Beispiel zeigt das Kontextmenü, wenn gerade *kein Befehl aktiv* ist.

- Es bietet dann an erster Stelle die Funktion ABBRECHEN, um eine beliebige Aktion zu beenden.
- An zweiter Stelle folgt WIEDERHOLEN (...) *Wiederholung des letzten Befehls*, im Beispiel TÜR.
- Eine Zeile tiefer können Sie *einen aus mehreren letzten Befehlen* auswählen. Hier erscheinen auch die Befehlskürzel.
- VERWEISENDE ANSICHTEN SUCHEN bietet bei einem aktivieren Objekt das Umschalten in die Ansichten an, in denen das betreffende Objekt definiert sein könnte. Wenn Sie sich jetzt beispielsweise in EBENE 0 befinden, gar keinen Befehl mehr aktiviert haben, dann ist EBENE 0 im EIGENSCHAFTEN-MANAGER angezeigt, und als *verweisende Ansichten* bekommen Sie die Außenansichten NORD, OST, SÜD und WEST angeboten, weil man in diesen Ansichten Geschosse definieren kann.
- Es folgen die wichtigen Zoom-Befehle ZOOM FENSTER, VERKLEINERN 2X und ZOOM GRENZEN.

> **Wichtig**
>
> Befehle werden endgültig meist mit zweimal [ESC] oder zweimal ABBRECHEN im *Kontextmenü* beendet.

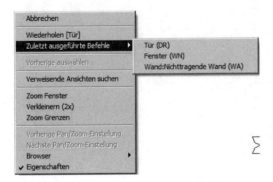

Abb. 1.48: Kontextmenü ohne aktiven Befehl

1.6.2 Kontextmenü mit aktivem Element

Auch wenn Sie mit Klick ein Element aktiviert haben, erscheint nach Rechtsklick ein *Kontextmenü* mit einigen elementspezifischen und einigen allgemeinen Befehlen.

- Interessant ist die Option IN ANSICHT AUSBLENDEN. Damit können einzelne Elemente oder eine komplette Kategorie von Elementen unsichtbar gemacht werden. Mit dem Werkzeug 💡 aus der ANSICHTSLEISTE können sie wahlweise wieder sichtbar gemacht werden.

- ÄHNLICHES PLATZIEREN ist ein bequemer Befehl, um das markierte Element erneut zu erstellen, und zwar mit den gleichen Eigenschaften. Das spart oft den Aufruf des Original-Befehls zum Erstellen und die Wahl von TYP und EIGENSCHAFTEN. Also wenn Sie beispielsweise eine Wand angeklickt hatten, wird damit der Befehl WAND zum Erstellen einer neuen Wand gleichen Typs und mit gleichen Eigenschaften aufgerufen.

- ALLE EXEMPLARE AUSWÄHLEN erweist sich als sehr nützlicher Befehl, wenn eine bestimmte Aktion für *alle Elemente einer bestimmten Kategorie und eines bestimmten Typs* durchgeführt werden soll. Wenn Sie beispielsweise alle Außenwände ans Dach anpassen wollen, wählen Sie eine Außenwand, dann ALLE EXEMPLARE AUSWÄHLEN|IN DIESER ANSICHT und rufen dann unter WAND ÄNDERN die Funktion FIXIEREN OBEN/BASIS auf.

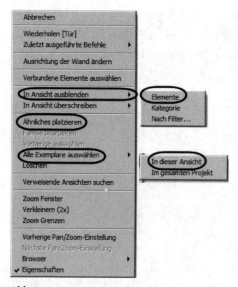

Abb. 1.49: Kontextmenü bei aktiviertem Wandelement

1.7 Objektwahl, Klick, Doppelklick und Objektfang

1.7.1 Objektwahl

Viele Befehle wie beispielsweise VERSCHIEBEN oder DREHEN verlangen die Wahl von einem oder mehreren Objekten. Sobald eine Objektwahl ansteht und Sie den Cursor auf die Kanten eines Elements hinbewegen, wird das Element durch Verdicken der Kanten in blauer Farbe hervorgehoben. Die *Hervorhebung* deutet an, dass nun das Element per Klick gewählt werden kann.

In der STATUSLEISTE kann die Objektwahl noch unterschiedlich durch ▧, ▧, ▧, ▧, ▧ beeinflusst werden (siehe Abschnitt 1.4.9)

Auf die *Objektwahlanfrage* hin wird

1. ein einzelnes Objekt per Klick gewählt,
2. mit [Strg]+Klick ein Objekt hinzugewählt – durch Pluszeichen am Cursor angezeigt,
3. mit [⇧]+Klick ein Objekt aus der Auswahl entfernt – durch Minuszeichen am Cursor angezeigt,
4. mit [⇆]+Klick bei übereinander liegenden Objekten ein anderes Objekt gewählt,
5. mit [↵] die Auswahl beendet.

Alternativ können Sie die Objektwahl auch per Rechtsklick und AUSWAHL BEENDEN abschließen.

Sie können auch Objekte wählen, indem Sie *mit gedrückter Maustaste eine Box* aufziehen. Je nachdem, in welcher Richtung die Box aufgezogen wird, wählen Sie

1. Fenster-Wahl: Bei Aufziehen von *links nach rechts*, unabhängig ob von oben nach unten oder anders, wählen Sie *nur diejenigen Objekte, die vollständig* in der Box liegen.

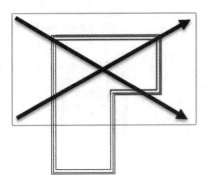
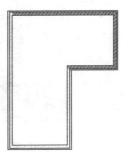

Abb. 1.50: Fenster-Wahl links-rechts: nur Elemente, die vollständig drin liegen

2. **Kreuzen-Wahl:** Bei Aufziehen von *rechts nach links*, unabhängig ob von oben nach unten oder anders, wählen Sie *alle Objekte*, die *vollständig* oder auch nur *teilweise* in der Box liegen.

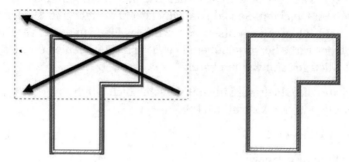

Abb. 1.51: Kreuzen-Wahl rechts-links: alle Elemente, die vollständig in der Box liegen oder nur teilweise

Wenn Sie die Kreuzen- oder Fenster-Wahl mit der ⇧-Taste oder der Strg-Taste kombinieren, werden die gewählten Elemente zur aktuellen Objektwahl hinzugefügt oder aus ihr entfernt.

Wahl zusammenhängender Elemente

Eine besonders effektive Objektwahlmethode kann mehrere zusammenhängende Objekte wählen. Das ist besonders bei verbundenen Wandelementen u.Ä. sehr interessant.

1. Bewegen Sie zuerst den Cursor auf eines der Elemente.
2. Drücken Sie einmal die ⇆-Taste, damit alle Elemente markiert werden.
3. Nun klicken Sie mit der linken Maustaste.
4. Schließlich sind umlaufend alle Elemente gewählt.

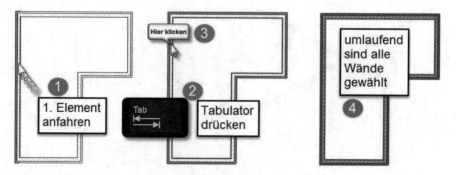

Abb. 1.52: Wahl zusammenhängender Elemente

1.7.2 Griffe an markierten Objekten

Wenn Sie ein Objekt mit einem Klick markieren, erscheinen kleine blaue Symbole, die Griffe, und temporäre Bemaßungen. Hiermit können Sie die markierten Abmessungen ändern, indem Sie einfach die Maßzahlen anklicken oder an den Pfeilgriffen ziehen.

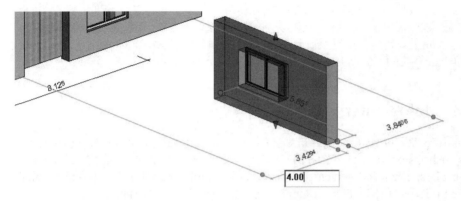

Abb. 1.53: Griffe und Bemaßungen zum Ändern einer Wand

1.7.3 Doppelklicken auf Objekte zum Bearbeiten

Um Objekte zu bearbeiten, müssen Sie nicht immer unbedingt Befehle eintippen oder Werkzeuge anklicken, oft genügt ein Doppelklick auf das betreffende Objekt. Damit kommen Sie an die Geometriedefinitionen der Objekte heran. Bei Wänden, Dächern und Geschossdecken können Sie die zugrunde liegenden Profile nach einem Doppelklick bearbeiten. Bei den Elementen wie Fenstern und Türen, die auch aus der Bauteilbibliothek geladen werden können, gelangen Sie nach Doppelklick in den Familieneditor und könnten dann modifizierte Objekte erstellen.

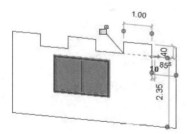

Abb. 1.54: Bearbeiten eines Wandprofils nach Doppelklick

> **Tipp**
>
> **Abbruch einer Funktion**
>
> Vielleicht haben Sie gerade versucht, den einen oder anderen Befehl anzuwählen, und wissen nicht, wie Sie ihn bedienen sollen. Da das alles erst im weiteren Text erklärt wird, sollten Sie aber auf jeden Fall wissen, wie man aus jedem beliebigen Befehl wieder herauskommt: *Befehlsabbruch* wird durch die [Esc]-Taste (Escape-Taste) ganz oben links auf der Tastatur erreicht. Auch wenn Sie mal ein Zeichnungsobjekt angeklickt haben und nun kleine blaue Kästchen erscheinen, hilft die [Esc]-Taste weiter, die diese »Griffe« wieder entfernt.

1.8 Info-Center

Das Info-Center rechts oben in der PROGRAMMLEISTE enthält mit DURCHSUCHEN als wichtigste Funktion die Suche in der ONLINE-HILFE (Abbildung 1.55). Hier können Sie sich zu den verschiedenen Befehlen und Themen schnelle Hilfe holen. Auch mit der [F1]-Taste gelangen Sie schnell zur ONLINE-HILFE.

Im KOMMUNIKATIONS-CENTER erhalten Sie Informationen über Neuigkeiten und Produktupdates.

Unter FAVORITEN finden Sie Ihre favorisierten Themen, die Sie vorher für die FAVORITEN aktiviert haben.

Über AUTODESK 360 können Sie sich mit Ihrer Autodesk-ID anmelden.

Apps zu Revit können Sie über EXCHANGE APPS finden.

Im Menü bei HILFE sind nützliche Lern-Hilfsmittel in Form von Videos zu finden. Informationen zu Ihrer *Produktlizenz* und *Seriennummer* finden Sie am Ende des Flyout-Menüs unter INFO ÜBER AUTODESK REVIT ARCHITECTURE 2017|PRODUKTLIZENZ.

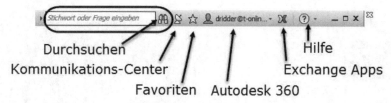

Abb. 1.55: Info-Center

1.9 Übungsfragen

1. Wie unterscheiden sich Test-Version, Studenten-Version und lizenzierte Version?
2. Welche wichtigen Werkzeuge finden Sie im SCHNELLZUGRIFF-WERKZEUGKASTEN?
3. Welches sind die wichtigsten Dinge im EIGENSCHAFTEN-MANAGER?
4. Nennen Sie die wichtigsten Kategorien des PROJEKTBROWSERS.
5. Wo können Sie den PROJEKTBROWSER aktivieren, wenn er abgeschaltet ist?
6. Wie können Sie VIEWCUBE und NAVIGATIONSLEISTE ein-/ausschalten?
7. Was tun Sie, wenn die Multifunktionsleiste nur noch die Gruppen, aber keine einzelnen Werkzeuge mehr anzeigt?
8. Wo finden Sie die ANSICHTSLEISTE und was sind die wichtigsten Werkzeuge?
9. In welchen Registern liegen die wichtigsten Konstruktionswerkzeuge?
10. Wo finden Sie Befehlseingabeaufforderungen?

Kapitel 2

Ein einfacher Grundriss

In diesem Kapitel wird anhand eines einfachen Grundrisses in die wichtigsten Zeichenoperationen eingeführt.

2.1 Neues Projekt

Zuerst wird ein neues Projekt gestartet. Als Vorlage wird die normale ARCHITEKTUR-VORLAGE angeboten, sie kann mit OK bestätigt werden.

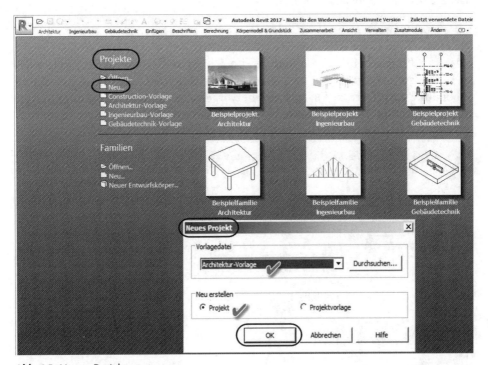

Abb. 2.1: Neues Projekt starten

Es ist zu empfehlen, die neue Projektdatei gleich zu speichern, damit sie einen sinnvollen Namen bekommt. Vorgegeben ist PROJEKT1.

Kapitel 2
Ein einfacher Grundriss

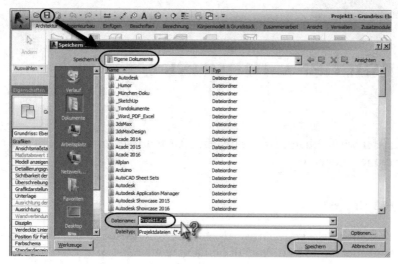

Abb. 2.2: Datei speichern und benennen

2.1.1 Geschoss-Ebenen

Im neuen Projekt befinden Sie sich nun im *Erdgeschoss*, genannt EBENE 0. Um das zu sehen, sollten Sie im PROJEKTBROWSER die Kategorie GRUNDRISSE aufblättern (Abbildung 2.3). Dort ist EBENE 0 fett hervorgehoben; falls nicht, können Sie sie mit einem Doppelklick aktivieren.

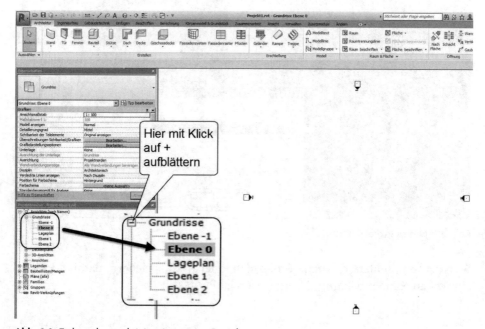

Abb. 2.3: Erdgeschoss aktiviert im neuen Projekt

Das Zeichenfenster zeigt die vier Kameras, die den Ansichten Süd, West, Nord und Ost entsprechen. Dazwischen werden Sie Ihren Grundriss nun zeichnen. Die vier *Kameras* sollten Sie nie löschen, weil sonst die dazugehörigen *Außen-Ansichten* im Projektbrowser in der Kategorie Ansichten links außen auch gelöscht werden.

> **Tipp**
>
> *Ansichten* können mit dem Werkzeug Ansicht|Erstellen|Ansicht 🏠 notfalls wieder erstellt werden. Nach Platzieren des Ansichts-Symbols auf der Zeichenfläche kann es angeklickt und über entsprechende Griffe die Richtung und Beschriftung geändert werden.

2.1.2 Projektinformationen

Unter Verwalten|Einstellungen|Projektinformationen 📇 können Sie Daten über den Bauherrn und das Projekt eingeben, die teilweise später auch bei der Planausgabe für die *Zeichnungsbeschriftung* verwendet werden (Abbildung 2.4).

Abb. 2.4: Projektinformationen, teilweise für den Plankopf benutzt

2.1.3 Projekt-Basispunkt

Der Abstand der Kameras beträgt etwa 50 m. Dazwischen liegt irgendwo der PROJEKT-BASISPUNKT, der aber in normalen Geschossansichten nicht angezeigt wird. Um den PROJEKT-BASISPUNKT sichtbar zu machen, müssen Sie seine Sichtbarkeit einschalten. Dazu gibt es das Werkzeug ANSICHT|GRAFIK|SICHTBARKEIT/GRAFIKEN . Der PROJEKT-BASISPUNKT ist der *Nullpunkt des Projekts* mit den x-y-Koordinaten 0,0. An dieser Stelle soll auch das Projekt beginnen. Der Punkt wird mit dem Symbol ⊗ markiert. Die Zeichenbefehle des Programms rasten auch automatisch an dieser Position ein, wenn Sie sie mit dem Cursor anklicken.

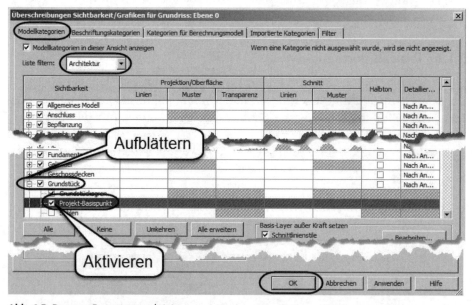

Abb. 2.5: PROJEKT-BASISPUNKT aktivieren

Tipp

Wichtige Funktion: Sichtbarkeit/Grafiken

Da naturgemäß in dreidimensionalen Architekturmodellen immer Elemente von anderen vollständig oder teilweise verdeckt werden, ist es sehr wichtig, ein Werkzeug zu haben, das spezifische Elemente in der aktuellen Ansicht sichtbar oder unsichtbar machen kann. Das Werkzeug ANSICHT|GRAFIK|SICHTBARKEIT/ GRAFIKEN werden Sie daher sehr oft brauchen. Deshalb ist es sinnvoll, dieses Werkzeug zum SCHNELLZUGRIFF-WERKZEUGKASTEN hinzuzufügen. Dazu gehen Sie in das Register ANSICHT ❶, klicken mit der rechten Maustaste auf SICHTBARKEIT/GRAFIKEN ❷ und klicken dann auf ZUM SCHNELLZUGRIFF-WERKZEUGKASTEN HINZUFÜGEN ❸. (Abbildung 2.6)

Abb. 2.6: SICHTBARKEIT/GRAFIKEN in den SCHNELLZUGRIFF-WERKZEUGKASTEN holen

2.1.4 Objektfang

Beim Zeichnen wird der Cursor, den Sie mit der Maus bewegen, an bestimmten charakteristischen Punkten, in bestimmten Richtungen und in bestimmten Entfernungen automatisch einrasten. Das ist mit den Werkzeug VERWALTEN|EINSTELLUNGEN|OBJEKTFANG eingestellt.

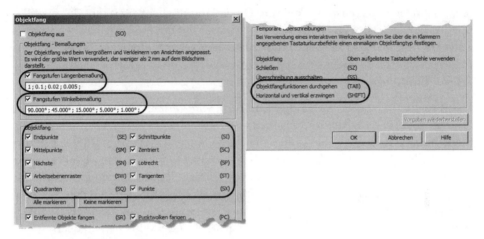

Abb. 2.7: Objektfangeinstellungen

Unter FANGSTUFEN ist angegeben, in welchen Abständen Ihr Cursor bei Längeneingaben und bei Winkeleingaben automatisch einrasten wird. Diese Abstände sind stets von der Zoom-Vergrößerung Ihrer Ansicht abhängig. Von den vorgegebenen Abständen wird immer derjenige verwendet, der noch unterhalb 2 mm auf dem Bildschirm liegt. *Je nach Größe des Zeichenbereichs* bzw. des herausgezoomten Bereichs geschieht deshalb ein Einrasten in Abständen von *1 m, 0.1 m* (10 cm), *0.02 m* (2 cm) oder *0.005 m* (5 mm). Damit kann man sich oft die manuelle Eingabe von Längenmaßen ersparen. Auch beim *Winkel* gibt es ein Einrasten bei Werten von 90°, 45°, 15°, 5° sowie 1° und Vielfachen jeweils davon.

Folgende *Punktpositionen* werden über Objektfang automatisch akzeptiert, sofern Sie den Cursor darauf positionieren:

- ENDPUNKTE – die Endpunkte von Elementkanten oder Modelllinien
- MITTELPUNKTE – Mittelpunkte auf Elementkanten oder Modelllinien

- NÄCHSTE – Positionen nahe dem Cursor auf Elementkanten oder Modelllinien
- ARBEITSEBENENRASTER – Schnittpunkte der Rasterlinien auf Arbeitsebenen
- QUADRANTEN – die Positionen bei 0°, 90°, 180° und 270° bei Kreisen, Bögen und Ellipsen bzw. entsprechenden Elementkanten
- SCHNITTPUNKT – Schnittpunkte von Elementkanten oder Modelllinien
- ZENTRIERT – Mittelpunkte/Zentrumspunkte bei Kreisen, Bögen und Ellipsen bzw. entsprechenden Elementkanten
- LOTRECHT – Lotpunkt auf Elementkanten oder Modelllinien
- TANGENTEN – Tangentenpositionen an bei Kreisen, Bögen und Ellipsen bzw. entsprechenden Elementkanten
- PUNKTE – Positionen von Punktobjekten

Wenn es nahe einer Position mehrere Objektfangmöglichkeiten gibt, können Sie mit der Tabulatortaste dazwischen wechseln. Mit der -Taste bzw. Umschalt-Taste können Sie beim Zeichnen horizontal oder vertikal einrasten.

2.1.5 Einheiten

Das Programm startet mit *Längeneinheiten* von *Metern*. Alle Längen sind in Metern, aber im *amerikanischen Format mit Dezimalpunkt* einzugeben (kein Dezimalkomma verwenden!). Sie finden die Einheiten unter VERWALTEN|EINSTELLUNGEN|PROJEKTEINHEITEN. Vorgegeben sind *Meter* für die Längen und *Quadratmeter* für die Flächen. Wenn Sie gewohnt sind, mit anderen Einheiten wie beispielsweise Zentimetern oder Millimetern zu arbeiten, können Sie das hier umstellen. Neben ALLGEMEIN sind hier auch die Einheiten für die anderen Disziplinen wie TRAGWERK, LÜFTUNG, ELEKTRO, ROHRE und ENERGIE einstellbar.

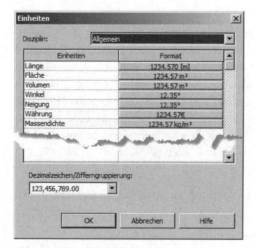

Abb. 2.8: Aktuelle Projekteinheiten

2.1.6 Geschosshöhen

Die Höhenlagen der Geschosse werden in diesem Programm grafisch über die *Außenansichten* festgelegt. Blättern Sie dazu im PROJEKTBROWSER die Kategorie ANSICHTEN auf und aktivieren Sie mit Doppelklick beispielsweise die Ansicht SÜD. Dort werden die Geschosshöhen auf der rechten Seite angezeigt. Abbildung 2.9 zeigt diese absoluten Höhenangaben. Mit einem Doppelklick auf die Höhenangaben können Sie die Werte dort ändern. Nach Markieren einer Höhenlinie oder Ebene mit einem einfachen Klick – siehe EBENE 2 in Abbildung 2.10 – erscheinen auch die relativen Geschosshöhen, d.h. die Abstände zum Geschoss darüber und darunter. Auch diese Werte können Sie anklicken, um die *Lage des aktuell markierten Geschosses* zu ändern.

Wenn Sie beispielsweise die relative Höhe unter dem aktuellen Geschoss verringern, dann verschiebt sich die absolute Höhe dieses Geschosses entsprechend nach unten und die relative Höhe des darüber liegenden Geschosses wird entsprechend größer, das heißt, das darüber liegende Geschoss behält seine absolute Höhe bei.

> **Wichtig**
>
> Hierbei ist zu beachten, dass sich die Änderungen der relativen Höhe unter bzw. über dem markierten Geschoss *immer nur auf die Lage des aktuellen Geschosses* auswirken, die übrigen Geschosse werden dadurch nicht verschoben!

Die Geschosshöhen sollten Sie zu Beginn des Projekts sinnvoll festlegen, weil sich daran viele Elemente automatisch ausrichten. So werden die Wandhöhen im Erdgeschoss dann standardmäßig von EBENE 0 bis EBENE 1 gehen.

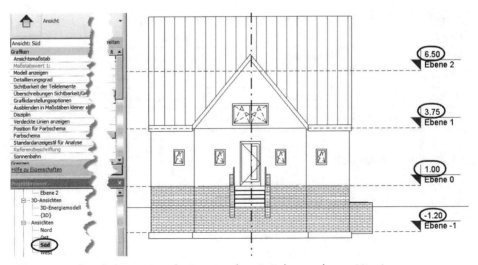

Abb. 2.9: Geschosshöhen in Ansicht SÜD eingeben (mit dem geplanten Haus)

Kapitel 2
Ein einfacher Grundriss

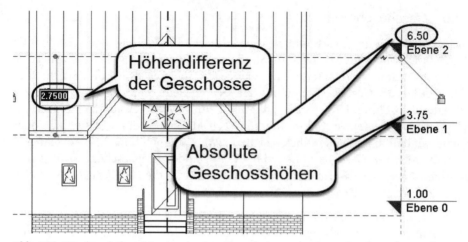

Abb. 2.10: Geschosshöhen können absolut oder relativ zum anderen Geschoss eingegeben werden.

> **Vorsicht**
>
> ANSICHT bei den Geschoss-EIGENSCHAFTEN: Die absolute *Höhe eines Geschosses* wird auch in den EIGENSCHAFTEN angezeigt. Dort erscheint sie allerdings unter dem Titel ANSICHT. Das ist eine fehlerhafte Übersetzung des englischen Wortes »elevation«, das je nach Zusammenhang »Höhe« oder »Außenansicht« bedeuten kann und deshalb oft mit der falschen Bedeutung übersetzt wird.

Für das Konstruktionsbeispiel sollten Sie die Höhen nach Tabelle 2.1 eingeben.

Bezeichnung	Geschoss	Höhe
Keller	Ebene -1	-1.20 absolut
Erdgeschoss	Ebene 0	2.20 relativ zu Ebene -1
Obergeschoss	Ebene 1	2.75 relativ zu Ebene 0
Dachgeschoss	Ebene 2	2.75 relativ zu Ebene 1

Tabelle 2.1: Geschoss-Eingaben für Konstruktionsbeispiel

2.1.7 Die 3D-Ansicht

Während der Konstruktionsarbeit ist es immer wieder nützlich, das Projekt dreidimensional zu betrachten. Zum Wechseln in die 3D-Ansicht gibt es ein Werkzeug im SCHNELLZUGRIFF-WERKZEUGKASTEN (Abbildung 2.11). Alternativ können Sie natürlich auch über den PROJEKTBROWSER die Ansicht {3D} in der Kategorie 3D-ANSICHTEN aktivieren. Zurück in die Geschossansicht geht es dann nur noch über den PROJEKTBROWSER.

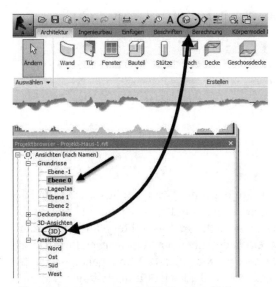

Abb. 2.11: Werkzeuge für die 3D-Ansicht {3D}

2.2 Die ersten Wände

Abbildung 2.12 zeigt den Grundriss für das Erdgeschoss mit den Maßen für die Wände. Beginnen Sie nun mit den Außenwänden. Dazu rufen Sie aus dem Register ARCHITEKTUR das Wand-Werkzeug ARCHITEKTUR|WAND ▼ |WAND:TRAGEND auf (Abbildung 2.13).

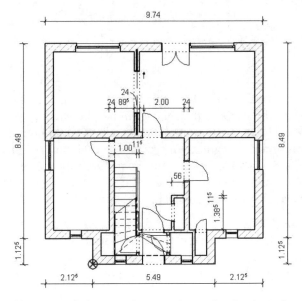

Abb. 2.12: Einfacher Grundriss mit den Maßen für die Außenwände

Abb. 2.13: WAND-Werkzeug

Im EIGENSCHAFTEN-MANAGER wählen Sie dann den Wandtyp aus, hier MW 36.5 (Abbildung 2.14). Weiter unten erscheinen die Wandeigenschaften. Hier fällt die BASISLINIE auf, die als WANDACHSE eingestellt ist. Das sollte geändert werden, denn die Wand wird üblicherweise entweder über die *Außen- oder Innenkanten* definiert. Weiter ist unter ABHÄNGIGKEIT UNTEN die EBENE 0 vorgegeben und unter ABHÄNGIGKEIT OBEN dann BIS EBENE: EBENE 1. Beides ist für die Wände im aktuellen Geschoss okay.

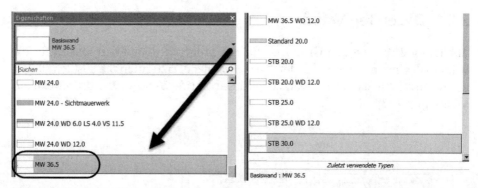

Abb. 2.14: Wandtyp wählen

Bevor Sie nun anfangen zu zeichnen, sollten Sie unbedingt einen Blick in die grünliche OPTIONSLEISTE werfen, denn die enthält noch einmal die wichtigsten *Befehlsvorgaben*. Hier steht unter HÖHE: noch einmal die aktuelle Wandhöhe mit EBENE 1 als Höhenbegrenzung und die gegraut angezeigte echte Höhe 2,75 m. Das ist beides zutreffend. Falls Sie Wände haben, die nicht durch die nächste Geschosshöhe begrenzt sein sollen, müssen Sie statt EBENE 1 auf MANUELL umschalten. Dann ist die Höhe auch direkt einzugeben.

Dann folgt unter BASISLINIE die Vorgabe WANDACHSE, die Sie unbedingt ändern auf: TRAGENDE SCHICHT: AUSSENKANTE. Die Option KETTE lassen Sie *aktiviert*, damit Sie eine fortlaufende Wandkontur ohne Absetzen zeichnen können. Eine weitere Option RADIUS bleibt ausgeschaltet, sie wäre für gebogene Wandstücke sinnvoll.

2.2 Die ersten Wände

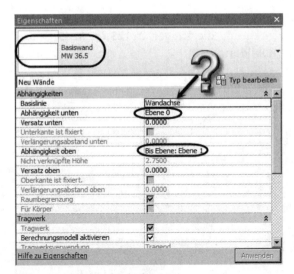

Abb. 2.15: Wandeigenschaften

Abb. 2.16: Die OPTIONSLEISTE für Wände

2.2.1 Wände zeichnen

Für die erste Wand fahren Sie nun zum PROJEKT-BASISPUNKT, wo Ihnen über ein violettes Zeichen das Einrasten mit dem OBJEKTFANG PUNKT signalisiert wird. Klicken Sie die Position an ❶ und bewegen Sie nun den Cursor ziemlich genau senkrecht nach oben ❷. Die Wand wird in der Vorschau angezeigt, die Richtung rastet auch auf einer gestrichelten Hilfslinie unter 90° ein und die Länge wird als Vorschau angezeigt. Nun können Sie auf der Tastatur die gewünschte Länge mit **1.125** eingeben ❸ (Abbildung 2.17).

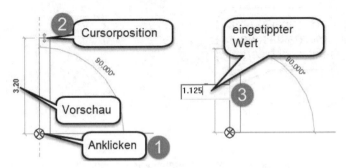

Abb. 2.17: Positionierung und Wert-Eingabe für erste Wand

Die nächsten drei Wandstücke werden ähnlich erstellt, indem Sie mit dem Cursor in die orthogonalen Richtungen ziehen und die Längen **2.125** ❹, **8.49** ❺ und **9.74** ❻ auf der Tastatur eingeben (Abbildung 2.18).

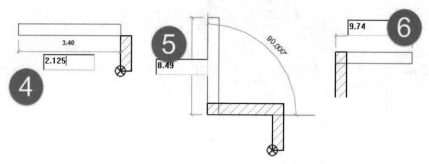

Abb. 2.18: Nachfolgende Wandstücke

Die nächste Wand ist wieder 8.49 lang und wäre ähnlich zu konstruieren, aber hier können Sie sich die Längeneingabe sparen, indem Sie die Länge praktisch abgreifen. Fahren Sie zuerst senkrecht mit dem Cursor herunter und halten Sie die ⇧-Taste gedrückt ❼ (Abbildung 2.19), um die Richtung senkrecht beizubehalten. Nun fahren Sie mit dem Cursor links herüber auf die Wandkante ❽, bis der Hinweis VERTIKAL UND NÄCHSTER zum Einrasten erscheint, und klicken nun.

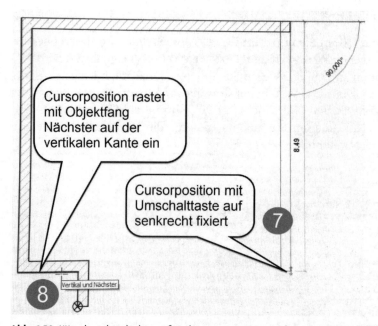

Abb. 2.19: Wand senkrecht bis auf Verlängerung einer entfernten Kante ziehen

2.2 Die ersten Wände

> **Tipp**
>
> **Orthogonale Richtung:** Mit der ⇧-Taste können Sie beim Zeichnen die Konstruktionsrichtung in senkrechter oder waagerechter Richtung fixieren.

Die nächste Wand wird wieder über Richtung und Länge **2.125** wie üblich definiert ❾ (Abbildung 2.20). Beim senkrechten Wandstück danach ist keine Längeneingabe nötig, weil dann eine *Spurlinie* vom Startpunkt erscheint, sobald Sie weit genug nach unten gehen. Dort rastet der Cursor dann mit Objektfang SCHNITTPUNKT automatisch ein und Sie können klicken ❿. Sie Schließen die Wandkontur, indem Sie den Startpunkt anklicken, auf dem der Cursor mit Objektfang ENDPUNKT dann einrastet ⓫.

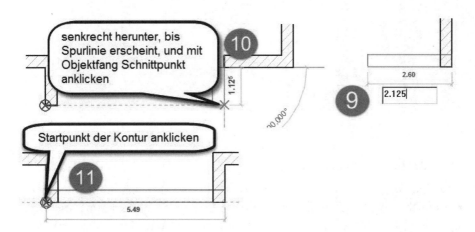

Abb. 2.20: Die letzten Wandstücke

Wenn Sie die Wandstücke ohne Unterbrechung gezeichnet haben, ist der WAND-Befehl mit der Ketteneinstellung nun beendet. Falls Sie aber unterwegs abgebrochen und angestückelt haben, ist der Befehl hier nicht automatisch beendet und braucht noch einmal [ESC] oder einen Rechtsklick und ABBRECHEN im Kontextmenü.

Der WAND-Befehl bleibt aber zum Zeichnen einer weiteren Wand-Kette aktiv. Wenn Sie ihn endgültig beenden wollen, ist ein weiteres [ESC] nötig oder ein Rechtsklick mit ABBRECHEN im Kontextmenü.

Gehen Sie ruhig einmal in die 3D-Ansicht, um das Geschaffene zu bewundern.

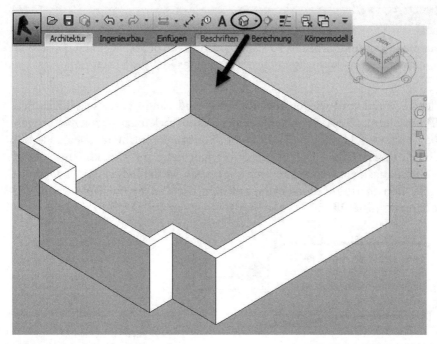

Abb. 2.21: Wände in der 3D-Ansicht

2.2.2 Wandlängen korrigieren

Um Wandlängen zu kontrollieren, müssen Sie die Wände nicht unbedingt bemaßen. Es reicht, eine Wand einfach anzuklicken ❶, damit Sie eine temporäre Bemaßung sehen (Abbildung 2.22). Es wird dabei nicht die Länge der markierten Wand selbst angezeigt, sondern die Abstände dieser Wand zu den gegenüberliegenden ❷. Sie können durch die Maßänderung dann die Lage der aktuellen Wand in Bezug auf die Wand, zu der das Maß zeigt, ändern.

Es erscheint auch nicht immer die Bemaßung mit den gewünschten Bezugskanten, die Sie haben wollen. Dazu müssen Sie noch etwas klicken. In Abbildung 2.22 erscheint ausgerechnet das Innenmaß der Wand, wo Sie das Außenmaß kontrollieren wollen. Dafür gibt es die runden *Griffe* an den Maßhilfslinien ❸. Mit einem Klick auf so einen Griff können Sie die Maßhilfslinie neu positionieren. Bei jedem Klick wird die Hilfslinie auf einer neuen Position auf der Wand einrasten. Bei einer einfachen Wand wie im Beispiel wechselt die Hilfslinie dann zwischen Innenkante, Wandmitte und Außenkante.

Wenn die angezeigte Bemaßung nicht nur die falsche Kante, sondern überhaupt die Entfernung zur falschen Wand anzeigt, dann müssen Sie den Griff bei gedrückter Maustaste auf die Kante an der gewünschten Wand ziehen. Auch hier rastet Revit wieder an allen möglichen Kanten ein.

2.2 Die ersten Wände

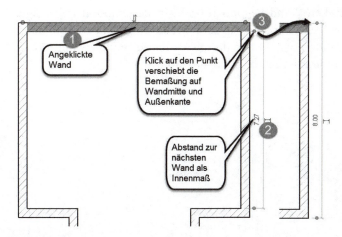

Abb. 2.22: Wandlage über temporäre Bemaßung feststellen

2.2.3 Innenwände konstruieren

Nach Maßgabe der Abbildung 2.23 sollen nun die Innenwände konstruiert werden. Das Werkzeug ist ARCHITEKTUR|ERSTELLEN|WAND|TRAGEND und der Typ MW 24. In der Optionsleiste bleibt BASISLINIE auf TRAGENDE SCHICHT AUSSENKANTE eingestellt, aber die Option KETTE wird nicht mehr gebraucht und deaktiviert.

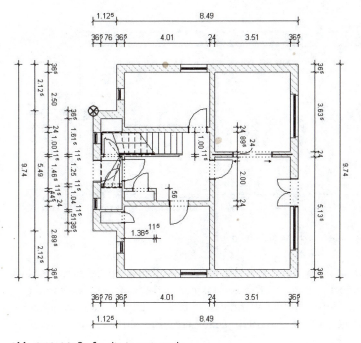

Abb. 2.23: Maße für die Innenwände

Die Wand wird an der linken Wand begonnen und für die temporär angezeigte Bemaßung von der Innenecke her der Abstand **5.135** eingegeben (Abbildung 2.24). Das andere Wandende entsteht auf der gegenüberliegenden Wand durch Herüberziehen auf der automatischen horizontalen Spurlinie.

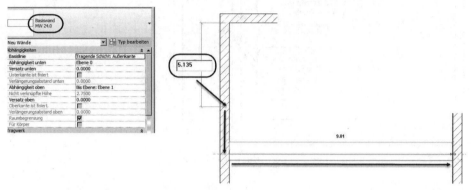

Abb. 2.24: 24er-Wand mit Abstand von Innenecke

Um die Lage der Wand nachzuprüfen, wurde sie angeklickt und der Abstand zur oberen Wandecke war offenbar doch falsch. Es genügt nun, die angezeigte temporäre Bemaßung mit dem korrekten Maß zu überschreiben, und automatisch wird die Wand auf die neue Position verschoben.

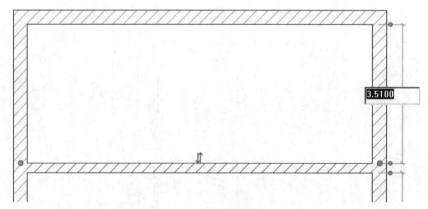

Abb. 2.25: Innenwand-Abstand nach Anklicken ändern

Bei der nächsten Wand ausgehend von der oberen Außenwand zeigte sich, dass die Ausrichtung verkehrt herum ist. Die Leertaste bewirkt während der Wandkonstruktion in solchen Fällen, dass die Wandausrichtung bezüglich der etwas dickeren und in Verlängerung gestrichelt gezeigten Basislinie dann wechselt (Abbildung 2.26).

2.2 Die ersten Wände

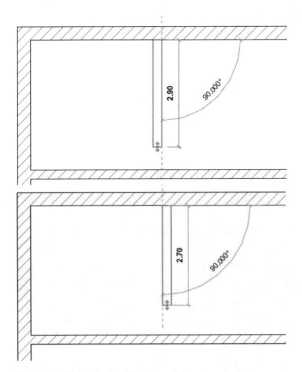

Abb. 2.26: Wechseln der Wandausrichtung mit der Leertaste

Im unteren Bereich ist nun eine 24er-Wand so in die Länge zu ziehen, bis das Ende mit einer Wand daneben fluchtet. Dazu kann man die Wand mit der ⇧-Taste senkrecht halten und dann mit dem Cursor auf die Kante zum Ausrichten links daneben klicken, wo Objektfang NÄCHSTER aktiv wird.

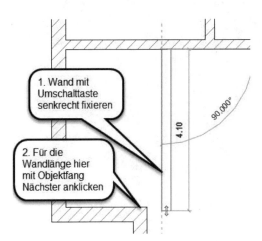

Abb. 2.27: Wand senkrecht halten, Länge über seitliche Position bestimmen

Bei einer Parallelwand mit der gleichen Länge wird das Wandende automatisch auf der Spurlinie durch das erste Wandende einrasten (Abbildung 2.28).

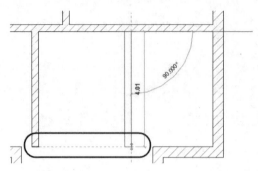

Abb. 2.28: Wandlänge über automatische Spurlinie vom anderen Wandende bestimmen

Eine andere Möglichkeit zur Eingabe der Wandlänge ist die Berechnung über eine Formel. Die Formel muss mit einem Gleichheitszeichen beginnen und kann direkt in die temporär angezeigte Bemaßung eingetragen werden (Abbildung 2.29). Damit wären die Wände im Erdgeschoss fertig (Abbildung 2.30).

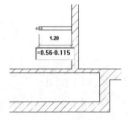

Abb. 2.29: Wandlänge über Formeleingabe berechnen

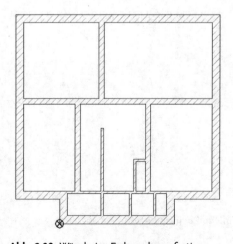

Abb. 2.30: Wände im Erdgeschoss fertig

2.3 Fenster und Türen

Fenster und Türen sollen nun gemäß Abbildung 2.31 eingefügt werden. Damit die Ausrichtung der Fenster bzw. die Anschlagsrichtung der Öffnungen zu erkennen ist, sollten Sie unbedingt in der ANSICHTSLEISTE die Darstellungsgenauigkeit FEIN ▦ wählen. Nur dann sind die Fensterflügel und ihre Lage zu erkennen.

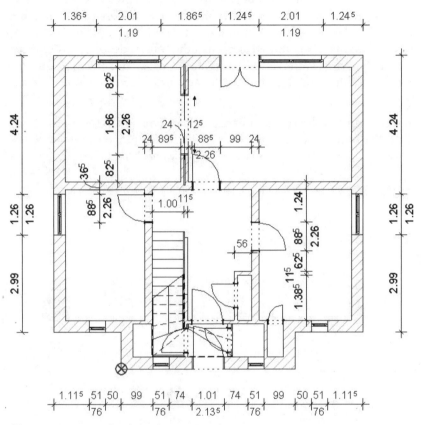

Abb. 2.31: Positionen für die Fenster

Nach Wahl des Werkzeugs ARCHITEKTUR|FENSTER ▦ stehen im EIGENSCHAFTEN-MANAGER fünf Fenstertypen zur Verfügung:

- FENSTER 1-FLG – ANSCHLAG   1.01 X 1.01
- FENSTER 1-FLG – VARIABEL
- FENSTER 2-FLG – ANSCHLAG   2.01 X 1.26
- FENSTER 2-FLG – VARIABEL
- FENSTERTÜR 1-FLG   1.01 X 2.26

Die Fenstertypen mit ANSCHLAG und die FENSTERTÜR haben feste Höhe und Breite, die nur in einem neuen Typ andere Abmessungen zulassen. Wenn Sie also mehrere Fenster mit ganz verschiedenen Abmessungen brauchen, wählen Sie besser die Typen mit VARIABEL. Hier werden die Abmessungen im EIGENSCHAFTEN-MANAGER eingegeben und auch später leicht geändert. Bei den Typen mit ANSCHLAG müssten Sie für jedes Fenster mit abweichenden Maßen einen neuen Typ erzeugen.

Die *Wahl des Typs* hat noch eine andere *Auswirkung*: Wenn Sie bei späteren Änderungen an den Fenstern beispielsweise zur Eingabe einer anderen Höhe mehrere Fenster durch Anklicken eines Fensters und mit der Kontext-Funktion ALLE EXEMPLARE WÄHLEN auswählen, bekommen Sie immer die Fenster des gleichen Typs ausgewählt. Beim Typ mit VARIABEL werden alle Fenster unabhängig von den Abmessungen gewählt, beim Typ mit ANSCHLAG *nur die Fenster mit den gleichen Abmessungen*.

Im aktuellen Fall wurden alle Fenster mit den beiden Typen FENSTER 2-FLG – VARIABEL und FENSTER 1-FLG – VARIABEL erstellt und die Bemessungen über den EIGENSCHAFTEN-MANAGER eingestellt (Abbildung 2.32) bzw. nachträglich geändert.

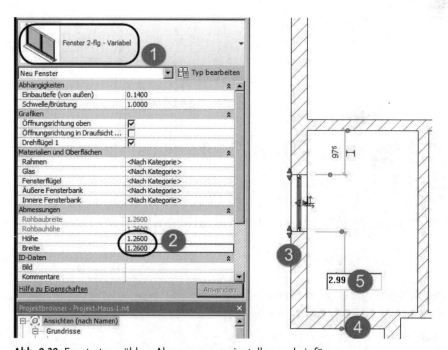

Abb. 2.32: Fenstertyp wählen, Abmessungen einstellen und einfügen

Zum Einfügen des ersten Fensters wählen Sie

- den TYP ❶ und
- geben die Abmessungen ein ❷.

2.3 Fenster und Türen

- Die Höhenlage des Fensters können Sie über die EIGENSCHAFTEN entweder unter ABHÄNGIGKEITEN bei SCHWELLE/BRÜSTUNG (Vorgabe 1,0 m) eingeben oder unter SONSTIGE bei STURZHÖHE (Vorgabe 1,0 m plus Fensterhöhe).
- Dann klicken Sie die Wand auf der Außenkante an ❸. Der Klick auf die Außenkante bewirkt nämlich, dass die Fensteröffnung nach innen geht. Das Fenster wird nun mit temporären Bemaßungen angezeigt.
- Die untere Bemaßung ist aber evtl. nicht an der Wandkante außen fixiert. Deshalb klicken Sie auf den *blauen Kreis* der Maßhilfslinie, bis sie auf der Außenkante einrastet ❹. Sie können die Hilfslinie bei gedrückter linker Maustaste auch auf die gewünschte Bezugskante ziehen. Es darf Sie nicht irritieren, wenn dabei ein Verbotszeichen ⊘ erscheint.
- Für diese Bemaßung tragen Sie nun den gewünschten Wert **2.99** ein ❺.

Das zweite Fenster gegenüber wird mit den gleichen Abmessungen und über Positionierung mit gleicher y-Koordinate durch den Befehl AUSRICHTEN eingefügt:

- Klicken Sie das letzte Fenster an.
- Wählen Sie in der Multifunktionsleiste ÄNDERN oder im Kontextmenü nach Rechtsklick ÄHNLICHES PLATZIEREN ❶ (Abbildung 2.33).
- Klicken Sie an beliebiger Stelle die gegenüberliegende Außenwand an, um zunächst das Fenster ohne spezielle Bemaßung zu positionieren.
- Wählen Sie das Werkzeug ÄNDERN|ÄNDERN|AUSRICHTEN und fahren Sie links auf die Fenstermitte, die dann mit einer temporären Hilfslinie angezeigt wird, und klicken Sie ❷.
- Danach fahren Sie rechts auf die Fenstermitte und klicken ❸.

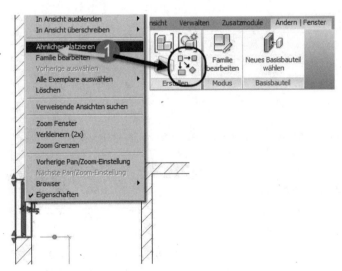

Abb. 2.33: Fenster mit gleichen Eigenschaften platzieren

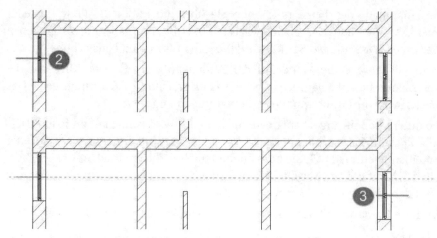

Abb. 2.34: Befehl AUSRICHTEN für fluchtende Fenster

Die übrigen zweiflügligen Fenster werden nach der Methode des ersten Fensters über die Bemaßungen positioniert.

Die kleinen Fenster können wieder wie das allererste über die Bemaßungen positioniert werden ❶. Alternativ können Sie aber auch ausnutzen, dass Revit automatisch bei bestimmten Abständen einrastet. Das hängt allerdings von der jeweiligen Zoom-Vergrößerung ab. Die Fangstufen für lineare Abstände sind unter VERWALTEN|EINSTELLUNGEN|OBJEKTFANG eingestellt auf **1**, **0.1**, **0.02** und **0.005** (alles in Metern). Damit ist es möglich, für ein Fenster das automatische Einrasten im Abstand 50 cm direkt ohne Bemaßungseintragung zu erreichen ❷.

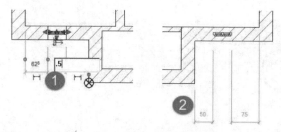

Abb. 2.35: Fenster durch explizite Maßeingabe oder durch Einrasten positionieren

Die Türen werden nach Auswahl der gewünschten Typen genauso positioniert wie die Fenster. Für die Haustür steht kein Standard-Typ zur Verfügung.

1. Deshalb klicken Sie zunächst ARCHITEKTUR|ERSTELLEN|TÜR und dann eine vorhandene *Standard-Tür* an.
2. In der Optionsleiste erscheint LADEN zum Laden von Türen aus der Bibliothek. Das klicken Sie an. Alternativ können Sie auch das Werkzeug FAMILIE LADEN anklicken.

2.3 Fenster und Türen

3. In der Ordnerleiste von FAMILIE LADEN wählen Sie GERMANY|TÜREN|AUßEN-TÜREN.
4. Wählen Sie die Familie EINGANGSTÜR 1-FLG – GLASBAND.RFA und
5. klicken Sie auf ÖFFNEN.
6. In TYPEN ANGEBEN wählen Sie die Größe 1.01 x 2.135 und
7. klicken auf OK.

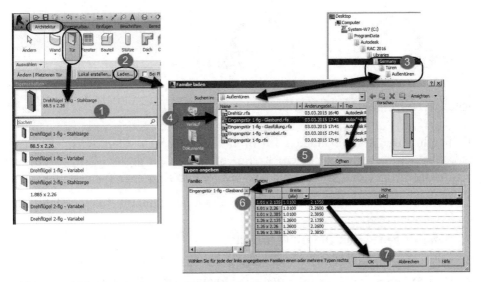

Abb. 2.36: Typ für die Haustür aus einer Bibliothek holen

Wenn Sie mittig auf die untere Außenwand klicken, platziert Revit die Tür mittig zu den nächsten Wänden (Abbildung 2.37). Hier soll aber die Position mittig zu den Fenstern sein. Deshalb verschieben Sie nun die temporären Maßhilfslinien links ❶ und rechts ❷ auf die Fensterkanten und klicken eine der Maßzahlen an, um das gewünschte Maß ❸ einzugeben (Abbildung 2.28).

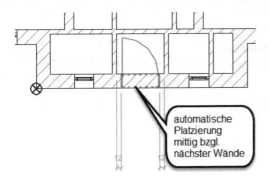

Abb. 2.37: Tür wird automatisch auf die Mitte zwischen den nächsten Wänden positioniert.

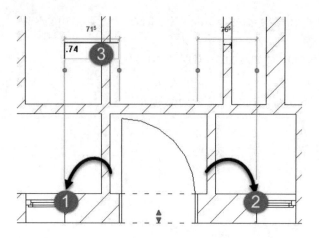

Abb. 2.38: Neupositionierung der Tür

Nicht alle Türen können aus der Tür-Bibliothek besorgt werden. Beispielsweise ist keine schmale Tür mit 51 cm Breite vorhanden. In diesem Fall wurde die schmalste Tür geladen und dann davon ausgehend ein neuer Typ erstellt.

1. Im EIGENSCHAFTEN-MANAGER klicken Sie auf die schmalste Tür und dann auf TYP BEARBEITEN.
2. Dann klicken Sie auf DUPLIZIEREN und
3. geben einen neuen Namen passend zu der beabsichtigten Türgröße ein.
4. Nach OK geben Sie die neuen Werte für BREITE, evtl. auch HÖHE ein.

Auch für die Schiebetür muss ein eigener Typ erstellt werden.

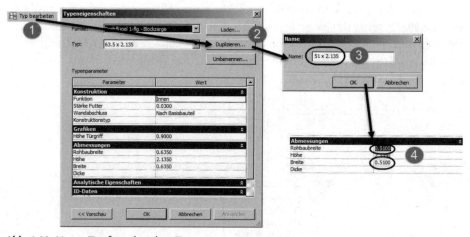

Abb. 2.39: Neuer Typ für schmalere Tür

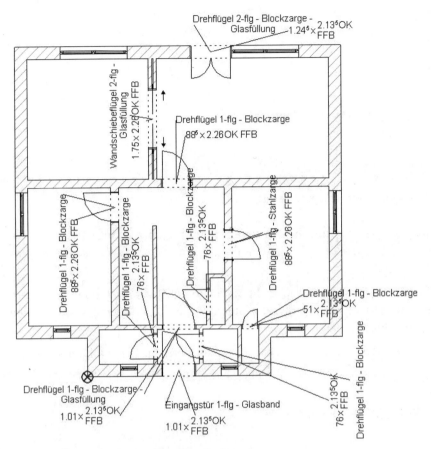

Abb. 2.40: Übersicht über verschiedene Tür-Typen

2.4 Geschossdecken

Passend zu allen Außenwänden soll nun die Geschossdecke erstellt werden. In Revit gibt es zwei ähnlich klingende Befehle: DECKE und GESCHOSSDECKE. Der Begriff DECKE wird hier für die Decken verwendet, die in den Deckenplänen zum Platzieren von Lampen und als abgehängte Decken verwendet wird. Die – meist aus Beton bestehende – GESCHOSSDECKE für den Rohfußboden wird über ARCHITEKTUR|ERSTELLEN|GESCHOSSDECKE|GESCHOSSDECKE TRAGEND erstellt (Abbildung 2.41). Als Standard-Geschossdecke wird hier der TYP STB 20.0 mit 20 cm Stärke verwendet.

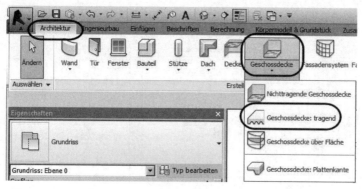

Abb. 2.41: Tragende Geschossdecke einfügen

Im Prinzip können Sie mit diesem Befehl nun einfach alle Außenwände anklicken, und es werden sämtliche Außenkanten zu einer geschlossenen Kontur zusammengesetzt.

An dieser Stelle ist es aber angebracht, eine andere Auswahlmethode zu zeigen. Wenn Sie solche Objekte wie hier die Außenwände im Zusammenhang wählen wollen, gehen Sie wie folgt vor:

1. *Fahren* Sie mit dem Cursor das *erste Wandelement* an, bis es hervorgehoben wird.
2. Drücken Sie *kurz die* [Tab]-*Taste*, sodass *alle* Wandelemente *umlaufend* markiert werden.
3. Nun dürfen Sie mit der *linken Maustaste klicken*!

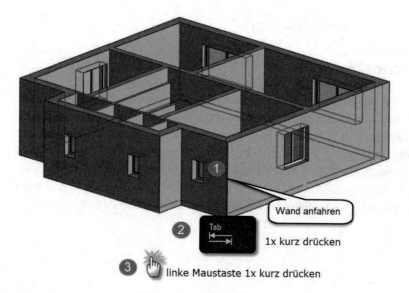

Abb. 2.42: Auswahl zusammenhängender Elemente

2.4 Geschossdecken

Nun soll also die Geschossdecke mit dieser Objektwahl elegant erzeugt werden:

- Gehen Sie im Projektbrowser in das Geschoss EBENE 0.
- Wählen Sie den Befehl ARCHITEKTUR|ERSTELLEN|GESCHOSSDECKE|GESCHOSSDECKE TRAGEND.
- Aktivieren Sie im EIGENSCHAFTEN-MANAGER die EBENE 1.
- Wählen Sie nun nach der oben geschilderten Art *alle Außenwände*.
- Klicken Sie in der Multifunktionsleiste auf BEARBEITUNG BEENDEN.
- Es erscheint die Frage: SOLLEN WÄNDE [...] AN DER UNTERKANTE FIXIERT WERDEN?
- Antworten Sie mit JA.

Die Geschossdecke ist nun so weit fertig.

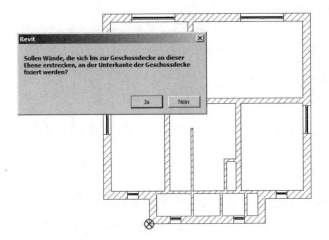

Abb. 2.43: Wandhöhen an Geschossdecke anpassen

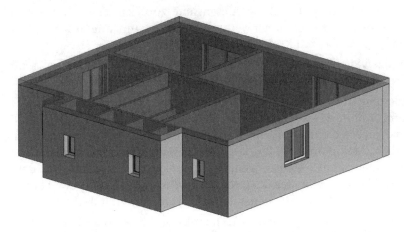

Abb. 2.44: Geschossdecke mit in der Höhe zurückgezogenen Wänden

> **Tipp**
>
> **Verbundene Elemente wählen:** Sehr oft kommt es in Architekturkonstruktionen vor, dass Sie aneinandergrenzende Elemente zusammen wählen müssen. Dazu fahren Sie eines der Elemente an, bis es mit einem Highlighting, der Hervorhebung in Blau, erscheint. Sie dürfen jetzt nicht klicken! Dann drücken Sie einmal die ⎄-Taste, wobei dann die verbundenen Elemente auch hervorgehoben erscheinen müssen. Jetzt endlich dürfen Sie klicken, um die Auswahl perfekt zu machen.

2.4.1 Geschossdecke bearbeiten

Bisher geht die Deckenplatte bis zu den Außenkanten der Wände. Aus Gründen der Wärmeleitung sollten sie aber um eine Ziegelbreite zurückgezogen werden. Dazu

1. markieren Sie die Geschossdecke,
2. wählen dann BEGRENZUNG BEARBEITEN (Abbildung 2.45) im Änderungsmenü. Der Deckenumriss wird nun als *rote Kontur* angezeigt.

Abb. 2.45: Deckenumriss bearbeiten

3. Wählen Sie *Konturkanten* umlaufend mit Zeigen, ⎄ und Klick.
4. In der OPTIONSLEISTE erscheint VERSATZ. Dort geben Sie den Wert **-0.125** ein, um die Wandkanten nach innen zu verschieben.
5. Dann klicken Sie auf BEARBEITUNG BEENDEN ✓.
6. Die Geschossdecke ist nun von der Außenkante zurückgezogen. Nun sollen aber die Außenwände wieder höher werden. Wählen Sie umlaufend alle Außenwände mit Zeigen, ⎄ und Klick.
7. Dann benutzen Sie LÖSEN OBEN/BASIS und klicken in der OPTIONSLEISTE auf VON ALLEN LÖSEN, um wieder die volle Wandhöhe zu erreichen.
8. Die Wände und Geschossdecke überlappen nun an der Oberkante. Um diese Überlappungsvolumen zu entfernen, wählen Sie ÄNDERN|GEOMETRIE|VERBINDEN und klicken dann jeweils ein Wandstück und die Geschossdecke an. Sie müssten diese Aktion für jedes Stück der Außenwand wiederholen. Allerdings gibt es hier einen Schnell-Modus: Wenn Sie zuerst die Geschossdecke mit dem Werkzeug anklicken und in der OPTIONSLEISTE MEHRFACHVERBINDUNG aktivieren, können Sie alle Wände nacheinander anklicken und verbinden.
9. Zum Test sollten Sie am Schluss die Geschossdecke aktivieren und im Kontextmenü (nach Rechtsklick) IN ANSICHT AUSBLENDEN|ELEMENTE wählen. Die

Ansicht sollte nun so aussehen wie Abbildung 2.46. Die Innendecken liegen unter der – nun unsichtbaren – Geschossdecke und die Außenwände ragen mit der Außenkante bis zur Oberkante der Geschossdecke auf.

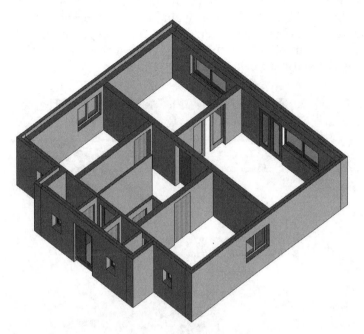

Abb. 2.46: Erdgeschoss mit ausgeblendeter Decke

2.4.2 Unterschied Fixieren – Verbinden

Hier soll noch einmal der prinzipielle Unterschied zwischen FIXIEREN und VERBINDEN bei Wänden erläutert werden. Beim FIXIEREN werden eine oder mehrere Wände mit der Höhe an eine Geschossdecke oder an ein Dach angepasst. Dabei wird bei Geschossdecken die gesamte Höhe auf die Geschossdecke beschränkt, auch jenseits des Deckenrandes (Abbildung 2.47 rechts). Es können mehrere Wände gewählt werden, die zusammen an einer Geschossdecke oder einem Dach fixiert werden sollen.

Wände können auch nach entsprechender Auswahl in der Optionsleiste an der *Unterkante* fixiert werden. Das ist beispielsweise bei Gaubenwänden nötig.

Um eine Fixierung aufzulösen, können Sie nach Anklicken der Wand das Werkzeug LÖSEN OBEN/BASIS benutzen. In der Optionsleiste ist dann allerdings noch die Option VON ALLEN LÖSEN zu aktivieren.

Beim VERBINDEN wird eine Überlagerung zwischen zwei Volumenkörpern wie hier einer Wand und einer Decke derart beseitigt, dass dasjenige Volumen zurückgenommen wird, das die niedrigere Priorität hat. Im aktuellen Beispiel hat die

Mauerwerkswand die niedrigere Priorität und die Betondecke die höhere. Deshalb wird beim VERBINDEN der beiden das Mauerwerk zurückgezogen, wo die Geschossdecke dann dominiert. Aber jenseits der Deckenkante bleibt die Wand unverändert. Der Befehl VERBINDEN kann auch *mehrfach* angewendet werden, wenn Sie hier zuerst die Geschossdecke wählen, dann in der Optionsleiste MEHRFACH aktivieren und danach mehrere Wände anklicken. Die vorgegebene Reihenfolge beim VERBINDEN kann mit dem Werkzeug VERBINDUNGSREIHENFOLGE ÄNDERN im Flyout unter VERBINDEN auch umgekehrt werden.

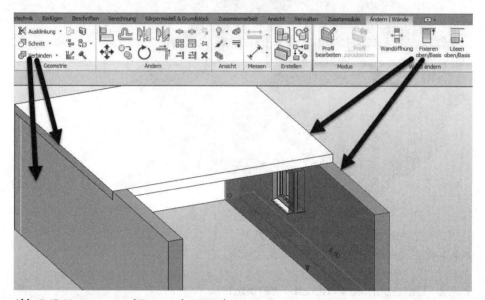

Abb. 2.47: VERBINDEN und FIXIEREN bei Wänden

> **Vorsicht**
>
> Achtung: Um die Wände im jetzigen Zustand zu erhalten, nämlich mit höhenmäßig fixierten Innenwänden und nicht fixierten, aber verbundenen Außenwänden, müssen Sie *bei zukünftigen Deckenbearbeitungen* stets die Frage »Sollen Wände ... an Decke fixiert werden?« verneinen, sonst müssen Sie die Außenwände wieder lösen und dann erneut verbinden!

2.5 Treppen

Bevor die Treppenkonstruktion begonnen wird, soll eine Hilfslinie für die Treppenposition und die Wand seitlich der Treppe erstellt werden. Die Wand wird dann im Profil abgeschrägt. Danach wird eine einfache Treppe geradläufig eingebaut.

2.5.1 Vorbereitung der Treppenseitenwand

Mit ARCHITEKTUR|MODELL|MODELLLINIE zeichnen Sie eine waagerechte Linie an der ungefähren Treppenposition. Dann klicken Sie diese Linie an, positionieren ggf. die untere Maßhilfslinie auf die Wand unten und überschreiben die Maßzahl (Abbildung 2.48). Die Hilfslinie ist danach exakt positioniert und Sie können die seitliche Treppenwand am Endpunkt auf diese Hilfslinie ziehen.

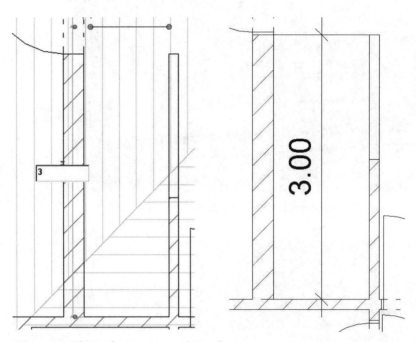

Abb. 2.48: Hilfslinie für Treppen- und Wandlänge

Um das Wandprofil an die Schräge der Treppe anzupassen, starten Sie die Bearbeitung des Profils in der 3D-ANSICHT {3D} mit einem Doppelklick (Abbildung 2.49). Das rechteckige Profil der Wand erscheint in roter Farbe. Achten Sie darauf, dass Wandprofile immer einfach geschlossene Konturen sein müssen.

1. In der Multifunktionsleiste PROFIL BEARBEITEN wählen Sie LINIE und
2. klicken mit Objektfang ENDPUNKT und
3. mit Objektfang SCHNITTPUNKT die Positionen für die neue Linie an.
4. Dann wählen Sie die Funktion STUTZEN/DEHNEN FÜR ECKE, um das überstehende waagerechte Liniensegment zu entfernen,
5. klicken auf diese neue Linie und
6. auf die Oberkante auf der linken Seite.
7. Klicken Sie dann die senkrechte Linie rechts an und

8. wählen Sie LÖSCHEN. Die Wandkontur erscheint nun einfach und geschlossen (Abbildung 2.50).
9. Danach wählen Sie BEARBEITUNG BEENDEN, und die Wand erscheint mit der neuen Kontur (Abbildung 2.51).

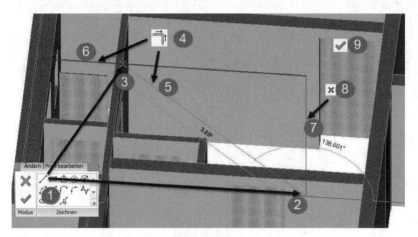

Abb. 2.49: Bearbeitung des Wandprofils nach Doppelklick

Abb. 2.50: Überflüssige Linie bzw. Linienteil entfernt

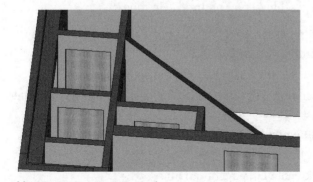

Abb. 2.51: Fertige Treppenwand

2.5.2 Treppe erstellen

Die Treppe soll nun auf einfachste Weise erstellt werden. Die komplexen Treppenformen werden in Kapitel 10 behandelt. Unter ARCHITEKTUR|ERSCHLIEßUNG|TREPPE gibt es zwei Varianten TREPPE NACH BAUTEIL und TREPPE NACH SKIZZE. Für den aktuellen Fall reicht die TREPPE NACH BAUTEIL, die für bestimmte Formen des Treppenverlaufs vorgefertigt verwendet werden kann: GERADE, SPIRALE IN GANZEN SCHRITTEN, SPIRALE DURCH MITTEL- UND ENDPUNKTE, L-FORM-WENDELSTUFE, U-FORM-WENDELSTUFE (s. Abbildung 2.52). Die Treppe soll mit der linken Kante (in Laufrichtung gesehen) erstellt werden, die Breite beträgt 1 m.

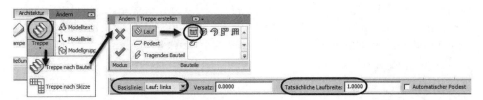

Abb. 2.52: Einläufige Treppe erstellen

Beides kann in der Optionsleiste eingegeben werden und dann kann *Start- und Endpunkt* der Treppe angeklickt werden (Abbildung 2.53). Die so erstellte Treppe wird die 3 m Länge nicht ausfüllen. Dazu sollten Sie im EIGENSCHAFTEN-MANAGER die Treppenparameter noch betrachten. Die Eintragungen für die Treppenhöhe sind über Startebene EBENE 0 und Endebene EBENE1 schon korrekt vorgegeben. Sie können aber noch die ANZAHL DER STEIGUNGEN einstellen, hier wäre **14** richtig und die AUFTRITTSLÄNGE mit **0.23**.

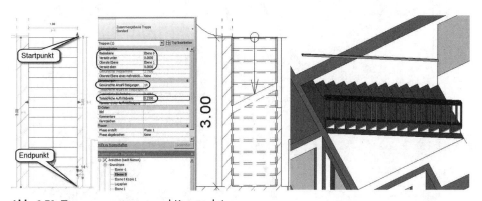

Abb. 2.53: Treppenparameter und Konstruktion

Nachdem nun die Treppe erstellt ist, können Sie die Geschossdecke wieder einblenden. Dazu klicken Sie und klicken in der rötlichen Darstellung die *Geschossdecke* an, um im Kontextmenü die Funktion IN ANSICHT ANZEIGEN|ELE-

Kapitel 2
Ein einfacher Grundriss

MENTE zu wählen. Dann klicken Sie in der ANZEIGELEISTE auf VERDECKTE ELEMENTE ANZEIGEN SCHLIEẞEN . Danach wird die Geschossdecke wieder angezeigt.

2.5.3 Das Treppenloch

Sowie die Treppe konstruiert ist, darf das Treppenloch nicht vergessen werden. Die Geschossdecke vom Erdgeschoss benötigt noch den passenden Ausschnitt für die Treppe. Sie müssen nur noch die Geschossdecke erneut aktivieren und mit dem Werkzeug GESCHOSSDECKEN|MODUS|BEGRENZUNG BEARBEITEN ❶ ❷ die Öffnung für die Treppe als weitere innere Kontur dazu zeichnen. Sie benutzen dafür am einfachsten die Rechteck-Funktion ❸. Das Treppenloch muss nicht unbedingt bei der ersten Stufe beginnen. Das hängt etwas von der Durchgangshöhe ab, die extra berechnet werden muss. Mit BEARBEITUNGSMODUS BEENDEN ❹ schließen Sie die Geschossdecke ab. Das Ergebnis zeigt ein 3D-Schnitt ❺.

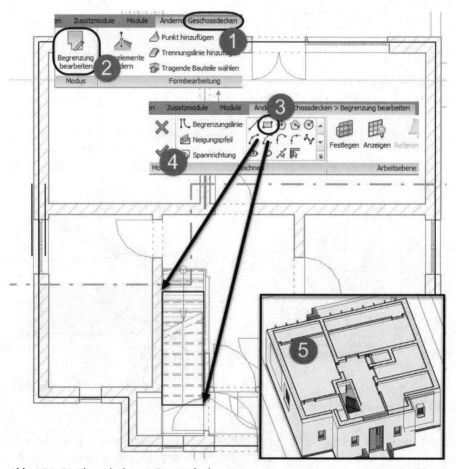

Abb. 2.54: Geschossdecke mit Treppenloch

2.6 Mehrere Stockwerke

2.6.1 Stockwerke kopieren

Um nun bei einem mehrstöckigen Haus nicht jedes Stockwerk neu zeichnen zu müssen, können Sie ein komplettes Stockwerk auf mehrere andere Geschosse kopieren. Das lohnt sich auch in diesem Beispiel, weil eine Vielzahl von Wänden dann schon passt. Zwar sind hier an jedem Geschoss noch viele nachträgliche Änderungen nötig, aber das Kopieren in andere Geschosse spart doch Arbeit. Im Prinzip läuft dieses Kopieren über die Windows-Zwischenablage.

Es gibt Teile der Konstruktion, die sich nicht kopieren lassen. Dazu gehören Beschriftungselemente wie Texte und Bemaßungen und auch die Richtungsmarkierungen für die Treppen. Die müssen Sie weglassen oder ausblenden, wenn Sie die Elemente in die Zwischenablage kopieren.

1. Wählen Sie die Objekte für die Zwischenablage. Mit der [Strg]-Taste können Sie auch mit der Kreuzen-Wahl Elemente dazuwählen, mit der [⇧]-Taste entfernen Sie Elemente aus der Auswahl. Sie sollten keineswegs Projekt-Basispunkt oder Vermessungspunkt wählen. Die lassen sich nicht kopieren, ebenso wie die Treppenrichtung.
2. Dann aktivieren Sie das Werkzeug IN ZWISCHENABLAGE KOPIEREN.
3. Danach wählen Sie EINFÜGEN und darunter
4. AN AUSGEWÄHLTEN EBENEN AUSGERICHTET. Falls diese Option mit Fading (gegraut) erscheint, haben Sie Elemente mitgewählt, die sich nicht in andere Geschosse kopieren lassen.
5. Schließlich wählen Sie aus, in welche Ebenen Sie nun hineinkopieren möchten.

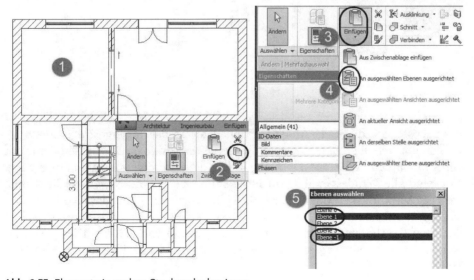

Abb. 2.55: Elemente in andere Stockwerke kopieren

2.6.2 Geschossabhängige Änderungen

Wandhöhen

Nach der Kopieraktion sieht das Haus so aus wie in Abbildung 2.56. Man erkennt leicht, dass für den Keller die Wände alle zu hoch sind und die Fenster noch geändert werden müssen. Außerdem fehlt das Dach. Wenn beim Erdgeschoss die Geschossdecke mitgewählt wurde, wäre auch auf dem Obergeschoss die kopierte Geschossdecke zu sehen. Hier wurde sie nachträglich mit dem Kontextmenü IN ANSICHT AUSBLENDEN|ELEMENTE ausgeblendet, weil sie bei der nachfolgenden Dachkonstruktion stört. Die Geschossdecke des Obergeschosses wird erst im nächsten Kapitel mit den Bearbeitungsbefehlen weiter behandelt. Sollten Sie die Geschossdecke gar nicht mitkopiert haben, dann können Sie sie auch einzeln wählen und das Kopieren und Einfügen auf den Geschossen nur für die Geschossdecke durchführen.

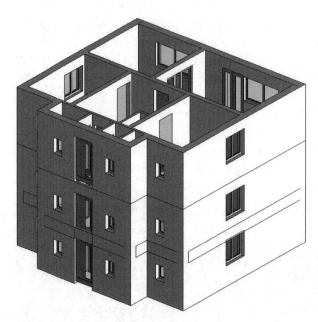

Abb. 2.56: Vervielfachte Stockwerke

Als nächste grundlegende Änderung gehen Sie in das Kellergeschoss EBENE -1, wählen dort alle Elemente mit einer großen Kreuzen-Box und schalten dann mit dem FILTER-Befehl ▽ alle Elemente außer den Wänden aus (Abbildung 2.57). Nun sind alle Wände gewählt. Im EIGENSCHAFTEN-MANAGER werden Sie sehen, dass bei ABHÄNGIGKEIT OBEN die EBENE 0 eingetragen ist – und das ist okay –, aber zusätzlich steht da noch VERSATZ OBEN 0.55. Das ist eben die Differenz zwischen der alten Geschosshöhe von 2,75 m und der neuen von 2,20 m. Dieser Versatz muss auf **0.0** gesetzt werden. Damit sind dann wenigstens die Kellerwände in der Höhe korrigiert.

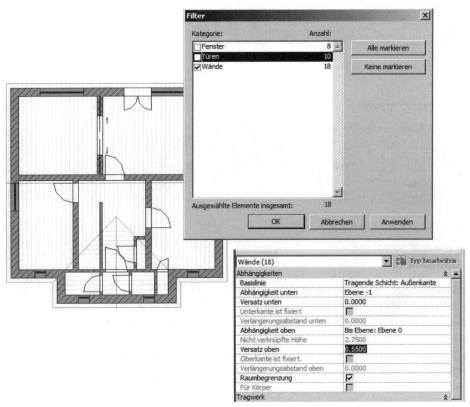

Abb. 2.57: Höhe der Kellerwände ändern

Treppen

In ähnlicher Weise muss die Treppe höhenmäßig angepasst werden, weil sie auch zur Geschosshöhe passen muss. Damit ist meist eine Änderung der Stufenzahl verbunden und notfalls auch eine Neukonstruktion. Der Treppentyp wird auch zu ändern sein, denn die Kellertreppen sind oft Holztreppen, während die übrigen im Haus meist Betontreppen sind.

Fenster und Türen

Für die Fenster im Keller sind zwei Dinge zu ändern:

- Die Fensterhöhe ist meist viel geringer, oft 51 cm und
- die Brüstungshöhe oder der Sturz für das Fenster liegt höher.

Im Beispiel haben die Kellerfenster eine Höhe von 76 cm und eine Sturzhöhe von 1,96 m. Damit liegen sie dann 4 cm unter der Kellerdecke von 2 m.

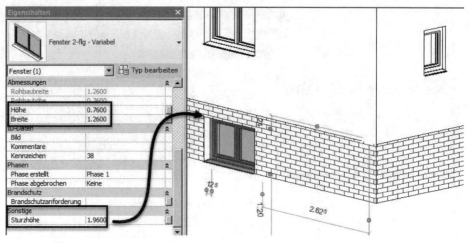

Abb. 2.58: Kellerfenster

Aus der Lage der Kellerfenster ergibt sich dann ein Problem für die Ansichtsdarstellung. Während im normalen Grundriss eine Schnitthöhe von 1,20 m für die Ansicht verwendet wird, muss sie im Keller höher liegen. Dies können Sie in den Eigenschaften des Kellergrundrisses unter ANSICHTSBEREICH einstellen. Nach Klick auf BEARBEITEN können Sie die SCHNITTEBENE auf **1.75** ändern. Dann sind die Fenster auch wieder vollständig sichtbar (Abbildung 2.59).

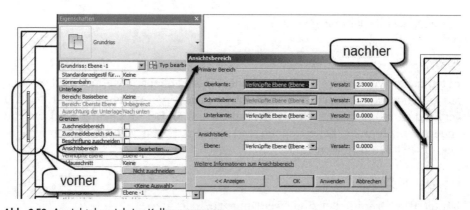

Abb. 2.59: Ansichtsbereich im Keller anpassen

Fundamentplatte

Unter dem Keller soll noch eine Fundamentplatte entstehen. Sie können dafür aus einem anderen Geschoss die Geschossdecke kopieren, diese etwas verdicken, den äußeren Rand etwas über die äußere Wandkante hinaus strecken und müssen natürlich noch das Treppenloch oder die Treppenkontur entfernen. Wenn das zu viel Arbeit ist, zeichnen Sie die Fundamentplatte einfach neu als Geschossdecke des Typs STB 30 und geben ihr gleich mit der Option VERSATZ **0.10** m Überstand nach außen.

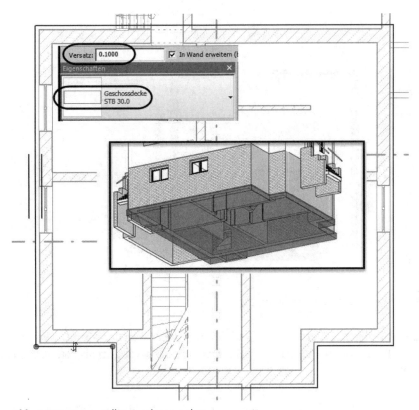

Abb. 2.60: Neu erstellte Fundamentplatte

2.7 Dächer

Nun muss noch ein Dach im Obergeschoss erstellt werden.

1. Dazu wählen Sie ARCHITEKTUR|ERSTELLEN|DACH|DACH ÜBER GRUNDFLÄCHE. In der OPTIONSLEISTE stellen Sie den DACHÜBERSTAND auf **0.2** ein und setzen das **Häkchen** bei BESTIMMT NEIGUNG.
2. Zeigen Sie auf eine Außenwand, drücken Sie und klicken Sie, um umlaufend *alle Außenwände* zu wählen.
3. Geben Sie im EIGENSCHAFTEN-MANAGER unter NEIGUNG den Wert **45** ein.
4. Beenden Sie die Bearbeitung.

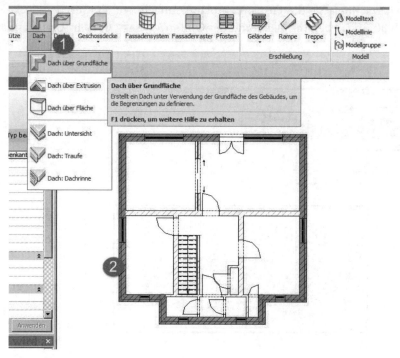

Abb. 2.61: Außenwände zur Dacherstellung

5. Markieren Sie das Dach erneut und aktivieren Sie rechts in der Multifunktionsleiste GRUNDFLÄCHE BEARBEITEN. Der Dachumriss wird nun als rote Kontur angezeigt.

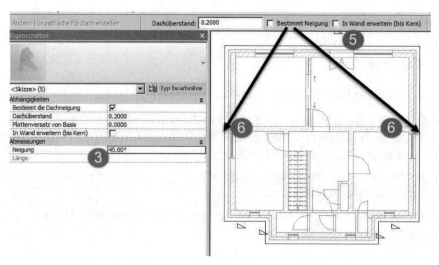

Abb. 2.62: Parameter und Geometrie fürs Dach

6. Markieren Sie die Dachkanten rechts und links und deaktivieren Sie BESTIMMT NEIGUNG in der OPTIONSLEISTE, damit an diesen Kanten die Dachgiebel entstehen.
7. Die Wände sind noch zu hoch und müssen ans Dach angepasst werden (Abbildung 2.63). Wählen Sie in der Ansicht EBENE 1 zunächst alle Wände.
8. Aktivieren Sie die Funktion MEHRFACHAUSWAH|AUSWAHL|FILTER.

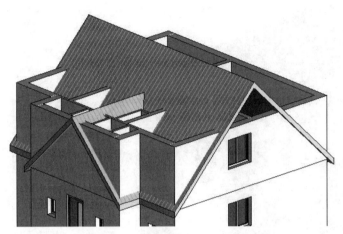

Abb. 2.63: Noch nicht angepasste Wände im Dachgeschoss

9. Schalten Sie alle Kategorien bis auf WÄNDE aus.
10. Klicken Sie auf FIXIEREN OBEN/BASIS und
11. klicken Sie das Dach an.

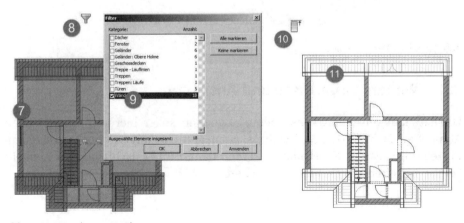

Abb. 2.64: Wände ans Dach anpassen

Das Haus ist nun bis auf Feinheiten zunächst fertig. In den Stockwerken EBENE -1 und EBENE 1 müssen noch Fenster- und Türpositionen und -formen geändert sowie Innenwände verändert werden. Auch fehlt noch vorne eine Eingangstreppe sowie hinten eine Terrasse. Auch ganz oben im Dach ist noch ein Dachbodenraum einzurichten.

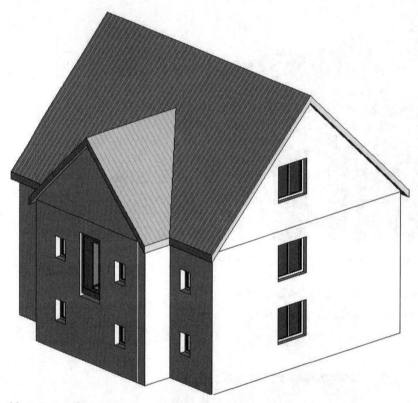

Abb. 2.65: Fast fertiges Haus

2.8 Weitere Grundrisse und Ansichten

Um das Haus vollständig konstruieren zu können, sollen hier noch die fehlenden Abmessungen in einzelnen Detailansichten und Grundrissen gegeben werden. Einzelne Details der Konstruktion werden dann in den nachfolgenden Kapiteln bei den betreffenden Themen besprochen.

2.8.1 Terrasse

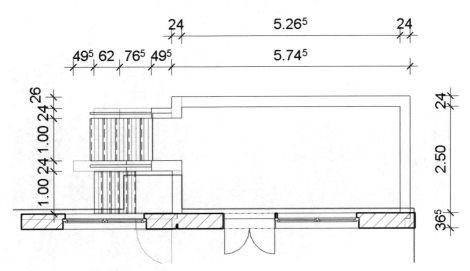

Abb. 2.66: Terrasse im Erdgeschoss

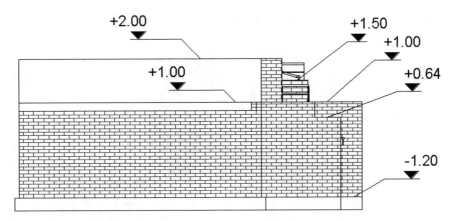

Abb. 2.67: Terrasse Ansicht Nord

Kapitel 2
Ein einfacher Grundriss

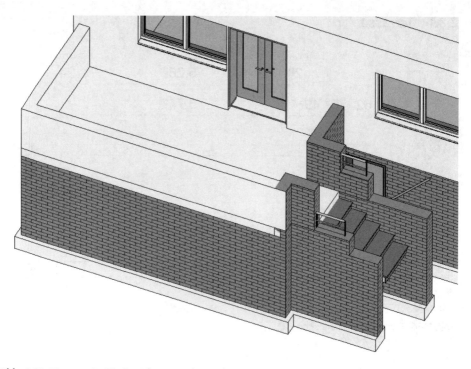

Abb. 2.68: Terrasse in 3D-Ansicht von schräg oben

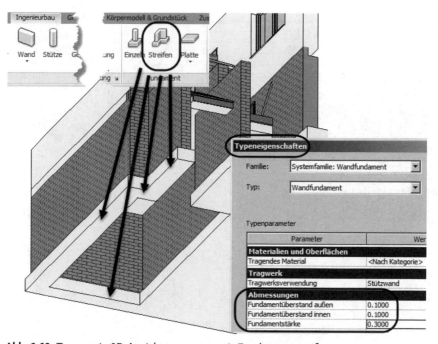

Abb. 2.69: Terrasse in 3D-Ansicht von unten mit Fundamentstreifen

2.8.2 Eingangstreppe

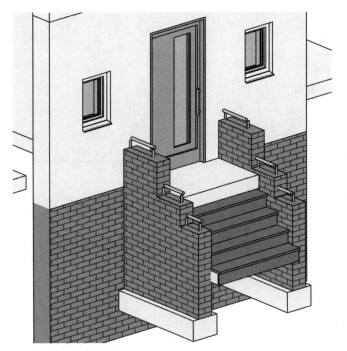

Abb. 2.70: Eingangstreppe in 3D-Ansicht

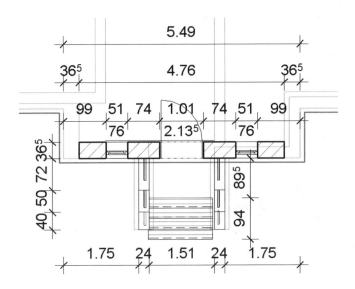

Abb. 2.71: Eingangstreppe im Erdgeschoss

Kapitel 2
Ein einfacher Grundriss

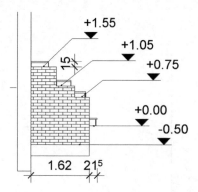

Abb. 2.72: Eingangstreppe in Ansicht West

2.8.3 Kohlenschütte

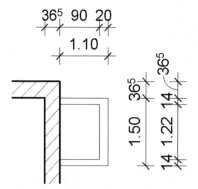

Abb. 2.73: Kohlenschütte in Draufsicht

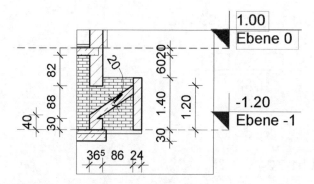

Abb. 2.74: Kohlenschütte im Schnitt aus Süden

2.8.4 Komplexe Treppe

Eine etwas komplexere Gestaltung der Innentreppe zeigt Abbildung 2.75. Dazu müssen Sie aber die Treppe mit TREPPE ÜBER SKIZZE über BEGRENZUNG und STEIGUNG detailliert konstruieren wie es in Kapitel 8 beschrieben wird.

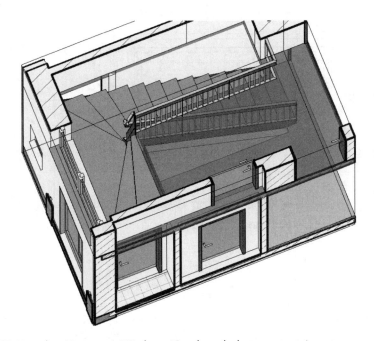

Abb. 2.75: Komplexe Treppe mit Windung (Geschossdecke transparent)

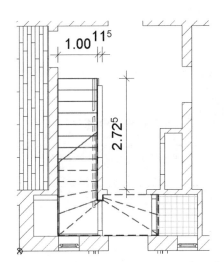

Abb. 2.76: Komplexe Treppe vom Erdgeschoss zum Obergeschoss

2.8.5 Obergeschoss

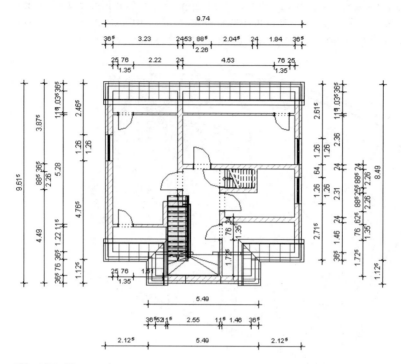

Abb. 2.77: Obergeschoss

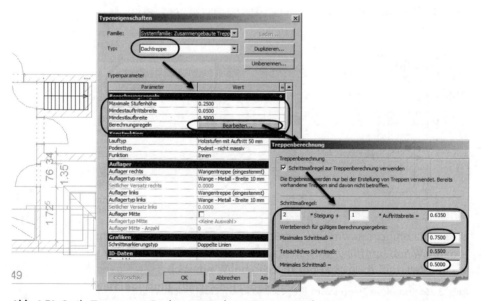

Abb. 2.78: Steile Treppe zum Dach mit geänderter Treppenregel

2.8.6 Keller

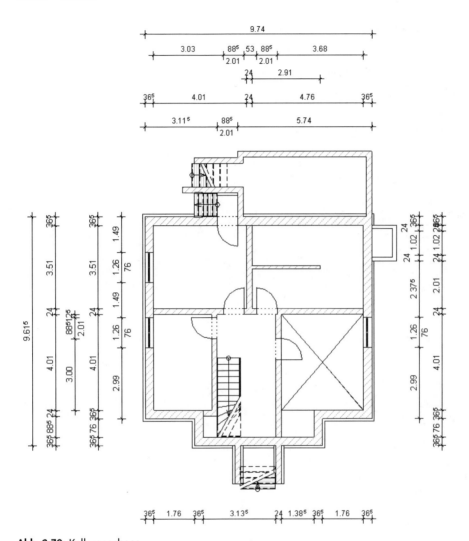

Abb. 2.79: Kellergeschoss

2.9 Übungsfragen

1. Was bedeuten bei Revit FAMILIEN?
2. Welche Projekt-Kategorien gibt es?
3. Wo können Sie die Anzeige für den Projekt-Basispunkt aktivieren?
4. Was ist alles unter OBJEKTFANG eingestellt?
5. Wo liegt die Wandbasislinie bei Außenwänden?

6. Welche Darstellungsgenauigkeit brauchen Sie, um die Fenster präzise dargestellt zu bekommen?
7. Was bedeutet ÄHNLICHE PLATZIEREN?
8. Wie können Sie umlaufende Wände wählen?
9. Was bedeutet WÄNDE AN GESCHOSSDECKE FIXIEREN?
10. Wie erstellen Sie ein Satteldach?

Kapitel 3

Bearbeitungsfunktionen der Basiselemente

Um die Bearbeitungsfunktionen für verschiedene Elemente zu demonstrieren, sollen nun das Kellergeschoss, die EBENE -1, und das Dachgeschoss, die EBENE 1, bearbeitet werden. Damit für die Arbeit stets auch für jedes Geschoss eine 3D-Ansicht betrachtet werden kann, sollten Sie mehrere Kopien der 3D-Ansicht mit unterschiedlichen Zuschnitts-Eigenschaften erstellen. Weiter werden Sie in diesem Kapitel noch mehrere Architekturelemente abändern müssen und dabei die typischen Bearbeitungen verschiedener Elemente kennenlernen.

Wenn Sie in Revit ein Element anklicken, werden Ihnen mehrere *Bearbeitungsmöglichkeiten* angezeigt (Abbildung 3.1):

- Die Multifunktionsleiste ÄNDERN mit elementunabhängigen Bearbeitungsfunktionen mit Gruppentiteln unten in Grau,
- die *kontextspezifische Multifunktionsleiste* mit elementbezogenen Funktionen und Gruppentiteln in Grün,
- Der EIGENSCHAFTEN-MANAGER mit
  - Der Typenauswahl, um ggf. einfach einen anderen Elementtyp zu wählen,
  - den elementbezogenen Parametern und
  - TYP-BEARBEITEN zum Bearbeiten der Parameter, die im Typ verankert sind, oder zur Erstellung eines neuen Typs mittels DUPLIZIEREN.
- Der FAMILIENEDITOR kann nicht nur über die *Startseite des Programms* aufgerufen werden, sondern er öffnet sich automatisch, wenn Sie in Ihrem Modell auf ein Element *doppelklicken*. Damit können Sie dann über die Geometrie und die Parameter die komplette Definition des Elements verändern oder ein neues Element gestalten. Hier ist also Vorsicht geboten. Die Tatsache, dass Sie sich im Familieneditor des Elements befinden, erkennen Sie daran, dass ganz oben in der Programmleiste der Elementname mit der Endung *.rfa (Revit FAmilie) erscheint. Auch die Multifunktionsleiste sieht dann plötzlich etwas anders aus! Durch Schließen des Zeichnungsfensters kommen Sie unbeschadet wieder zurück in Ihre ursprüngliche Modellansicht.

Im Folgenden werden alle diese Werkzeuge benutzt, um die Konstruktion zu vollenden.

Kapitel 3
Bearbeitungsfunktionen der Basiselemente

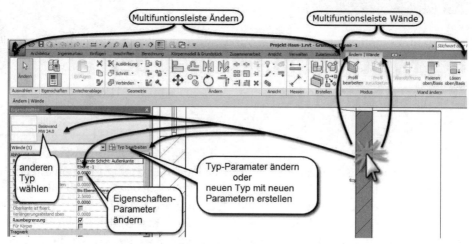

Abb. 3.1: Bearbeitungsmöglichkeiten für Elemente am Beispiel einer Wand

3.1 3D-Ansicht für einzelne Geschosse erstellen

Zunächst sollen spezielle 3D-Ansichten für die einzelnen Geschosse erstellt werden. Es wird mit dem Keller EBENE -1 begonnen. Zunächst soll die Standard-3D-Ansicht {3D} kopiert werden ❶. Duplizieren Sie sie ❷ ❸ und benennen Sie sie ❹ ❺ danach sinnvoll um (Abbildung 3.2).

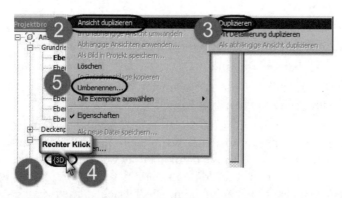

Abb. 3.2: Duplikat der 3D-Ansicht {3D} erstellen

Dann markieren Sie diese Ansicht und aktivieren im EIGENSCHAFTEN-MANAGER unter der Kategorie GRENZEN den 3D-SCHNITTBEREICH (Abbildung 3.3). Die Konstruktion wird nun durch eine Box umschlossen. Nach Markieren dieser Box erscheinen auf allen Seiten pfeilförmige Griffe (Abbildung 3.4), mit denen man die Flächen der Box verschieben kann.

3.1 3D-Ansicht für einzelne Geschosse erstellen

> **Vorsicht**
>
> *Gefährliche Griffe:* Wenn Sie diese Box mit den relativ kleinen und unscheinbaren Griffen modifizieren wollen, sollten Sie unbedingt darauf *achten, dass Sie auch wirklich einen der Griffe aktiviert haben* und nicht aus Versehen ein Element Ihrer Konstruktion darunter. Damit könnten Sie Ihre Konstruktion nämlich sehr bös durcheinanderbringen. Achten Sie also gut darauf, dass das *Griff-Symbol* vor dem Anklicken mit etwas verstärkter Blaufärbung *hervorgehoben* ist. Es ist nicht leicht erkennbar!

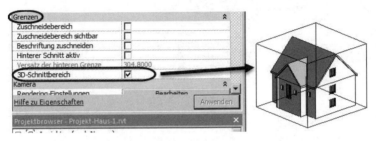

Abb. 3.3: Aktivieren des 3D-Schnittbereichs

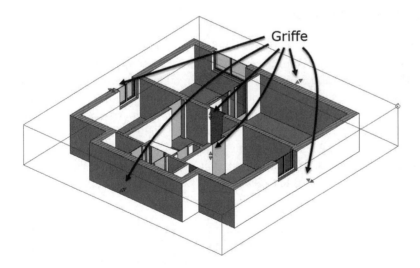

Abb. 3.4: 3D-Ansicht für Kellergeschoss mit Griffen gestaltet

Solange der 3D-Schnittbereich markiert ist, wird er auch in anderen Ansichten wie beispielsweise der Ansicht Süd angezeigt und kann dort bequem bezüglich der Höhe eingerichtet werden. Nützlich ist dabei die Darstellung im Drahtmodell, die Sie in der Anzeigeleiste unten einstellen können. Damit können Sie dann die Box-Oberkante präzise etwas unterhalb der Kellerdecke positionieren.

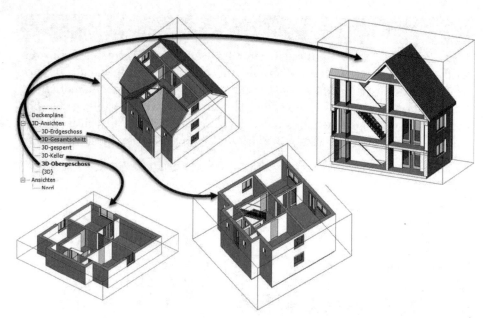

Abb. 3.5: 3D-Ansichten für einzelne Geschosse und einen Gesamtschnitt

3.2 Das Register »Ändern«

Das Register ÄNDERN enthält Funktionen, die auf alle oder sehr viele Elemente angewendet werden können. Wenn Sie nichts markiert haben, erscheint die neutrale Registerkarte (Abbildung 3.6). Falls Sie aber ein oder mehrere Elemente gleichen Typs gewählt haben, wird am Ende der Registerkarte ÄNDERN noch eine elementspezifische kurze Registerkarte zum Ändern der geometrischen Eigenheiten dieses Typs angezeigt (Abbildung 3.7). Wenn sogar mehrere verschiedene Elemente markiert wurden, erscheint neben dem Register ÄNDERN die MEHRFACHAUSWAHL (Abbildung 3.8). Damit lässt sich die Auswahl noch weiter nach Typen filtern oder daraus benannte Auswahlsätze für spätere Wiederverwendung erstellen.

Abb. 3.6: Register ÄNDERN

Abb. 3.7: Register ÄNDERN mit WÄNDE bei markierter Wand

3.2 Das Register »Ändern«

Abb. 3.8: Register ÄNDERN mit MEHRFACHWAHL bei verschiedenen markierten Elementen

3.2.1 Gruppe »Auswählen«

In den ersten drei Gruppen finden Sie relativ allgemeine Werkzeuge. Unter AUSWÄHLEN können Sie in einer Drop-down-Liste verschiedene Voreinstellungen für die Objektwahl finden:

- VERKNÜPFUNGEN WÄHLEN – Die Wahl verknüpfter Elemente ist damit möglich, wie beispielsweise verknüpfte andere CAD-Zeichnungen.
- UNTERLAGE WÄHLEN – ermöglicht die Auswahl von Elementen in einer als Unterlage zum aktuellen Geschoss aktivierten Ebene.
- FIXIERTE ELEMENTE AUSWÄHLEN – erlaubt die Auswahl von fixierten Elementen wie beispielsweise der Geländer, die an einer Treppe fixiert sind.
- ELEMENTE NACH FLÄCHE AUSWÄHLEN – Hiermit können Sie Elemente nicht nur durch Anklicken von Kanten, sondern auch durch Berühren der Oberflächen insbesondere in 3D-Ansichten wählen.
- ELEMENTE BEIM AUSWÄHLEN VERSCHIEBEN – ermöglicht, sofort die gewählten Elemente mit gedrückter Maustaste zu verschieben. Dadurch ist es oft nicht mehr nötig, extra den Befehl VERSCHIEBEN aufzurufen.

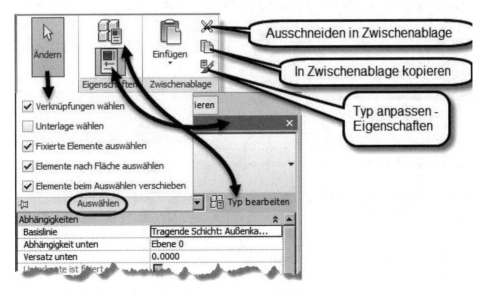

Abb. 3.9: Gruppen AUSWÄHLEN, EIGENSCHAFTEN und ZWISCHENABLAGE

Kapitel 3
Bearbeitungsfunktionen der Basiselemente

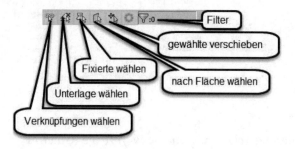

Abb. 3.10: Elementwahl-Einstellungen in der STATUSLEISTE

Die Elementwahl-Einstellungen, die Sie oben in der Gruppe AUSWAHL finden, sind auch rechts unten über die STATUSLEISTE erreichbar. Dort wird in der Fläche FILTER ebenfalls angezeigt, wie viele Elemente Sie aktuell gewählt haben. Zusätzlich können Sie mit dem Werkzeug FILTER noch Elemente nach Kategorie aus der Wahl ausschließen. Wenn Sie ohne speziellen Befehlsaufruf mehrere Elemente gewählt haben, erscheint das FILTER-Werkzeug auch in der Multifunktionsleiste.

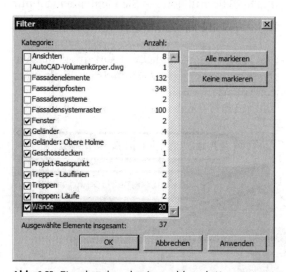

Abb. 3.11: Einschränken der Auswahl nach Kategorien mit FILTER

Die *Objektwahl* geschieht normalerweise durch Zeigen oder *Anfahren* einer der *Kanten* des Elements, bis die Elementkanten *blau hervorgehoben* werden. Dann wird zur Auswahl *geklickt*.

Alternativ können Sie auch *mehrere Elemente* wählen, wenn Sie mit gedrückter Maustaste eine Box aufziehen. Hierbei sind die Ergebnisse davon abhängig, ob die Box von links nach rechts aufgezogen wird oder umgekehrt (Abbildung 3.12).

- *Elementwahlbox von links nach rechts* aufgezogen, auch als *Fenster-Modus* bezeichnet, wählt nur diejenigen Elemente, die vollständig in der Box liegen. Die Wahlbox hat durchgezogene Linien. Im Beispiel sind hier nur zwei Türen gewählt.
- Bei einer *Elementwahlbox von rechts nach links*, auch als *Kreuzen-Modus* bezeichnet, werden alle Elemente gewählt, die entweder vollständig in der Box liegen oder wenigstens teilweise die Box kreuzen. Diese Wahlbox hat gestrichelte Kanten. Im Beispiel sind damit alle Elemente bis auf die zwei Wände gewählt.
- Sie können eine *Elementwahl ergänzen*, wenn Sie zur nächsten Wahl die [Strg]-Taste gedrückt halten. Der Cursorpfeil erscheint dann mit einem *Pluszeichen*.
- Mit gedrückter [⇧]-Taste wird die vorherige *Elementwahl* um die gewählten Elemente *reduziert*. Dabei zeigt der Cursorpfeil ein *Minuszeichen*.

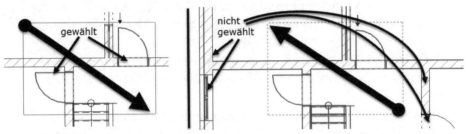

Abb. 3.12: Objektwahl mit Box im Fenster-Modus (links) bzw. Kreuzen-Modus (rechts)

3.2.2 Gruppe »Eigenschaften«

Das untere Werkzeug dieser Gruppe aktiviert/deaktiviert den EIGENSCHAFTEN-MANAGER, mit dem die elementspezifischen Parameter eingestellt werden. Mit dem Werkzeug TYPEIGENSCHAFTEN darüber können Sie die Eigenschaften *aller Elemente des Typs* ändern oder mit DUPLIZIEREN einen neuen Typ erstellen.

3.2.3 Gruppe »Zwischenablage«

Die Gruppe ZWISCHENABLAGE umfasst hauptsächlich die Werkzeuge für die Arbeit mit der Zwischenablage (Abbildung 3.10):

- Mit AUSSCHNEIDEN IN ZWISCHENABLAGE werden die gewählten Elemente in die Zwischenablage kopiert und aus der Konstruktion entfernt.
- Mit IN ZWISCHENABLAGE KOPIEREN werden die Elemente in die Zwischenablage kopiert und an der Originalposition belassen.
- Mit AUS ZWISCHENABLAGE EINFÜGEN können Sie die Elemente aus der Zwischenablage in verschiedene Ansichten an verschiedenen Positionen einfügen. Die interessanteste Aktion hier ist AN AUSGERICHTETEN EBENEN AUSGERICHTET. Damit fügen Sie die Objekte in ein oder mehrere andere Geschossebenen ein.

- Die Funktion TYP ANPASSEN – EIGENSCHAFTEN hat nichts mit der Zwischenablage zu tun, ist aber sehr nützlich, um den Typ eines gewählten Elements auf ein oder mehrere andere zu übertragen.

3.2.4 Gruppe »Geometrie«

Die Gruppe GEOMETRIE enthält Werkzeuge, die jeweils für bestimmte Elemente anwendbar sind:

1. AUSKLINKUNG – generiert für verbundene Unterzüge die nötigen Ausklinkungen.
2. SCHNITT – kann Volumenkörper oder Abzugskörper aus anderen Elementen ausschneiden, um Öffnungen oder Ausbrüche verschiedenster Form zu generieren.
3. VERBINDEN – verbindet unterschiedliche vollständig oder teilweise überlappende Elemente unter Berücksichtigung von Prioritäten derart, dass das Element mit der niedrigeren Priorität unterdrückt wird.
4. DACH VERBINDEN – kann aufeinanderstoßende Dachelemente miteinander verbinden. Dies wird insbesondere beim Erstellen von Gauben aus Extrusionsdächern benötigt.
5. TRÄGER-/STÜTZENVERBINDUNGEN – verbindet aufeinanderstoßende Träger und Stützen. Dies ist aber nur möglich, wenn keine anderen Verbindungen stören.
6. WANDVERBINDUNGEN – ist ein universelles Werkzeug, um bei komplexen Wandverbindungen verschiedene Gestaltungsmöglichkeiten anzubieten. Insbesondere kann hier zwischen verschiedenen Gehrungen und stumpfen Eckverbindungen gewählt werden, die Revit anbietet.
7. FLÄCHE TRENNEN – unterteilt die Fläche eines Elements mit Linien oder anderen Kurven in verschiedene Bereiche, um verschiedene Materialeigenschaften oder Farben anzuwenden.
8. FARBE/FARBE ENTFERNEN – kann einer Elementfläche eine Farbe zuweisen.
9. ABBRUCH – ordnet Elemente der Abbruch-Phase zu.

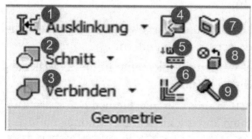

Abb. 3.13: Gruppe GEOMETRIE mit elementspezifischen Bearbeitungen

3.2.5 Gruppe »Ändern«

In der Gruppe ÄNDERN sind ganz allgemeine Funktionen zusammengefasst, die auf die meisten Elemente angewendet werden können:

1. AUSRICHTEN – kann ein Element an einem anderen fluchtend durch Auswahl von Kanten ausrichten.
2. VERSATZ – erzeugt eine Parallelverschiebung.
3. SPIEGELN – ACHSE WÄHLEN – spiegelt Elemente an einer vorhandenen Achse.
4. SPIEGELN – ACHSE ZEICHNEN – spiegelt Elemente an einer Achse, die Sie über Punktpositionen erst definieren müssen.
5. ELEMENT TEILEN – zerschneidet ein Element an der Cursorposition.
6. MIT LÜCKE TRENNEN – zerschneidet ein Element an der Cursorposition mit einer vorgegebenen Lücke.
7. SPERRUNG AUFHEBEN – löst die Sperrung eines Elements.
8. VERSCHIEBEN – verschiebt Elemente von einer Start- zu einer Zielposition.
9. KOPIEREN – kopiert Elemente von einer Start- zu einer Zielposition.
10. DREHEN – dreht Elemente um einen Basispunkt über einen Start- und einen Endwinkel.
11. STUTZEN/DEHNEN FÜR ECKE – verkürzt oder verlängert zwei Elemente derart, dass eine saubere Ecke entsteht.
12. REIHE – erzeugt eine regelmäßige lineare oder polare Anordnung.
13. MAßSTAB – skaliert Elemente bzgl. eines Basispunkts (*Maßstab* ist eine fehlerhafte Übersetzung von *scale*).
14. SPERREN – sperrt ein Element gegen Bearbeitungen wie Verschiebungen oder Drehungen.
15. EINZELNE ELEMENTE STUTZEN/DEHNEN – verkürzt oder verlängert Elemente bzgl. einer Kante.
16. MEHRERE ELEMENTE STUTZEN/DEHNEN – verkürzt oder verlängert mehrere Elemente bzgl. einer Kante.
17. LÖSCHEN – löscht Elemente.

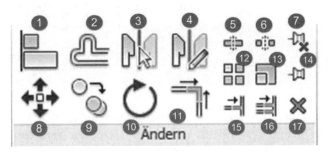

Abb. 3.14: Grundlegende Änderungsbefehle für fast alle Elemente

Ausrichten

Über die Wahl geeigneter Kanten kann ein Element an einem anderen fluchtend ausgerichtet werden. Die erste Kante ist die Referenzkante, die die Lage vorgibt. Die zweite Kante ist die zu verschiebende.

Mit AUSRICHTEN ❶ wird im ersten Beispiel (Abbildung 3.15 links) an einem Wandende ❷ ein zweites Wandende ❸ ausgerichtet und damit die zweite Wand verlängert.

Das zweite Beispiel verwendet AUSRICHTEN (Abbildung 3.15 rechts), um an einer Fensterkante ❶ ein zweites Fenster ❷ fluchtend zu positionieren. Das zweite Fenster wird verschoben.

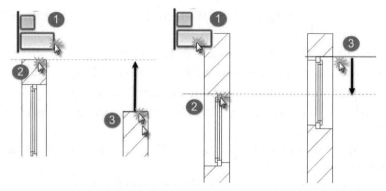

Abb. 3.15: Ausrichten für Wandende und Fenster

Im dritten Beispiel (Abbildung 3.16) wird mit AUSRICHTEN ❶ an einer ersten Wand ❷ eine zweite fluchtend ❸ gemacht. Dabei wird die zweite Wand um den Schnittpunkt beider Kanten gedreht.

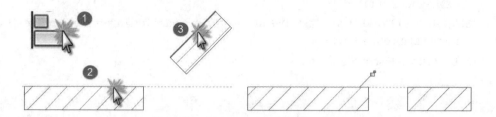

Abb. 3.16: Ausrichten zweier Wände

Versatz

Mit VERSATZ erzeugen Sie parallele Elemente bei beliebigen Kurven oder Wänden. Um eine Wand oder eine ganze Wand-Kette um einen Meter zu versetzen (Abbildung 3.17).

1. wählen Sie VERSATZ,
2. aktivieren in der OPTIONSLEISTE NUMMERISCH,
3. geben den Wert **1.0** für VERSATZ: ein,
4. aktivieren KOPIEREN, wenn die Original-Wand erhalten bleiben soll,
5. fahren die Wandkante an, drücken bei mehreren verketteten Wänden die ⇥-Taste und klicken.

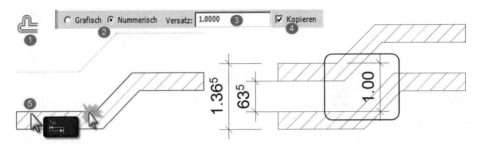

Abb. 3.17: Wand um 1 Meter versetzen

Der erzielte Versatz bezieht sich auf die markierte Wandkante. Der Abstand zwischen den Wänden ist dann um die Wandstärke kleiner. Wenn Sie nun aber 1 m Abstand zwischen den Wänden brauchen, müssen Sie die Wand um die Basislinie spiegeln (Abbildung 3.18). Dazu beenden Sie erst einmal mit zweimal [ESC] ❶ ❷ die VERSATZ-Funktion und aktivieren mit einem Klick die Wand ❸. Hier finden Sie an der Wandbasislinie einen Doppelpfeil zum Umdrehen der Wand mit einem Klick ❹. Das Umdrehen müssen Sie allerdings für jedes Wandsegment einzeln durchführen.

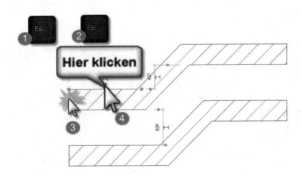

Abb. 3.18: Wand umkehren

Spiegeln – Achse wählen

Nach Befehlsaufruf ❶ wählen Sie die Objekte beispielsweise mit der Kreuzen-Wahl ❷ ❸ und beenden die Objektwahl mit ↵ oder über Rechtsklick ❹ und

AUSWAHL FERTIG STELLEN ❺. Dann klicken Sie als Spiegelachse eine Kante ❻ an. Das Ergebnis zeigt Abbildung 3.19 etwas verkleinert an.

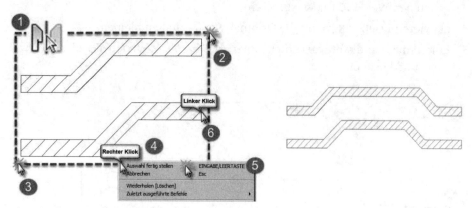

Abb. 3.19: SPIEGELN mit einer wählbaren Achse

Spiegeln – Achse zeichnen

Bei diesem Spiegeln-Befehl können Sie nach der Objektwahl die Spiegelachse über Punktpositionen definieren. Die Punktpositionen können Sie eventuell direkt an Elementen oder Hilfsgeometrien abgreifen oder über das Einrasten in bestimmten Abständen eingeben. Im Beispiel wurde der erste Punkt über Einrasten im Abstand 0.50 m vom Wandendpunkt per Klick gesetzt und der zweite über eine Position auf der horizontalen Spurlinie. Danach ist sofort die gespiegelte Geometrie zu sehen.

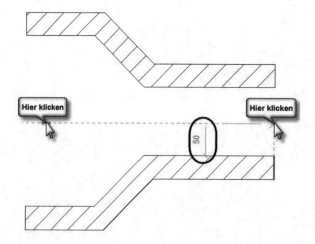

Abb. 3.20: Spiegeln mit zu zeichnender Achse

Element teilen

Diese Funktion ❶ zerschneidet ein Element an der Cursorposition. Dazu fahren Sie zunächst an dem zu teilenden Element entlang ❷ und dann bis zu der gewünschten Trennungsposition ❸. Dort klicken Sie. Im Beispiel wurde dann der abgetrennte obere Teil der Wand mit einem anderen Wandtyp MW 24 über den EIGENSCHAFTEN-MANAGER versehen.

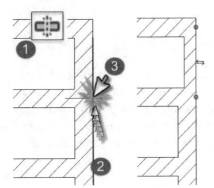

Abb. 3.21: Element an Wandmitte trennen

Mit Lücke trennen

Mit dieser Funktion ❶ können Sie ein Element an der Cursorposition ❷ mit einer vorgegebenen Lücke zerschneiden ❸. Die Breite der Lücke ist in der Optionsleiste einstellbar. Die Lücke bleibt auch bei nachfolgenden Bearbeitungen wie Verschiebungen erhalten ❹. Das ist auch daran zu erkennen, dass die Bemaßungen fixiert sind. Ohne Weiteres sind die Abmessungen der Lücke nicht bearbeitbar. Die Lage kann aber verschoben werden.

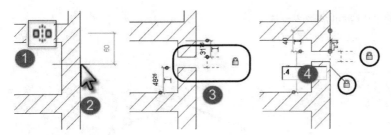

Abb. 3.22: Teilen mit Lücke

Sperrung aufheben

Es gibt gesperrte Elemente wie beispielsweise ein Geländer, das an einer Treppe fixiert ist. Diese Fixierung können Sie mit SPERRUNG AUFHEBEN lösen. Danach wäre das Geländer beispielsweise verschiebbar.

Kapitel 3
Bearbeitungsfunktionen der Basiselemente

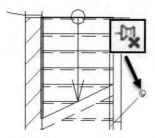

Abb. 3.23: SPERRUNG AUFHEBEN

Verschieben

Mit VERSCHIEBEN können Sie Elemente von einem Start- zu einem Endpunkt verschieben. Beim VERSCHIEBEN von verbundenen Elementen wie Wänden gibt es noch Einstellungen in der OPTIONSLEISTE. Ohne besondere Optionen werden bei verbundenen Elementen die anderen Elemente mitgenommen (Abbildung 3.24). Erst die Option TRENNEN erlaubt ein unabhängiges Verschieben einer einzelnen Wand (Abbildung 3.25).

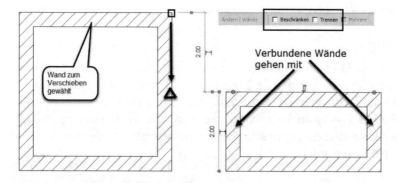

Abb. 3.24: VERSCHIEBEN verknüpfter Wände

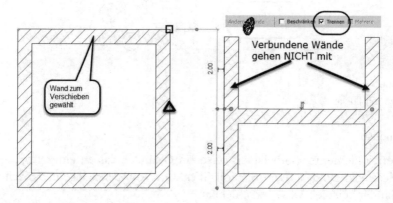

Abb. 3.25: VERSCHIEBEN mit TRENNEN der Verknüpfung

Beim schrägen VERSCHIEBEN und TRENNEN einer Wand gehen die Teile der Wand, die durch die Wandverbindungen entstanden sind, verloren (Abbildung 3.26). Mit der Option BESCHRÄNKEN sind dann nur noch orthogonale Verschiebungen möglich (Abbildung 3.27).

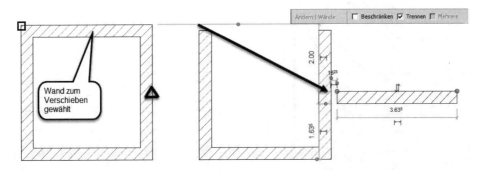

Abb. 3.26: VERSCHIEBEN mit TRENNEN in schräger Richtung

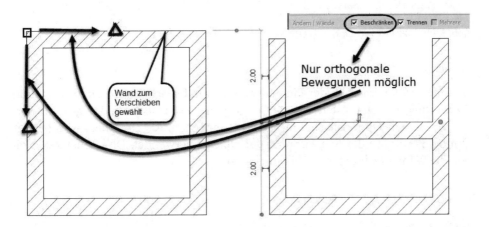

Abb. 3.27: VERSCHIEBEN mit BESCHRÄNKEN nur orthogonal möglich

Tipp

Auch ohne den expliziten Befehl VERSCHIEBEN können Sie Elemente nach Markieren direkt verschieben, wenn in der STATUSLEISTE rechts unten das Werkzeug ELEMENTE BEIM AUSWÄHLEN VERSCHIEBEN aktiv ist.

Kopieren

KOPIEREN läuft ähnlich ab wie VERSCHIEBEN, nur bleibt hierbei das Original an seiner Position erhalten. Es gibt hier keine Option TRENNEN, dafür eine Option MEH-

RERE, um mehrfach zu kopieren. Sie können dafür nach dem Startpunkt auch mehrere Endpunkte angeben (Abbildung 3.28). Für das Kopieren mit *regelmäßigen Abständen* gibt es das Werkzeug REIHE weiter unten.

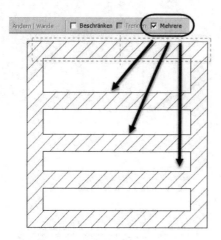

Abb. 3.28: KOPIEREN mit Option MEHRERE

Drehen

Beim DREHEN wird nach der Elementwahl die grafische Eingabe einer *Start-* und *Endrichtung* erwartet. Alternativ können Sie den *Drehwinkel*, um den gedreht werden soll, in der Optionsleiste unter WINKEL eingeben. Als *Drehpunkt* wird bei der Option STANDARD der Schwerpunkt der Objekte verwendet. Ohne TRENNEN bleiben die Wände verbunden (Abbildung 3.29).

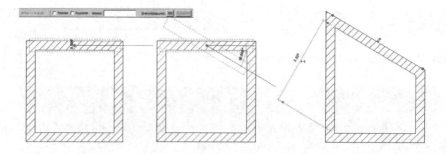

Abb. 3.29: Drehen um den Schwerpunkt mit grafischer Wahl von Start- und Endwinkel

Wenn nicht der Schwerpunkt, sondern ein anderer *Drehpunkt* verwendet werden soll, muss in der Optionsleiste ORT und dann die Position gewählt (Abbildung 3.30).

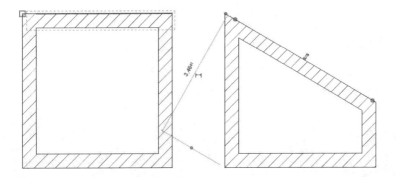

Abb. 3.30: Drehen um einen Eckpunkt

Wenn mehrere Wände gedreht werden, dann bleibt der Abstand der gewählten Wände erhalten, im Beispiel 4 m (Abbildung 3.31).

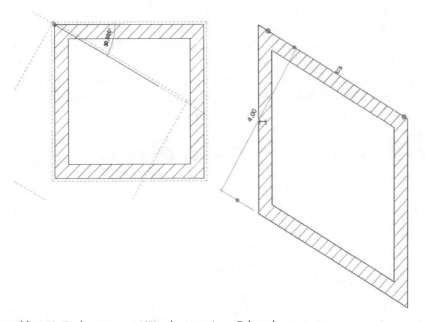

Abb. 3.31: Drehen von zwei Wänden um einen Eckpunkt

Stutzen/dehnen für Ecke

Wenn zwei Elemente wie Linien oder Wände eine saubere Ecke bilden sollen, dann können Sie mit diesem Befehl die Elemente dort anklicken, wo die Partien im Endergebnis stehen bleiben sollen. Zu lange Elemente werden gestutzt, also abgeschnitten, zu kurze Elemente werden gedehnt. Es können nicht nur lineare, sondern auch gebogene Elemente so bearbeitet werden.

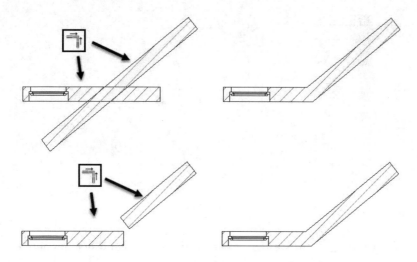

Abb. 3.32: Stutzen/dehnen für Ecke

Reihe

Das Werkzeug Reihe erzeugt eine regelmäßige Anordnung in *linearer* oder *polarer* Richtung. In der Optionsleiste können Sie die Art wählen (Abbildung 3.33). Standardmäßig ist Gruppieren und zuordnen aktiviert. Damit bleiben die angeordneten Elemente auch nach Befehlsende in einer Gruppierung zusammengefasst und können in ihren *Anordnungsparametern* noch geändert werden.

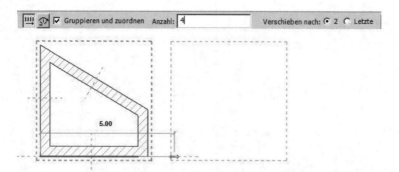

Abb. 3.33: Lineare Anordnung mit Abstand zur zweiten Kopie

Die Anzahl können Sie in der Optionsleiste eingeben, aber auch nachträglich noch im Zeichenfenster verändern (Abbildung 3.34). Unter Verschieben nach können Sie wählen, ob Sie den Abstand zwischen einem Punkt des Originals und der ersten Kopie – Option 2 – oder bis zur letzten Kopie – Option Letzte – angeben wollen.

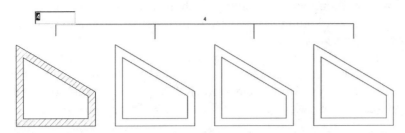

Abb. 3.34: Anzahl kann nach Eingabe des Abstands geändert werden.

Da die Anordnung im Beispiel gruppiert wurde, kann die Verschiebung einer einzelnen Kopie die gesamte Anordnung beeinflussen (Abbildung 3.35, Abbildung 3.36).

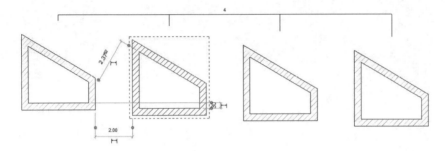

Abb. 3.35: Wirkung der Verschiebung einer Kopie auf die Gruppierung

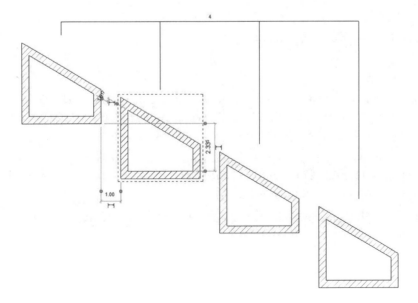

Abb. 3.36: Ändern der Anordnung auch in y-Richtung möglich

Kapitel 3
Bearbeitungsfunktionen der Basiselemente

Für die polare Anordnung sind die Eingaben ähnlich der linearen REIHE. Wie beim Werkzeug DREHEN können Sie den Drehpunkt der Anordnung mit DREH-MITTELPUNKT: ORT *per Cursor* eingeben oder auf dem STANDARD-Wert *Schwerpunkt* lassen. Den Drehwinkel zur nächsten Kopie oder insgesamt können Sie in der OPTIONSLEISTE eingeben oder mit *Start- und Endwinkel* am Bildschirm mit dem Cursor dynamisch eingeben. Im Beispiel wurden **6** Kopien mit dem Winkel **60°** zwischen erster und zweiter Kopie gewählt, um einen Vollkreis auszufüllen.

In der Nachbearbeitung der gruppierten Anordnung wurde der Winkelbereich *über einen Griff* an der markierten Anordnung auf **180°** reduziert und ebenfalls mit einem *Griff* der radiale Abstand verändert.

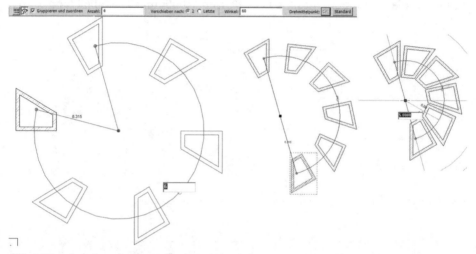

Abb. 3.37: Polare Anordnung mit Änderungen

Maßstab

Das englische Wort *scale* kann verschiedene Bedeutungen haben: *Maßstab* oder *Skalieren*. Hier ist Skalieren gemeint. Das Werkzeug skaliert Elemente bzgl. eines Basispunkts. In der OPTIONSLEISTE werden zwei Methoden angeboten:

GRAFISCH – Nach Wahl der Elemente ❶ und Angabe eines Ursprungspunkts ❷ geben Sie einen Ziehpunkt ❸ für die alte Länge bzw. Größe ein und einen zweiten Ziehpunkt ❹ für die neue Länge bzw. Größe.

NUMMERISCH – Hierbei geben Sie in der OPTIONSLEISTE den *Skalierfaktor* unter MASSTAB ein.

3.2 Das Register »Ändern«

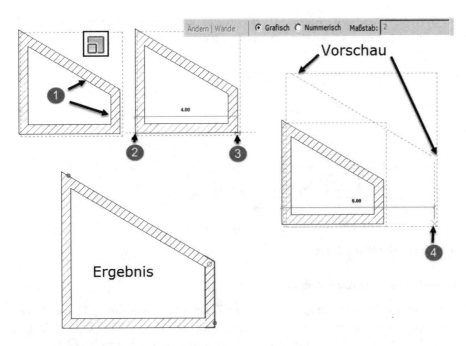

Abb. 3.38: Grafisches Skalieren mit Ursprung und zwei Ziehpunkten

Sperren

Das gesperrte Element ist gegen alle Manipulationen gesperrt, nicht nur gegen Verschiebungen.

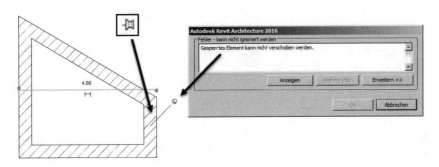

Abb. 3.39: Wand gegen Manipulationen gesperrt

Einzelne Elemente stutzen/dehnen

Wenn Sie ein einzelnes Element verkürzen oder verlängern wollen, wählen Sie zuerst die *Referenz- oder Bezugskante* ❶, die als Begrenzung dienen soll. Dann klicken Sie ein Element, das verkürzt werden soll, dort an, wo es stehen bleiben soll ❷, nicht das abzuschneidende Ende(!). Das unterscheidet den Befehl von anderen

CAD-Systemen wie z.B. AutoCAD. Wenn ein Element verlängert werden soll, dann wählen Sie es dort, wo die Verlängerung erzeugt werden soll.

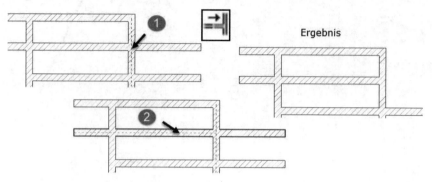

Abb. 3.40: Einzelne Wand stutzen

Mehrere Elemente stutzen/dehnen

Mit diesem Werkzeug können Sie an einer Referenzkante mehrere Elemente verkürzen oder verlängern. Sie wählen zuerst wieder die Referenzkante ❶ und danach die Elemente, die verlängert und/oder verkürzt werden sollen ❷ ❸.

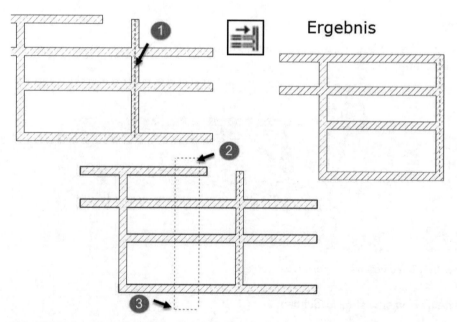

Abb. 3.41: Mehrere Wände stutzen und dehnen

Löschen

Das Werkzeug LÖSCHEN ✖ löscht Elemente, sofern sie nicht gesperrt sind.

3.2.6 Gruppe »Ansicht«

Die Gruppe ÄNDERN|ANSICHT umfasst fünf Werkzeuge:

- IN ANSICHT AUSBLENDEN – kann Elemente nach Auswahl oder nach Kriterien ausblenden.
- GRAFIK IN ANSICHT ÜBERSCHREIBEN – kann für Elemente nach Auswahl oder nach Kriterien die Darstellung ändern.
- AUSWAHLRAHMEN – erzeugt für einen gewählten Ausschnitt in einer 2D-Ansicht einen 3D-Ausschnitt.
- ELEMENTE VERSCHIEBEN – erzeugt eine temporäre Verschiebung in einer 3D-Ansicht, um innere Teile des Modells sichtbar zu machen.
- LINIENGRAFIK – kann zwecks Hervorhebung die Darstellungslinien einer 2D-Ansicht verändern.

Abb. 3.42: Gruppe ÄNDERN|ANSICHT

In Ansicht ausblenden

Dieses Werkzeug finden Sie auch im Kontextmenü bei markierten Elementen (Abbildung 3.43). Es ist in der Multifunktionsleiste nur wählbar, wenn bereits Elemente markiert sind. Es gibt drei Optionen:

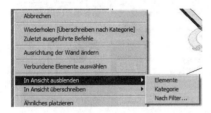

Abb. 3.43: Kontextmenü mit Ausblendenwerkzeug

- ELEMENTE AUSBLENDEN – macht die gewählten Objekte unsichtbar. Mit dem Werkzeug VERDECKTE ELEMENTE ANZEIGEN aus der ANSICHTSLEISTE werden diese Elemente rot markiert angezeigt und können dort übers Kontextmenü wieder sichtbar gemacht werden.
- KATEGORIE AUSBLENDEN – macht alle Objekte vom gleichen Typ wie das gewählte Objekt unsichtbar. Auch diese können ähnlich wie oben wieder sichtbar gemacht werden.
- AUSBLENDEN NACH FILTER – kann Elemente nach Spezifikation in einem Filter ausblenden. Beim Aufruf

Kapitel 3
Bearbeitungsfunktionen der Basiselemente

1. landen Sie im großen Dialogfenster, wo Sie Filter wählen können. Wenn Sie noch keinen definiert haben, klicken Sie auf HINZUFÜGEN.
2. Im Fenster FILTER HINZUFÜGEN klicken Sie auf BEARBEITEN/NEU,
3. Im Fenster FILTER klicken Sie auf das Icon NEUER FILTER.
4. Dann geben Sie einen Namen ein und
5. klicken auf OK.
6. Wählen Sie die zu filternden Kategorien und
7. klicken Sie auf OK.
8. Im Fenster FILTER HINZUFÜGEN wählen Sie den Filter aus und klicken OK.
9. Im ersten großen Dialogfenster nehmen Sie das Häkchen bei SICHTBARKEIT heraus und beenden. Die gefilterten Objekte sind nun unsichtbar.

Die Objekte können wieder sichtbar gemacht werden, indem Sie in dem letzten Dialogfenster das Häkchen wieder aktivieren.

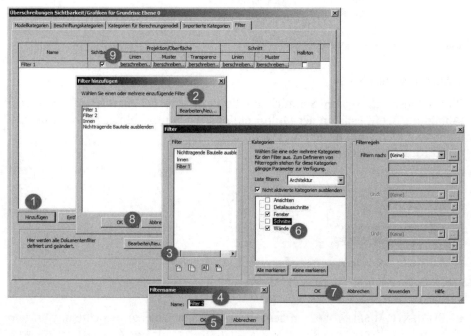

Abb. 3.44: Filter erstellen

Grafik in Ansicht überschreiben

In der aktuellen Ansicht können hier verschiedene Darstellungsoptionen für Linien oder Oberflächenmuster und Ähnliche überschrieben oder auch ganz ausgeschaltet werden. Es gibt wieder die drei Optionen wie bei IN ANSICHT AUSBLENden: Elemente ausblenden, Kategorie ausblenden und Ausblenden nach Filter.

Abb. 3.45: Einstellungen der grafischen Eigenschaften der Elemente

Auswahlrahmen

Mit diesem Werkzeug ![icon] können Sie aus einer 2D-Ansicht heraus für einen gewählten Ausschnitt den passenden 3D-Ausschnitt in der {3D}-Ansicht erstellen. Sie wählen zuerst das interessierende Element oder auch mehrere mit Fenster-Wahl ❶. Dann klicken Sie auf das Werkzeug Auswahlrahmen ❷. Revit verzweigt sofort in die Ansicht {3D} mit dem passenden Schnittbereich ❸, der im Eigenschaften-Manager unter Grenzen angezeigt wird ❹. Hier können Sie das Häkchen entfernen, um wieder die komplette Ansicht {3D} zu sehen. Übrigens können Sie die Box auch anklicken und dann die Begrenzungsfläche über dreieckige Griffe nach Belieben verschieben.

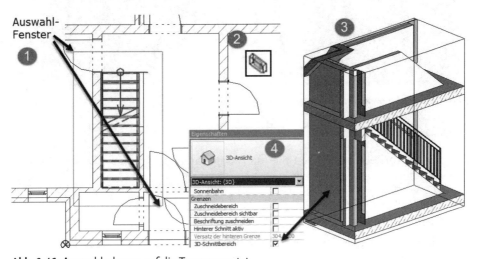

Abb. 3.46: Auswahlrahmen auf die Treppe gesetzt

Elemente verschieben

Mit diesem Werkzeug 🏠 haben Sie die Möglichkeit, Teile Ihres Modells temporär zu verschieben, um den Blick ins Innere des Modells frei zu machen. Das Werkzeug ist nur in einer 3D-Ansicht verfügbar.

1. Markieren Sie die zu verschiebenden Elemente.
2. Aktivieren Sie ELEMENTE VERSCHIEBEN.
3. Es erscheint nun bei den Elementen ein Koordinatendreibein, ziehen Sie dort an dem gewünschten Richtungspfeil bis
4. zur gewünschten Endposition.
5. Nach Festlegen der Verschiebung können Sie die Elemente anklicken, um das Register VERSCHIEBUNG zu aktivieren mit den Funktionen

    BEARBEITEN, um noch weiter zu verschieben,

    ZURÜCKSETZEN, um die Verschiebung wieder aufzuheben,

    PFAD, Verschiebungspfade zur visuellen Unterstützung aus den Elementkanten zu generieren.

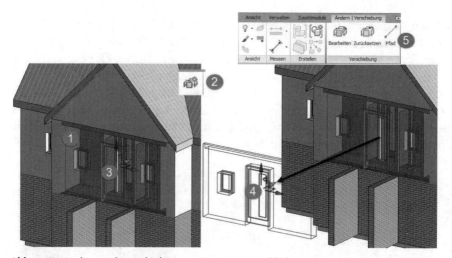

Abb. 3.47: Vorderwand verschieben, um ins Innere zu blicken

Liniengrafik

Zwecks Hervorhebung können Sie die Darstellungslinien einer 2D-Ansicht hiermit verändern:

1. Wählen Sie Liniengrafik,
2. öffnen Sie die Linienauswahl,
3. wählen Sie den gewünschten Linienstil und
4. markieren Sie die zu ändernden Linien.

3.2
Das Register »Ändern«

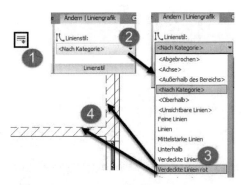

Abb. 3.48: Liniengrafik einiger Elemente verändern

3.2.7 Gruppe »Messen«

Die Gruppe ÄNDERN|MESSEN enthält zwei Typen von Messen-Befehlen (Abbildung 3.49):

- Befehle zum *temporären Messen*
    - ZWISCHEN ZWEI REFERENZEN MESSEN – misst den Abstand zwischen zwei Kanten oder Punkten in einer 2D-Ansicht, erstellt aber keine permanente Bemaßung (Abbildung 3.50 rechts).
    - AN ELEMENT ENTLANG MESSEN – misst die Länge einer Wand, bei verbundenen Wänden jedoch nur entlang der Wandmitte bis zur Mitte der Verschneidung (Abbildung 3.50 links).
- Befehle zum *permanenten Bemaßen*
    - AUSGERICHTETE BEMAßUNG – Ein universaler Befehl, mit dem Wände komplett auch unter Berücksichtigung von Öffnungen und/oder Wandverschneidungen bemaßt werden können.
    - LINEARE BEMAßUNG – Erstellt lineare Bemaßungen basierend auf Punktpositionen
    - Weitere Bemaßungen – siehe detaillierte Beschreibung in Kapitel 4.

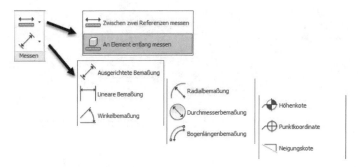

Abb. 3.49: Gruppe MESSEN

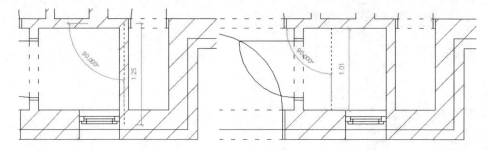

Abb. 3.50: AN ELEMENT ENTLANG MESSEN (links) und ZWISCHEN ZWEI REFERENZEN MESSEN (rechts)

Die ausgerichtete Bemaßung hat zahlreiche Einstellungen in der OPTIONSLEISTE. Damit ist das der nützlichste Bemaßungsbefehl. Sie können zuerst zwischen den zu bemaßenden Kanten wählen:

- ACHSEN WAND
- KANTEN WAND
- ACHSEN TRAGENDE SCHICHT
- KANTEN TRAGENDE SCHICHT

Unter AUSWÄHLEN: können Sie zwischen WÄNDE und REFERENZEN wählen. Bei REFERENZEN wird senkrecht zu den gewählten Kanten eine Bemaßung erstellt. Mit der Option WÄNDE können komplette Wände mit allen Details bemaßt werden.

Für die Option WÄNDE stehen weitere Einstellungen unter der Schaltfläche OPTIONEN zur Verfügung (Abbildung 3.51):

Abb. 3.51: Optionen für AUSGERICHTETE BEMAßUNGEN

ÖFFNUNGEN – ACHSEN – bemaßt die Wand und die Mittelachsen der Fenster und Türöffnungen.

ÖFFNUNGEN – BREITE

WANDVERSCHNEIDUNGEN – bemaßt die Wand und die Kanten der damit verbundenen Wände.

RASTERSCHNITTPUNKTE MIT WÄNDEN – bemaßt die Wand und die Schnittpunkte der Wand mit einem Raster.

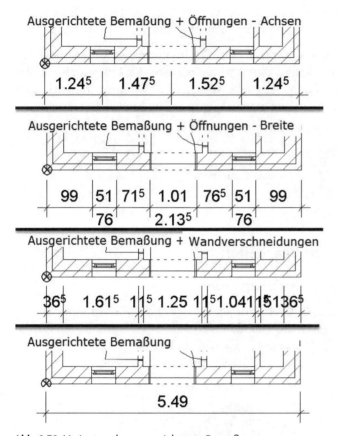

Abb. 3.52: Varianten der ausgerichteten Bemaßung

Eine komplette Beschreibung der übrigen Bemaßungsbefehle folgt im nächsten Kapitel.

3.2.8 Gruppe »Erstellen«

In der Gruppe ÄNDERN|ERSTELLEN sind verschiedene Befehle zum Erstellen von Dingen zusammengefasst:

BAUGRUPPE ERSTELLEN – Eine Baugruppe ist eine Zusammenfassung verschiedener Elemente der Konstruktion. Baugruppen werden im BROWSER in der Kategorie BAUGRUPPEN verwaltet. Jede Baugruppe erhält einen Namen und kann eine eigene Ansichten-Struktur ähnlich dem eigentlichen Modell erhalten mit Bauteilliste und Plandarstellung.

TEILELEMENTE ERSTELLEN – Teilelemente werden durch Ausschneiden aus normalen Elementen anhand von entsprechenden Skizzen generiert.

GRUPPE ERSTELLEN – Eine Gruppe ist eine einfache Zusammenfassung verschiedener Elemente zum Zwecke der mehrfachen Verwendung im Modell. Eine Änderung an einer Gruppe wirkt sich automatisch auf alle aus.

ÄHNLICHES ERSTELLEN – Dieses Werkzeug ist auch im normalen Kontextmenü bei markiertem Element zu erreichen. Damit wird dasjenige Werkzeug aktiviert, mit dem das aktuell markierte Element erstellt wurde. Es ist also sehr nützlich zum Erstellen von Elementen, von denen bereits Exemplare im Modell vorkommen.

Abb. 3.53: Gruppe ÄNDERN|ERSTELLEN

3.3 Geschossdecken bearbeiten

3.3.1 Geschossdecke am Dach begrenzen

Das Kopieren der Erdgeschoss-Decke auf alle Stockwerke führt zu einer viel zu großen Decke im Dachgeschoss (Abbildung 3.54). Hier wäre es nötig, die Deckenkanten bis unter das Dach zurückzuschieben. Um die Decke bequem bearbeiten zu können, wurde ein passender 3D-Schnittbereich aktiviert.

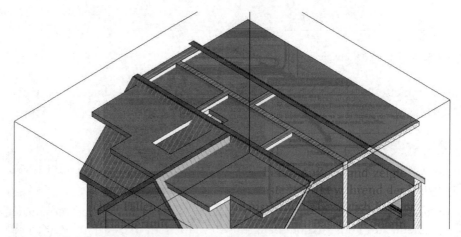

Abb. 3.54: Kopierte Geschossdecke im Dachgeschoss

Nach Anklicken der Geschossdecke erscheint in der grünlichen kontextspezifischen Multifunktionsleiste GESCHOSSDECKEN die Funktion BEGRENZUNG BEARBEITEN (Abbildung 3.55). Die Funktion zeigt dann die Deckenkontur in roter Farbe zum Bearbeiten an.

Abb. 3.55: Bearbeitungsfunktionen für Geschossdecken

In der Ansichtsrichtung OBEN können Sie nun die rechte Kante ganz einfach per Cursor bis unter die Dachkante verschieben. Der rechteckige Ausschnitt für die Treppe kann entfernt werden. Ebenso können die überflüssigen Kanten links gelöscht werden ✖. Die verbleibenden Kanten können mit STUTZEN/DEHNEN FÜR ECKE zu einer Ecke geformt werden. Danach kann auch die komplette linke Kante der Deckenkontur unter das Dach verschoben werden.

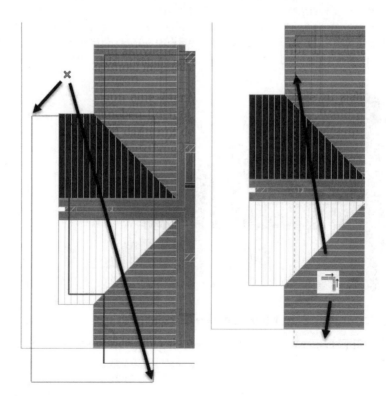

Abb. 3.56: Bearbeitung der Geschossdecke

Mit BEARBEITUNGSMODUS BEENDEN ✓ schließen Sie die Deckenänderung ab. Es erscheint dann noch die Frage, ob die Wände an der Deckenunterkante fixiert werden sollen. Ein JA könnte bedeuten, dass Wände, die vorher schon am Dach fixiert sind, davon gelöst werden. Damit würden sie übers Dach hinausgehen. Deshalb beantworten Sie diese Frage mit NEIN.

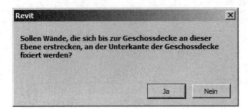

Abb. 3.57: Wände an Deckenunterkante fixieren?

Nach der Konturanpassung der Geschossdecke bleiben aber die seitlichen Kanten noch senkrecht und können ans Dach angepasst werden. Dazu aktivieren Sie ÄNDERN|GEOMETRIE|VERBINDEN 🔗 und klicken Dach und Geschossdecke auf jeder Seite an. Die Geschossdecke wird dadurch wie in Abbildung 3.58 abgeschrägt. Beim VERBINDEN werden Architekturelemente derart zusammengefügt, dass das Element mit der höheren Priorität, hier das Dach, durchgängig bleibt und das andere an diesem Element gestutzt/gedehnt wird. In diesem Fall hat das Dach eine höhere Priorität als die Geschossdecke.

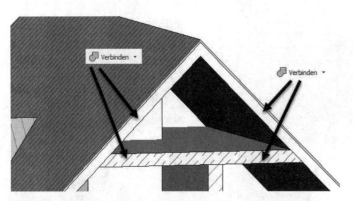

Abb. 3.58: Geschossdecke mit Dach verbinden

3.3.2 Bodenplatte im Keller bearbeiten

Im Keller gibt es eine Waschküche, die einen geneigten Boden mit Abfluss in der Mitte erhalten soll. Dafür gibt es die FORMBEARBEITUNG für Geschossdecken. Bevor Sie mit diesen Werkzeugen arbeiten, zeichnen Sie mit ARCHITEKTUR|MODELL|MODELLLINIE eine diagonale Hilfslinie. Auf deren Mitte soll später die Bodenabsenkung platziert werden. Markieren Sie danach den Kellerboden und

3.3 Geschossdecken bearbeiten

wählen Sie TRENNUNGSLINIE HINZUFÜGEN, um diejenigen Kanten anzugeben, die auf der Originalhöhe des Fußbodens bleiben sollen. Als Nächstes wählen Sie PUNKT HINZUFÜGEN, stellen in der Optionsleiste bei ANSICHT (bedeutet hier Höhe!) **0.06** ein, aktivieren RELATIV und positionieren das Werkzeug mittig auf der Modelllinie (Abbildung 3.59).

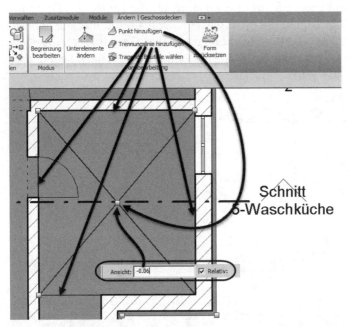

Abb. 3.59: Waschküchenboden mit abgesenktem Punkt in der Mitte

Damit die Bodenplatte nur an der Oberfläche abgesenkt wird, nicht aber unten, ist noch eine Änderung am Schichtaufbau nötig. Wählen Sie dazu TYP BEARBEITEN, gehen Sie in den TYPEIGENSCHAFTEN unter KONSTRUKTION auf BEARBEITEN und aktivieren Sie bei der einzigen Schicht die Spalte VARIABEL. Abbildung 3.60 zeigt, wie die Oberkante des Bodens um die eingestellten 6 cm abgesenkt wird.

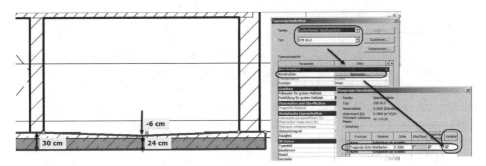

Abb. 3.60: Querschnitt durch abgesenkten Boden

3.4 Wände bearbeiten

3.4.1 Die Geschoss-Schnitthöhe

In den Geschossansichten werden die Geschosse im Schnitt dargestellt. Die vorgegebene Schnitthöhe beträgt bei Revit 1,20 m. In bestimmten Geschossen wie im Keller oder im Dach sind andere Schnitthöhen sinnvoll. Die Fenster im Keller liegen normalerweise höher bzgl. der Geschossebene. Deshalb soll hier die Schnittebene auf **1.70** im EIGENSCHAFTEN-MANAGER des Keller-Grundrisses eingestellt werden (Abbildung 3.61). Auf jeden Fall sollte die Schnitthöhe so hoch liegen, dass sie durch die Kellerfenster geht.

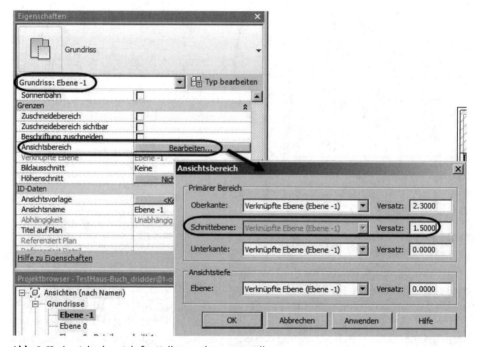

Abb. 3.61: Ansichtsbereich für Kellergeschoss einstellen

3.4.2 Wandtyp ändern

Das Kellergeschoss soll nach außen Klinkersteine zeigen. Dafür wäre ein neuer Wandtyp nötig. Wählen Sie dazu eine Kelleraußenwand und aktivieren Sie im EIGENSCHAFTEN-MANAGER dann TYP BEARBEITEN. Es soll ein Wandtyp mit Sichtmauerwerk außen und einer dünnen weißen Putzschicht innen werden. Im Dialogfenster TYPENEIGENSCHAFTEN wählen Sie DUPLIZIEREN und geben einen neuen Namen ein: **Sicht-MW 36.5 mit Putz**. Dann klicken Sie bei KONSTRUKTION auf BEARBEITEN. Im nächsten Dialogfenster BAUGRUPPE BEARBEITEN gehen

Sie in die zweite Schicht und klicken auf das MATERIAL, um in den MATERIAL-BROWSER zu kommen. Hier wählen Sie MAUERWERK – SICHTMAUERWERK.

Um die weiße Putzschicht innen zu erhalten, gehen Sie im Dialogfenster BAU-GRUPPE BEARBEITEN auf die dritte Schicht und dann auf EINFÜGEN. In der neuen Schicht klicken Sie in die Spalte FUNKTION und wählen NICHTTRAGENDE SCHICHT 2 [5]. Die 5 bedeutet hier die Priorität der Schicht. Bei Wandverschneidungen wirkt sich die 5 als niedrigste Priorität aus, sie wird sich also gegenüber anderen Materialien im Fall von Kollisionen immer zurückziehen.

Weiter klicken Sie in der Spalte MATERIAL auf die *drei Pünktchen*, um dann im MATERIALBROWSER STANDARDKÖRPER – INNENWAND zu wählen und alle Farben auf *Weiß (255,255,255)* umzustellen.

In der Spalte DICKE geben Sie **0.01** für 1 cm Putzschicht ein. Damit ist der neue Wandtyp definiert, den Sie nun nur noch auf alle Außenwände übertragen müssen.

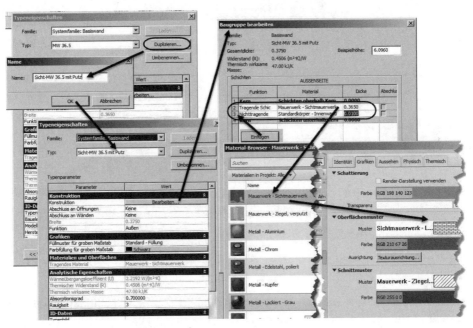

Abb. 3.62: Erstellen eines neuen Wandtyps

3.4.3 Wände löschen, ergänzen und verschieben

In Abbildung 3.63 sind die Maße für das Kellergeschoss gegeben. Generell können alle dünnen 11,5er-Wände, die noch aus dem Erdgeschoss stammen, entfernt werden.

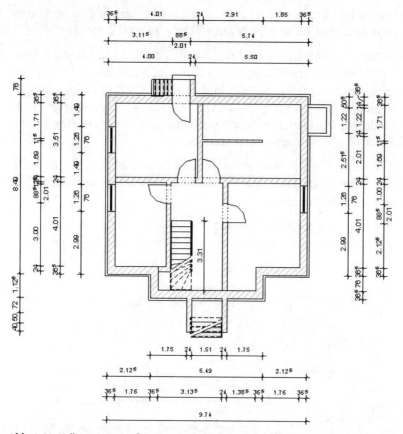

Abb. 3.63: Keller mit Bemaßung

In Abbildung 3.64 sind das Kellergeschoss und in Grau das Erdgeschoss zu sehen. Diese Anzeige wurde dadurch möglich, dass

- die EBENE -1 – der Keller – *aktiviert* wurde,
- bei UNTERLAGE die EBENE 0 – das Erdgeschoss – gewählt wurde und
- in der ANZEIGELEISTE der BILDSTIL: DRAHTMODELL gewählt wurde.

Hier können Sie also erkennen, welche Wände gelöscht, verschoben oder neu erstellt werden müssen.

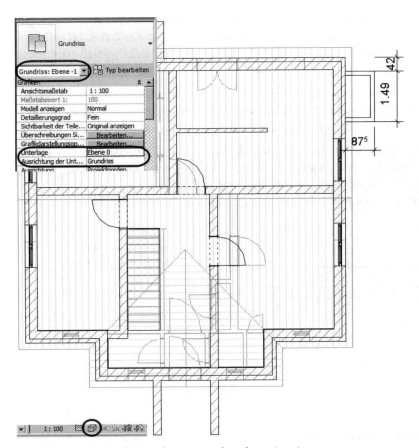

Abb. 3.64: Vergleich Kellergeschoss mit Erdgeschoss (grau)

Wände löschen

Um alle 11,5er-Wände zu wählen, brauchen Sie nur eine zu markieren und können dann nach Rechtsklick im Kontextmenü ALLE EXEMPLARE AUSWÄHLEN|IN DIESER ANSICHT anklicken. Danach drücken Sie zum Löschen die [Entf]-Taste.

Abb. 3.65: Alle Elemente eines Typs in der Ansicht wählen

Wände ergänzen

Einige neue Wände sind noch hinzuzufügen, beispielsweise an der Eingangstreppe (Abbildung 3.66). Es ist eine Wand vom TYP MW 24 und sie soll mit

Abstand 1,75 m von der Hausecke und mit einer zu berechnenden Länge erstellt werden. Da dies eine einzelne Wand ist, deaktivieren Sie in der OPTIONSLEISTE ggf. die Option KETTE. Die Startposition wählen Sie zunächst beliebig nahe der Hausecke und ziehen die Länge nach unten.

Nun ist für das Längenmaß eine Formel beginnend mit = einzugeben: **=0.4+0.5+0.72**. Formeln müssen Sie wie in Excel mit = beginnen. Die führenden Nullen bei Dezimalzahlen können Sie auch weglassen.

Nach dieser Eingabe ist noch die Wandposition über die automatisch erscheinende Bemaßung anzupassen. Schieben Sie die Maßhilfslinie, die auf die Innenkante der Wand zeigt, durch Klick auf den runden Griff zur Außenkante. Dann können Sie die Maßzahl anklicken und mit **1.75** überschreiben.

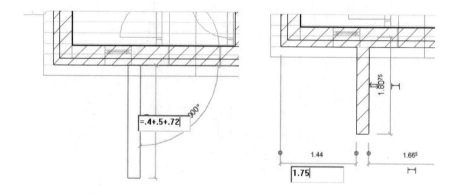

Abb. 3.66: Wand für Eingangstreppe

Angenehmer ist die zweite Wand zu konstruieren, bei der Sie sowohl für die Startposition als auch für die Endposition die automatisch erscheinenden Spurlinien einer Innenwand und der zuletzt gezeichneten Wand nutzen können (Abbildung 3.67).

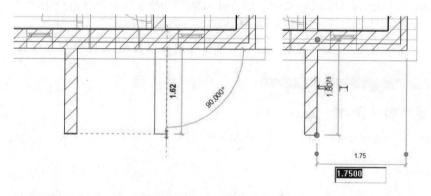

Abb. 3.67: Zweite Wand zur Eingangstreppe

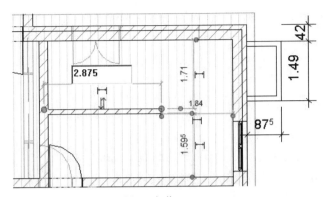

Abb. 3.68: Wand im Heizungskeller

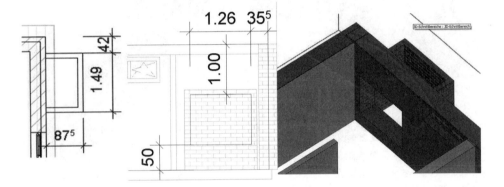

Abb. 3.69: Wände und Öffnung für Kohlenschacht

3.4.4 Verschieben mit und ohne Befehl

Das Verschieben von Wänden ohne extra Befehl mit dem Cursor direkt beim Markieren ist möglich, wenn in der Statusleiste das Werkzeug ELEMENTE BEIM AUSWÄHLEN VERSCHIEBEN aktiviert ist. Typisch wird diese Aktion angewendet, um Wände im aktuellen Geschoss auf vorhandene Kanten im darunter liegenden Geschoss, das als Grundlage aktiviert sei, zu ziehen. Die Wände werden dann auch korrekt einrasten.

Beim Befehl ÄNDERN|VERSCHIEBEN geht es darum, eine oder mehrere gewählte Wände nach beendeter Objektwahl von einem *Basispunkt* auf einen *Zielpunkt* zu verschieben. In der Optionsleiste stehen noch die Optionen BESCHRÄNKEN und TRENNEN zur Verfügung. Mit BESCHRÄNKEN wird die Bewegung auf horizontale bzw. vertikale Richtungen beschränkt. Bei den Bewegungen werden normalerweise verbundene Wände mitgehen. Die Option TRENNEN löst solche Verbindungen und verschiebt die Wand oder die Wände losgelöst.

3.4.5 Wände fixieren, Profil anpassen und Verbinden-Werkzeug

Im Obergeschoss gibt es Wände, die einerseits ans Dach, andererseits an die Geschossdecke angepasst werden müssen. Eine der Wände hat durch das Kopieren des kompletten Geschosses aus dem Erdgeschoss heraus eine Begrenzung durch die Geschossdecke oben, ragt dann aber aus dem Dach seitlich hervor (Abbildung 3.70). Das Beschränken unter das Dach kann nun so erfolgen:

1. Nach Markieren der Wand
2. wählen Sie FIXIEREN OBEN/BASIS mit der Option OBERKANTE und
3. klicken dann das Dach an.

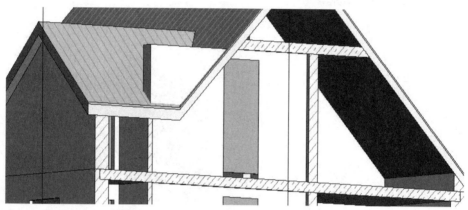

Abb. 3.70: Obergeschoss-Wand im Originalzustand

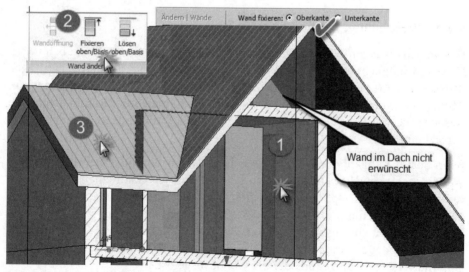

Abb. 3.71: Obergeschoss-Wand am Dach fixiert

Nach dieser Aktion ragt die Wand über die Geschossdecke ins Dach hinein. Deshalb wird die Fixierung wieder mit LÖSEN OBEN/BASIS und Klick auf die Optionsleisteneinstellung VON ALLEN LÖSEN entfernt.

Durch PROFIL BEARBEITEN ❶ soll nun der Wand-Umriss ❷ konstruktiv neu bestimmt werden. Mit dem Zeichen-Befehl LINIEN AUSWÄHLEN kann in der Seitenansicht bequem die schräge Dachkante projiziert werden. Die nötige horizontale Dachkante muss mit dem einfachen LINIE-Befehl gezeichnet werden. Mit STUTZEN/DEHNEN FÜR ECKE werden die Kanten angeklickt, die erhalten bleiben müssen ❸, ❹ und ❺. Das fertige Profil zeigt Abbildung 3.73. Die kurze waagerechte Kante muss ggf. noch etwas höher gezogen werden, bis die Wand fast das Dach durchdringt.

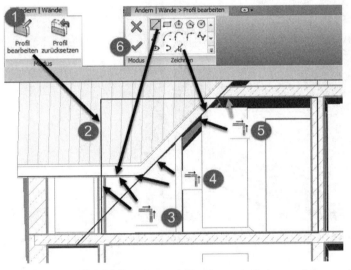

Abb. 3.72: Profil für Obergeschoss-Wand nachgezeichnet

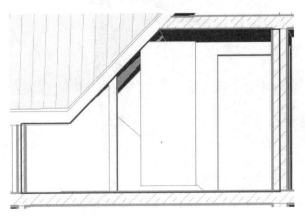

Abb. 3.73: Profil fertig

Die so korrigierte Wand überlappt mit der kurzen linken Kante aber noch mit dem Dach. Damit diese Wandkante noch einen passenden schrägen Querschnitt bekommt, müssen Sie mit dem Werkzeug VERBINDEN die Wand und das Dach miteinander kombinieren (Abbildung 3.74). Es gibt noch eine zweite Wand, die ähnlich bearbeitet werden muss. Daraus ergibt sich dann für das Dach eine Mehrfachverbindung mit Wänden. In der OPTIONSLEISTE müssen Sie dazu dann MEHRFACHVERBINDUNG aktivieren und beide Wände wählen.

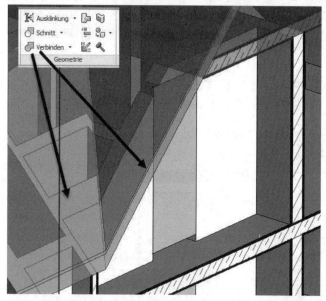

Abb. 3.74: Dach-Wand-Verbindung zum Abschrägen der Wandkante oben

Abb. 3.75: Mehrfachverbindung des Dachs mit zwei Wänden

3.4.6 Wände in Laufrichtung verbinden

Oft entstehen beim Löschen von Teilen der Konstruktion Lücken in Wänden, die aber exakt fluchten. Um diese Lücken zu schließen, ist keine spezielle Funktion nötig, sondern nur eine Ziehen-Aktion.

Klicken Sie das zu verlängernde Wandende an und ziehen Sie es am runden Griff ❶ hinüber bis exakt zum gegenüberliegenden Eckpunkt ❷. Die Wand verbindet sich dann automatisch zu einem einzigen durchgehenden Wandelement. Falls es nicht klappen sollte, sind die Wände entweder nicht exakt fluchtend – das ließe sich mit vorherigem AUSRICHTEN korrigieren – oder Sie haben den zweiten Punkt ❷ nicht exakt getroffen – ziehen Sie dann nochmals präziser am Griff.

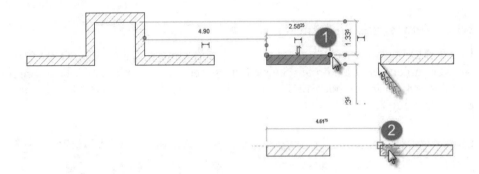

Abb. 3.76: Verbinden bei einer Wandlücke

3.5 Fenster bearbeiten

3.5.1 Eigenschaften bearbeiten

Da die Fenster im Keller vorerst noch Kopien aus dem Erdgeschoss sind, passen die Abmessungen natürlich nicht zum Keller. Überflüssige Fenster können außerdem gelöscht werden. Es bleiben dann zwei Fenster übrig, die in ihren Abmessungen schnell über den EIGENSCHAFTEN-MANAGER geändert sind (Abbildung 3.77):

- ABHÄNGIGKEITEN – SCHWELLE/BRÜSTUNG: **1.75**
- alternativ ganz unten unter SONSTIGE – STURZHÖHE: **2.26**
- ABMESSUNGEN – HÖHE: **0.51**

Zwei weitere Fenster wären noch auf der linken und rechten Wand im Abstand von 1,49 m von der Ecke einzusetzen. Dafür können Sie auf ein vorhandenes Fenster rechtsklicken und ÄHNLICHES PLATZIEREN wählen. Achten Sie auf die korrekten Abstände und die Brüstungshöhen.

Kapitel 3
Bearbeitungsfunktionen der Basiselemente

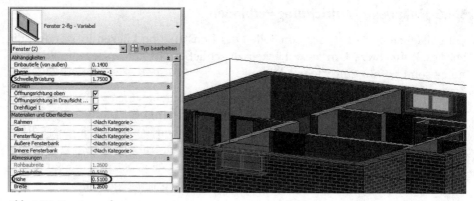

Abb. 3.77: Fenstermaße anpassen

3.5.2 Fenster aus Bibliotheken

In der aktuellen Konstruktion sind standardmäßig nur einige gängige Fenstertypen vorhanden, weitere können Sie sich aus einer externen Bibliothek besorgen. Dazu gehen Sie in die normale Fensterfunktion ARCHITEKTUR|FENSTER und dort zum Werkzeug FAMILIE LADEN.

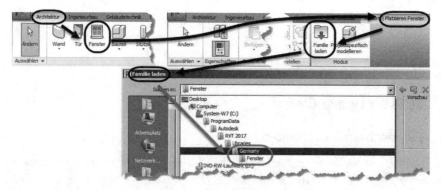

Abb. 3.78: Bibliothek für Fenster

Dort finden Sie eine reiche Auswahl an Fenstertypen und -größen. Nachdem Sie das letzte OK angeklickt haben, ist das Fenster in Ihrem Modell verfügbar und kann eingebaut werden.

Gerade bei diesem Fenster stellten sich Probleme beim Einbau heraus. Ein Fenster besteht ja generell aus zwei Komponenten, dem eigentlichen Fenster mit seinen Rahmen- und Scheiben-Elementen und dann sozusagen noch dem Loch, das beim Einfügen in die Wand geschnitten werden muss. Letzteres ist praktisch ein negatives Volumen und wird *Abzugskörper* genannt. Und bei diesem Fenster zeigte sich beim Einbau, dass der Abzugskörper des Fensters auf einer Seite zu kurz war und außerdem der Abzugskörper für die Heizkörpernische auf der Außenwand saß.

3.5
Fenster bearbeiten

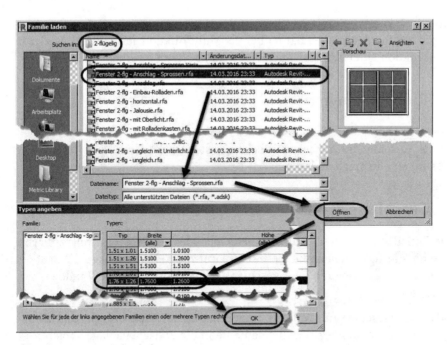

Abb. 3.79: Fenster wird geladen.

Um dies zu ändern, können Sie dann auf das eingebaute Fenster einfach doppelklicken und damit in den Familieneditor wechseln. Dort gehen Sie in die Ansicht SCHNITT mit BILDSTIL: SCHATTIERT und probieren einfach durch Klicken an der Wandkante aus, die Abzugskörper zu aktivieren (Abbildung 3.80).

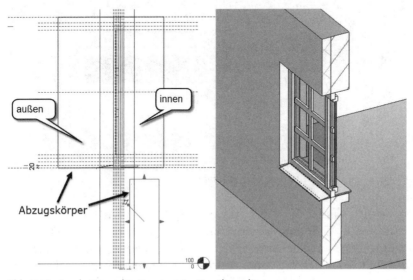

Abb. 3.80: Bearbeitung des Fensters im Familieneditor

Durch Ziehen können Sie sie erweitern und neu positionieren. Aus dem Familieneditor können Sie das Fenster dann über die Multifunktionsleiste direkt wieder in die Konstruktion laden und ggf. auch einen neuen Namen vergeben.

3.6 Türen bearbeiten

Die Türen können gemäß den Maßen der Abbildung 3.63 leicht positioniert werden. Eine Ausgangstür in der nördlichen Kellerwand kommt neu hinzu. Die Abmessungen entsprechen den inneren Türen.

3.7 Geschosse kopieren

Für die Konstruktion eines mehrstöckigen Gebäudes ist es oft sinnvoll, zunächst ein Geschoss fertigzustellen und dieses dann mit allen Elementen auf die anderen Geschosshöhen zu kopieren. Das geschieht unter Benutzung der Windows-Zwischenablage.

Sobald Sie ein Geschoss mit Wänden, Fenstern, Türen, Geschossdecke und Treppe fertiggestellt haben, können Sie alle Elemente in die Zwischenablage kopieren ❶. Gegebenenfalls ist es dafür nötig, auch *fixierte Objekte* zu wählen. Das können Sie über das Werkzeug in der STATUSLEISTE rechts ermöglichen oder Sie können die Fixierung der Objekte durch Anklicken der Pins lösen.

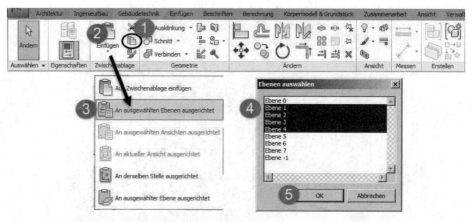

Abb. 3.81: Geschoss über Zwischenablage vervielfältigen

Im zweiten Schritt wählen Sie ZWISCHENABLAGE|EINFÜGEN|AN AUSGEWÄHLTEN EBENEN AUSGERICHTET ❷ ❸ und wählen dann die Zielgeschosse aus ❹ ❺. Beachten Sie unbedingt, dass dabei nicht versehentlich das Ursprungsgeschoss der Elemente mitgewählt wird, weil Sie sonst doppelt übereinander liegende Elemente erhalten und sich dadurch jede Menge Fehlermeldungen einhandeln.

Falls die Option AN AUSGEWÄHLTEN EBENEN AUSGERICHTET nicht angeboten wird, haben Sie KOPIEREN OBJEKTE gewählt, die nicht in andere Geschosse kopierbar sind. Das können Bemaßungen sein oder bei Treppen die Laufrichtungsmarkierung oder gar der Projekt-Basispunkt. Dann müssen Sie die Objektwahl reduzieren und erneut KOPIEREN und EINFÜGEN.

Oft wird eine Konstruktion im Erdgeschoss begonnen und dann werden die Elemente aus dem Erdgeschoss auf Obergeschoss und Keller kopiert. Da der Keller meist eine geringere Höhe als die übrigen Geschosse aufweist, sind dann zunächst die Wände, Treppen und Geschossdecke im Keller zu hoch und kollidieren mit den Elementen aus dem Erdgeschoss. Diese Probleme lassen sich aber durch wenige Bearbeitungsschritte im Kellergeschoss EBENE -1 leicht ändern.

3.8 Übungsfragen

1. Mit welcher Einstellung in den EIGENSCHAFTEN für eine 3D-Ansicht kann ein dreidimensionaler Ausschnitt erzeugt werden?
2. Welche Funktion haben die Icons rechts unten in der STATUSLEISTE?
3. Wie wird bei der Objektwahl der FENSTER-Modus aktiviert?
4. Mit welchem Werkzeug können Sie unterschiedliche Wandverbindungen an Ecken generieren?
5. Wie klicken Sie die Objekte beim STUTZEN an?
6. Was bewirkt das Werkzeug TRENNEN?
7. Unter welcher Bedingung können Sie Objekte ohne expliziten VERSCHIEBEN-Befehl verschieben?
8. Was macht das Werkzeug MAßSTAB?
9. Wozu dient das Werkzeug AUSWAHLRAHMEN?
10. Was macht das Werkzeug ELEMENTE VERSCHIEBEN?

Kapitel 4

Bemaßungen, Höhenkoten, Texte und Beschriftungen

Neben den Zeichenbefehlen und Bearbeitungswerkzeugen spielen die Bemaßungs- und Beschriftungsbefehle eine besonders wichtige Rolle.

4.1 Die Bemaßungsbefehle

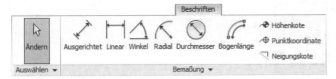

Abb. 4.1: Bemaßungsbefehl im Register BESCHRIFTEN

Wie bereits im vorhergehenden Kapitel unter der Gruppe ÄNDERN|BEMAßUNG erwähnt, ist der wichtigste Bemaßungsbefehl die AUSGERICHTETE BEMAßUNG. Es ist ein universeller Befehl, mit dem Wände komplett auch unter Berücksichtigung von Öffnungen und/oder Wandverschneidungen bemaßt werden können.

4.2 Die ausgerichtete Bemaßung

Die ausgerichtete Bemaßung hat zahlreiche Einstellungen in der OPTIONSLEISTE. Damit ist das der nützlichste Bemaßungsbefehl. Sie können zuerst zwischen den zu bemaßenden Kanten wählen:

- ACHSEN WAND
- KANTEN WAND
- ACHSEN TRAGENDE SCHICHT
- KANTEN TRAGENDE SCHICHT

Unter AUSWÄHLEN: können Sie zwischen WÄNDE und REFERENZEN wählen. Bei REFERENZEN wird senkrecht zu den gewählten Kanten eine Bemaßung erstellt. Mit der Option WÄNDE können komplette Wände mit allen Details bemaßt werden.

Für die Option WÄNDE stehen weitere Einstellungen unter der Schaltfläche OPTIONEN zur Verfügung (Abbildung 3.51):

Kapitel 4
Bemaßungen, Höhenkoten, Texte und Beschriftungen

- ÖFFNUNGEN – ACHSEN – bemaßt die Wand und die Mittelachsen der Fenster und Türöffnungen.
- ÖFFNUNGEN – BREITE
- WANDVERSCHNEIDUNGEN – bemaßt die Wand und die Kanten der damit verbundenen Wände.
- RASTERSCHNITTPUNKTE MIT WÄNDEN – bemaßt die Wand und die Schnittpunkte der Wand mit einem Raster.

Abb. 4.2: Optionen für AUSGERICHTETE BEMAßUNGEN

4.2.1 Beispiel für ausgerichtete Bemaßung

Als Beispiel wird nun das Erdgeschoss mit der ausgerichteten Bemaßung versehen. Es beginnt mit der obersten Wand und mit den Wandöffnungen.

1. Das Werkzeug AUSGERICHTETE BEMAßUNG können Sie aufrufen unter
   - SCHNELLZUGRIFF-WERKZEUGKASTEN (Leiste ganz oben),
   - Multifunktionsregister ÄNDERN Gruppe MESSEN (siehe letztes Kapitel),
   - Multifunktionsregister BESCHRIFTEN (dieses Beispiel).
2. In der OPTIONSLEISTE wählen Sie zuerst als zu bemaßende Einzelheit KANTEN TRAGENDE SCHICHT. Das kann für ein- oder mehrschichtige Wände verwendet werden. Bei einfachen Wänden wie hier würde auch KANTEN WAND reichen, bei mehrschichtigen Wänden wären das die Außenkanten inklusive Dämmung.
3. Unter AUSWÄHLEN können Sie zwischen REFERENZEN und WÄNDE wählen. Bei REFERENZEN wählen Sie jede zu bemaßende Kante einzeln. Bei WÄNDE werden die Kanten automatisch anhand der Konstruktion ermittelt.
4. Mit der Schaltfläche OPTIONEN sind noch die Wanddetails einzustellen, die in der automatischen Bemaßung berücksichtigt werden sollen.

5. Wenn Tür- und Fensteröffnungen berücksichtigt werden sollen, aktivieren Sie ÖFFNUNGEN. Für die Öffnungen können die Mittelachsen oder die BREITE über die Kanten bemaßt werden.
6. Im Beispiel sollen die BREITEN über die Öffnungskanten bemaßt werden.
7. Es können auch die Positionen für die Wandverschneidungen oder für Schnittpunkte mit einem Raster in der Bemaßung erscheinen, aber das wird später in weiteren Maßketten geschehen. Deshalb wird diese Dialogbox mit OK beendet.
8. Nun wird die fragliche *Wand angeklickt* und
9. mit einem weiteren *Klick* die *Position der Maßlinie* festgelegt.
10. Die Bemaßungsfunktion schließen Sie mit zweimal [ESC] ab. Oder Sie geben nur einmal [ESC] ein, um weitere Maßketten zu erstellen.

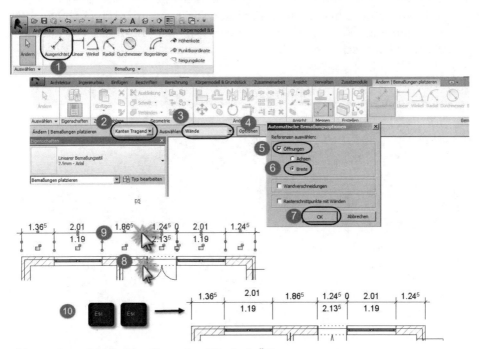

Abb. 4.3: Ausgerichtete Bemaßung einer Wand mit Öffnungen

Vor Drücken der [ESC]-Taste werden die Maße mit kleinen Vorhängeschlössern angezeigt. Die können Sie benutzen, um die Elemente zu *fixieren*. Damit lassen sich die Fenster dann nicht mehr verschieben. Solange sie nicht fixiert sind, können die Fenster und Türen verschoben werden und die Maße laufen *assoziativ* mit.

Oberhalb der Maßkette erkennen Sie noch ein durchgestrichenes EQ. Das ist die Abkürzung für »equal«, was »gleich« bedeutet. Das durchgestrichene EQ steht für

Kapitel 4
Bemaßungen, Höhenkoten, Texte und Beschriftungen

ungleiche Maße. Mit einem Klick könnte man die Durchstreichung entfernen und damit die Abstände zwischen den Hilfslinien egalisieren. Im vorliegenden Fall würde das nicht komplett funktionieren, weil Fenster- und Türbreiten nicht beliebig variiert werden können.

4.2.2 Maßkette bearbeiten

Ein Fehler fällt aber noch in der Maßkette auf: Ein Maß hat den Wert 0. Das kommt daher, dass hier ein Fenster direkt an eine Tür grenzt. Normalerweise wäre noch ein Wandstück dazwischen. Sie müssen in solch einem Fall eine Hilfslinie aus der Maßkette entfernen.

1. Dazu markieren Sie die Maßkette und
2. aktivieren in der Multifunktionsleiste MASSHILFSLINIEN BEARBEITEN. Dieses Werkzeug erlaubt Ihnen, durch Anklicken von Kanten Hilfslinien hinzuzufügen, wenn diese Kante noch nicht bemaßt ist, oder Hilfslinien zu entfernen, falls diese Kante schon bemaßt ist.

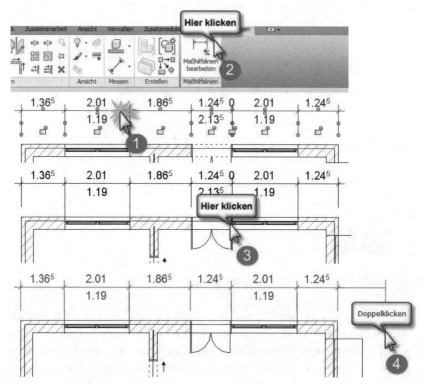

Abb. 4.4: Maßhilfslinie entfernen

3. Klicken Sie also auf die Kante zwischen Tür und Fenster, um das Null-Maß zu entfernen.
4. Um die Bearbeitung der Maßkette abzuschließen, doppelklicken Sie an einer Stelle neben der Konstruktion, wo keine Elemente liegen. Sie dürfen auf keinen Fall die Bearbeitung mit ABBRUCH oder [ESC] beenden. Das wirkt hier nicht!

4.2.3 Weitere Maßketten

Die nächste Maßkette soll die Wandverschneidungen enthalten. Hierfür sind nur in der OPTIONSLEISTE unter OPTIONEN die ÖFFNUNGEN aus- und die WANDVERSCHNEIDUNGEN einzuschalten. Dann klicken Sie wieder die Wand an und positionieren die neue Maßlinie.

Dabei werden Sie bemerken, dass die Maßkette in einem festen Abstand von der ersten automatisch etwas einrastet. Dieser Abstand entspricht bei maßstäblicher Ausgabe später einem Abstand von 10 mm (Abbildung 4.5).

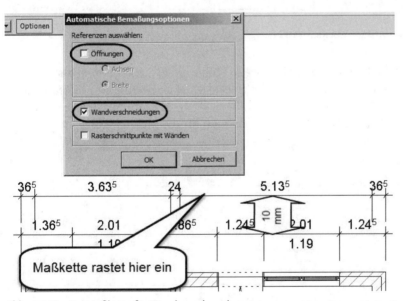

Abb. 4.5: Zweite Maßkette für Wandverschneidungen

Eine dritte und vierte Maßkette enthält wieder für die nächste Innenwand die ÖFFNUNGEN und WANDVERSCHNEIDUNGEN. Sie werden nach obigem Muster erstellt. Für die letzte Maßkette werden sowohl ÖFFNUNGEN als auch WANDVERSCHNEIDUNGEN unter OPTIONEN abgeschaltet, um das Gesamtmaß zu erhalten.

Kapitel 4
Bemaßungen, Höhenkoten, Texte und Beschriftungen

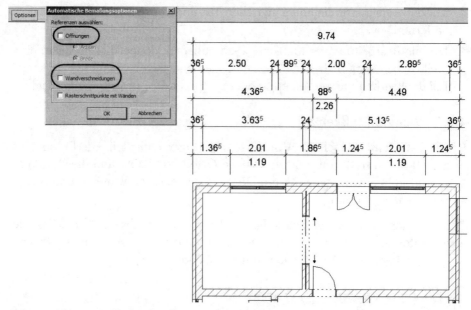

Abb. 4.6: Oberste Maßkette *ohne* ÖFFNUNGEN und WANDVERSCHNEIDUNGEN

Für die letzte Maßkette gibt es eine zweite Möglichkeit. Sie können in der Optionsleiste unter AUSWÄHLEN: die Variante REFERENZEN aktivieren, um beliebige Kanten für die Bemaßung direkt zu wählen. Nun klicken Sie die senkrechten Wandkanten an ❶, ❷ und danach die Position für die Maßkette ❸.

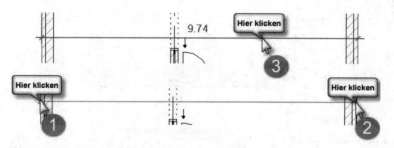

Abb. 4.7: Bemaßung mit AUSWÄHLEN: REFERENZEN

Mit der Option REFERENZEN können nicht nur die Kanten bemaßt werden, die auch von der automatischen Bemaßung erfasst werden, sondern jede Kante. So kann beispielsweise ein einzelnes Fenster noch mit den Maßen für den Fensterrahmen versehen werden (Abbildung 4.8).

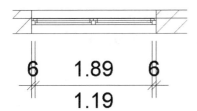

Abb. 4.8: Bemaßung eines Fensterrahmens mit AUSWÄHLEN: REFERENZEN

4.3 Die lineare Bemaßung

Mit der linearen Bemaßung können Sie in allen 2D-Ansichten arbeiten. Sie können damit linienartige Elemente, Kanten und auch Punktpositionen anklicken, die temporär als kleine blaue gefüllte Kreise angezeigt werden (Abbildung 4.9). Die LINEARE BEMASSUNG können Sie wie auch die AUSGERICHTETE BEMASSUNG mit Option REFERENZ in anderen 2D-Ansichten anwenden (Abbildung 4.10).

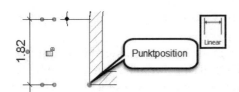

Abb. 4.9: Lineare Bemaßung durch Anklicken von Punktpositionen

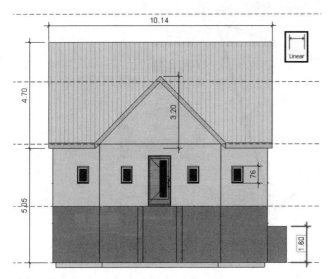

Abb. 4.10: LINEARE BEMASSUNG in ANSICHT SÜD.

4.4 Winkelbemaßung

Mit der Winkelbemaßung können Sie Winkel zwischen linearen Kanten in 2D-Ansichten erstellen (Abbildung 4.11).

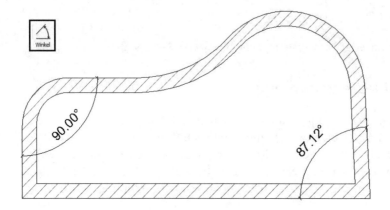

Abb. 4.11: Winkelbemaßungen zwischen linearen Wandkanten

Wenn keine linearen Kanten vorhanden sind, müssen entsprechende Hilfskonstruktionen mit BESCHRIFTEN|DETAIL|DETAILLINIE erstellt werden (Abbildung 4.12). Danach können diese Kanten wieder mit Winkelbemaßungen versehen werden (Abbildung 4.13).

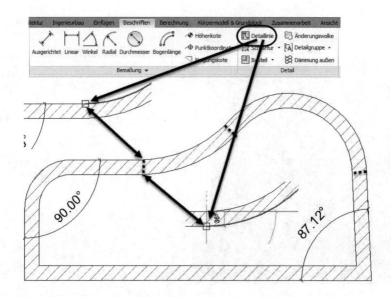

Abb. 4.12: Hilfslinien für Winkelbemaßungen

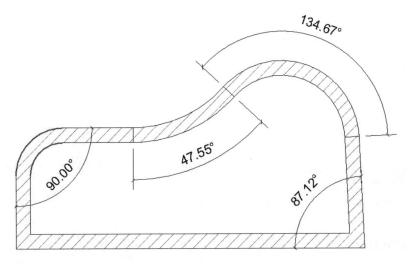

Abb. 4.13: Winkelbemaßungen mit Hilfsgeometrien

4.5 Radius- und Durchmesserbemaßungen

Radius- und Durchmesserbemaßungen können unkompliziert auf radiale Kanten angewendet werden.

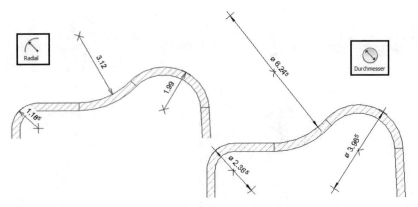

Abb. 4.14: Radius- und Durchmesserbemaßungen

4.6 Bogenlängenbemaßung

Die Bogenlängenbemaßung verlangt nicht nur das Anklicken eines Bogens, sondern auch die Wahl von begrenzenden Linien. Dann ist es bei aufeinanderfolgenden Bögen wie bei der Winkelbemaßung nötig, Hilfslinien zu erstellen (Abbildung 4.15).

Kapitel 4
Bemaßungen, Höhenkoten, Texte und Beschriftungen

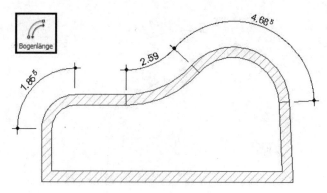

Abb. 4.15: Bogenbemaßungen mit und ohne Hilfsgeometrien

4.7 Höhenkoten

Die HÖHENKOTEN ❶ dienen zum Anzeigen der Höhenlagen von Geschossdecken, Trägern und anderen Kanten. Die Koten können mit oder ohne Führungslinie erstellt werden und die FÜHRUNGSLINIE kann optional einen KNICK besitzen. Beides wird in der OPTIONSLEISTE eingestellt (Abbildung 4.16).

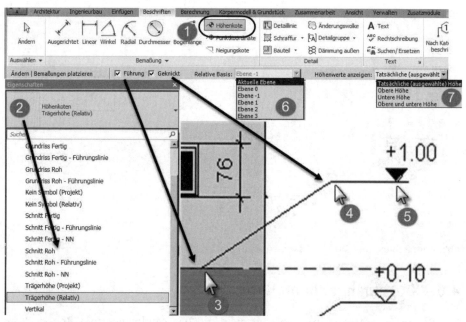

Abb. 4.16: Höhenkoten

Die Art der FÜHRUNGSLINIE wird in der Typenwahl des EIGENSCHAFTEN-MANAGERS ausgewählt. Die üblichen Typen sind SCHNITT ROH und SCHNITT FERTIG für die Oberkanten einer Roh- und Fertigdecke. Für Träger gibt es eine Variante TRÄGERHÖHE (PROJEKT) für die absolute Höhe im Projekt und TRÄGERHÖHE (RELATIV) für die relative Höhe bezüglich eines Geschosses ❷.

Die normale Höhenkote mit Führungslinie wird über drei Klicks erstellt. Zuerst wird das Element angeklickt ❸, dann die Knickposition ❹ und schließlich die Position für Symbol und Maßzahl ❺.

Wenn Sie eine Höhenkote mit relativer Anzeige wählen, können Sie in der OPTIONSLEISTE die RELATIVE BASIS auswählen ❻. Hier geben Sie an, welches Geschoss Sie als Bezugshöhe wählen (Abbildung 4.17).

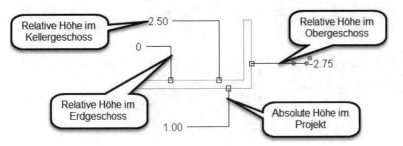

Abb. 4.17: Absolute und relative Höhenangaben für Träger unter dem Erdgeschoss

Für Geschossdecken können Sie in der Grundrissansicht unter HÖHENWERTE ANZEIGEN ❼ noch zwischen Ober- und Unterkante wählen (Abbildung 4.18).

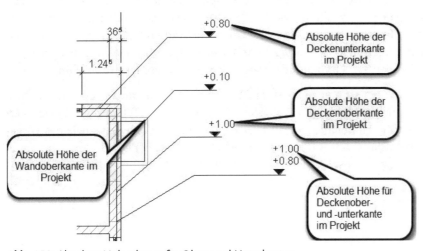

Abb. 4.18: Absolute Höhenkoten für Ober- und Unterkanten

Kapitel 4
Bemaßungen, Höhenkoten, Texte und Beschriftungen

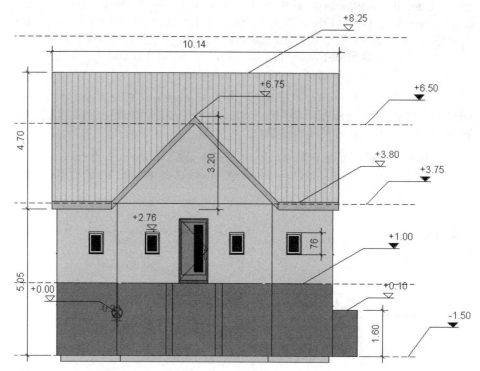

Abb. 4.19: Verschiedene Höhenkoten in der ANSICHT SÜD

4.8 Punktkoordinate

Mit PUNKTKOORDINATE können Sie sich die Koordinaten eines Punkts anzeigen lassen. Der Typ nennt sich allerdings HÖHENKOORDINATE. Dabei wird der Abstand des Punkts vom PROJEKT-BASISPUNKT in x- und y-Richtung mit Angabe der Himmelsrichtungen angezeigt. Das vorgegebene Format ist Englisch, also mit E (east) für Osten. Über den Typ können Sie dieses Präfix in O umändern (Abbildung 4.20).

Punktkoordinaten sind auch in einer 3D-Ansicht oder Seitenansicht mit Höhenangabe möglich (Abbildung 4.21). Hier wurde ein neuer Typ durch DUPLIZIEREN erzeugt und die Höhenangabe mit HÖHE EINSCHLIEßEN aktiviert sowie das vorgegebene englische Präfix EL für die HÖHENANGABE in **Höhe** geändert. Die angezeigte Höhe ist die absolute Höhe bzgl. PROJEKT-BASISPUNKT.

4.8 Punktkoordinate

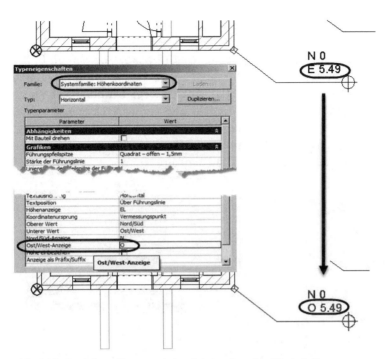

Abb. 4.20: Punktkoordinaten mit korrigierter Anzeige (O statt E)

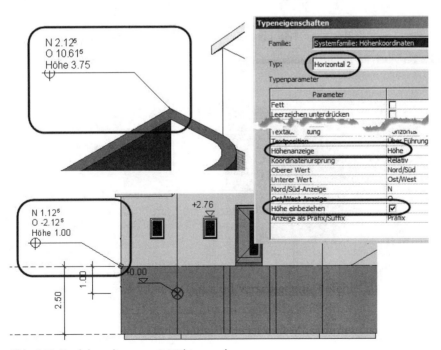

Abb. 4.21: Punktkoordinaten mit Höhenangabe

4.9 Neigungskote

Dachneigungen können Sie mit dem Werkzeug NEIGUNGSKOTE bemaßen. In der Optionsleiste werden dafür zwei Varianten angeboten: DREIECK (Vorgabe) und PFEIL. Das Werkzeug ist sinnvoll in den 3D-, Außen- oder Schnittansichten zu gebrauchen. Standardmäßig werden horizontale und vertikale Längen des Neigungsdreiecks angegeben. Wenn Sie auf Winkelanzeige umschalten wollen, müssen Sie einen neuen Typ erstellen und unter EINHEITENFORMAT dann DEZIMALGRAD und das EINHEITENSYMBOL° für Grad aktivieren.

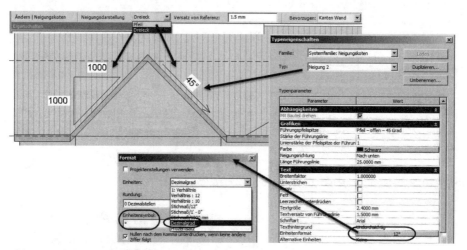

Abb. 4.22: Varianten für Neigungskoten

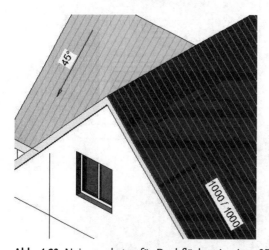

Abb. 4.23: Neigungskoten für Dachflächen in einer 3D-Ansicht

4.10 Text und Hinweistext

Mit dem TEXT-Werkzeug können Sie einfache Texte und Hinweistexte schreiben. Klicken Sie auf das Werkzeug ❶, wählen Sie dann den Schrift-Typ ❷, ziehen Sie mit gedrückter Maustaste eine Textbox auf ❸, aktivieren Sie ggf. noch eine Formatierung ❹ und schreiben Sie. Zum Beenden klicken Sie rechts auf das X zum SCHLIEẞEN.

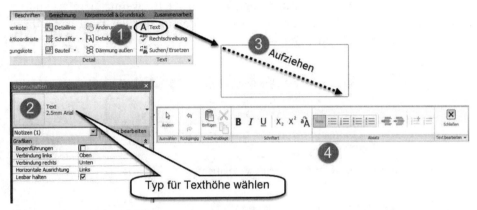

Abb. 4.24: TEXT-Werkzeug

Zum nachträglichen Bearbeiten eines Textes stehen Werkzeuge zum Schieben und Drehen des markierten Textes sowie verschiedene Führungslinien und Ausrichtungen zur Verfügung (Abbildung 4.25).

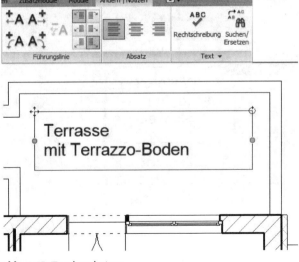

Abb. 4.25: Text bearbeiten

4.11 Bauteile beschriften

4.11.1 Automatische Element-Beschriftungen

Mehrere Elemente wie Fenster, Türen o.Ä. lassen sich über BESCHRIFTEN|BESCHRIFTUNG|ALLE BESCHRIFTEN automatisch beschriften. Im Beispiel wurde die Elementnummer gewählt. Das ist die Nummer in der FENSTER-BAUTEILLISTE. Es können aber auch andere Elementdaten wie Fensterhöhe und -breite bei der Beschriftung verwendet werden. Die Nummern hier können nach zweimaligem Anklicken auch geändert werden. Die Nummerierung in der Bauteilliste wird dann Ihren Änderungen entsprechend angepasst.

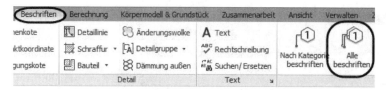

Abb. 4.26: Automatisches Beschriften mehrerer Elemente

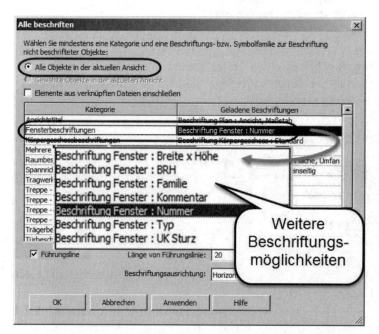

Abb. 4.27: Mehrere Elemente (hier Fenster) mit Nummer beschriften

4.11
Bauteile beschriften

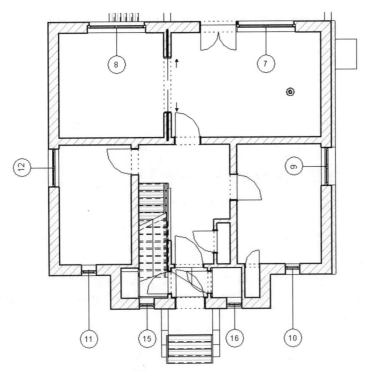

Abb. 4.28: Eingetragene Nummern

4.11.2 Element-Bauelement

Mit dieser Funktion können Sie die Bauelementdaten eintragen lassen, die unter TYP|ID-DATEN|BAUELEMENT vorhanden sind (Abbildung 4.29). Falls für ein Bauelement dort noch keine Daten eingetragen sind, erscheint ein Fragezeichen und danach ein Dialogfenster zur Auswahl der Bauelementnummer (Abbildung 4.30).

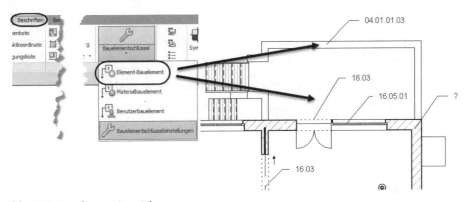

Abb. 4.29: Bauelement-Bezeichnung

Kapitel 4
Bemaßungen, Höhenkoten, Texte und Beschriftungen

Abb. 4.30: Bauelementdaten zu Wand-Objekt hinzufügen

4.11.3 Material-Bauelement

Mit dieser Funktion können Sie die Bauelementdaten für Elemente mit Schichtaufbau eintragen lassen, die unter TYP|ID-DATEN|KONSTRUKTION je nach Schicht eingetragen sind. Auch hier können Sie fehlende Informationen aus der Bauelementliste ergänzen.

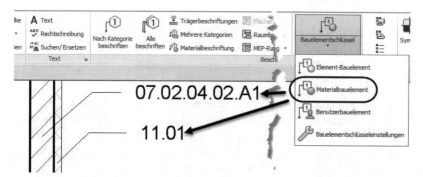

Abb. 4.31: Material-Bauelement-Beschriftung für individuelle Schichten bei einer Wand mit Dämmung

4.12 Übungsfragen

1. Welches ist die Standard-Bemaßung für komplette Wände?
2. Wie gehen Sie beim Ändern einer Maßkette vor?
3. Beschreiben Sie die Höhenkote für Rohfußböden.
4. Welche Optionen gibt es bei der Neigungskote?
5. Mit welcher Funktion wird die geografische Lage eingegeben?
6. Was ist der Unterschied zwischen den Beschriftungen ELEMENT-BAUELEMENT und MATERIAL-BAUELEMENT?

Kapitel 5

Gelände, Höhenausrichtung, Nord-Richtung

Für eine realistische Darstellung des Modells sollte auch die Umgebung des Bauwerks wiedergegeben werden. Dazu kann das Gelände modelliert werden.

5.1 Gelände

Zum Modellieren von Gelände können einzelne Punkte mit der entsprechenden Geländehöhe eingegeben werden. Im Register KÖRPERMODELL & GRUNDSTÜCK findet sich in der Gruppe GRUNDSTÜCK MODELLIEREN die Funktion GELÄNDE.

Bevor Sie ein Gelände punktweise eingeben, sollten Sie vielleicht in die Ansicht LAGEPLAN in der Kategorie GRUNDRISSE gehen. Gelände sind nämlich nicht automatisch in jeder Ansicht sichtbar geschaltet.

Abb. 5.1: Geländefunktion

Nach Aufruf des Werkzeugs werden Sie standardmäßig zur Punkteingabe aufgefordert. Die x-y-Koordinaten geben Sie in einer 2D-Ansicht von oben per Cursor ein, die *Höhe* aber ist in der OPTIONSLEISTE festzulegen. Dort heißt es zwar ANSICHT, aber das ist eine Fehlübersetzung von engl. »elevation«.

Abb. 5.2: Gelände über Punkte eingeben

Wenn Sie Vermessungspunkte in einem regelmäßigen Raster haben, könnten Sie in der Gruppe ARBEITSEBENE ein Raster aktivieren und anzeigen lassen. Dann würde bei der Punkteingabe der Cursor automatisch auf den Rasterpunkten einrasten. Aktivieren Sie zuerst ANZEIGEN, um das Raster sehen zu können (Abbildung 5.3). Dann klicken Sie auf FESTLEGEN, wählen im Dialogfenster unter NAME die Konstruktionsebene wie hier EBENE 0 und dann OK. Erst jetzt können Sie im EIGENSCHAFTEN-MANAGER den ABSTAND DES ARBEITSEBENENRASTERS von 5 m eingeben.

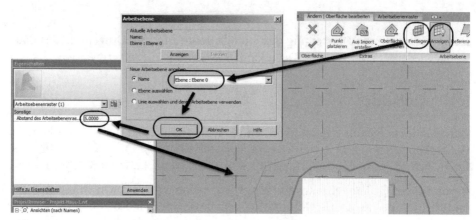

Abb. 5.3: ARBEITSEBENE mit 5-m-Raster für Punkteingabe aktivieren

Bei der Punkteingabe wird das Gelände dann anhand von automatisch generierten Höhenlinien in der Draufsicht angezeigt. Im Beispiel wurden freihändig zwei Reihen von Punkten mit den Höhen von **0** m und **-0.5** m eingegeben. Damit entstand eine hügelartige Geländeform (Abbildung 5.4).

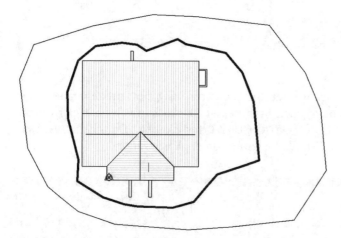

Abb. 5.4: Geländepunkte eingegeben

Nach Eingabe mehrerer Punkte mit verschiedenen absoluten Höhenwerten können Sie das Werkzeug beenden und das Gelände beispielsweise in der 3D-Ansicht betrachten (Abbildung 5.5). Das Gelände überlagert sich zunächst aber mit der Konstruktion. Das erkennt man daran, dass die Kohlenschütte an der Kellerwand nun auch mit Gelände gefüllt ist.

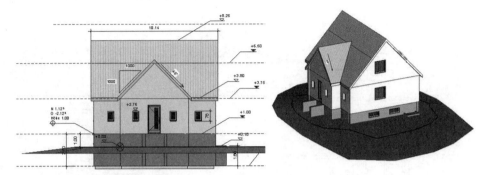

Abb. 5.5: Hausmodell mit Gelände

5.2 Kellersohle

Nun soll mit der SCHNITT-Funktion aus dem SCHNELLZUGRIFFKASTEN ein Schnitt durch das Gebäude gelegt werden. Dazu reicht es, zwei Punktpositionen in einer Grundrissansicht einzugeben (Abbildung 5.6). Durch diese Aktion entsteht nun im PROJEKTBROWSER eine neue Kategorie SCHNITT mit einer Schnittansicht SCHNITT1.

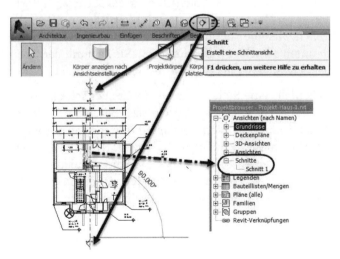

Abb. 5.6: Erstellen einer Schnittdarstellung

Kapitel 5
Gelände, Höhenausrichtung, Nord-Richtung

Wenn Sie in die Schnittansicht hineingehen, wird zuerst gar kein Gelände sichtbar sein. Sie müssen nun erst einmal mit ANSICHT|GRAFIK|SICHTBARKEIT/GRAFIKEN die Geländedarstellung aktivieren. Sie finden im Dialogfenster unter MODELLKATEGORIEN die TOPOGRAFIE (Abbildung 5.7). Die müssen Sie für die Geländedarstellung aktivieren. In der Schnittansicht wird das Gelände anhand einer Schraffur sichtbar. Sie erkennen, dass sich das Gelände auch durch den Keller fortsetzt.

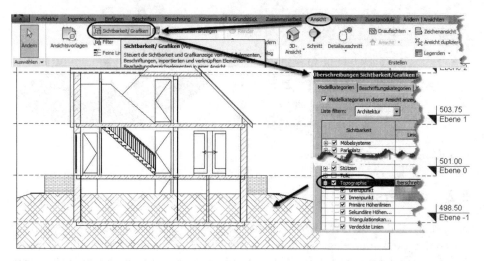

Abb. 5.7: Geländedarstellung im Schnitt aktiviert

Um das Gelände aus dem Keller zu verbannen, brauchen Sie eine Hilfskonstruktion. Unter KÖRPERMODELL & GRUNDSTÜCK findet sich in der Gruppe GRUNDSTÜCK MODELLIEREN die Funktion GEBÄUDESOHLE. Damit konstruieren Sie in der Kelleransicht EBENE -1 ähnlich wie eine Geschossdecke nun eine Kellersohle, die sozusagen den Keller nach unten abdichtet (Abbildung 5.8). Sie liegt mit der Oberkante in der Höhe **0**, in der sich auch die Bodenplatte des Kellers befindet.

Für die Kohlenschütte ist ebenfalls eine Sohle nötig, die muss aber schräg liegen. Dazu zeichnen Sie in der Draufsicht zunächst den Umriss. Beachten Sie unbedingt, dass sich *Sohlen* in der Draufsicht *nicht überlappen* dürfen. Sie muss also exakt an die waagerechte Kellersohle in Draufsicht angrenzen. Noch im Zeichenbefehl für die Sohle fügen Sie dann einen NEIGUNGSPFEIL hinzu, der über VERSATZ NEIGUNGSANFANG (**0.8** m) und VERSATZ NEIGUNGSENDE (**1.6** m) im EIGENSCHAFTEN-MANAGER die Schrägstellung dieser Sohle definiert (Abbildung 5.9).

5.2 Kellersohle

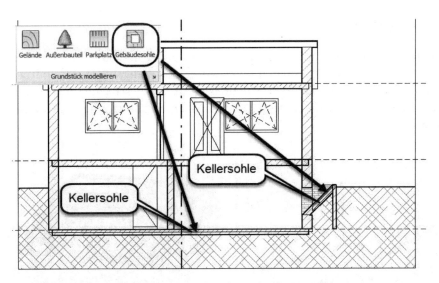

Abb. 5.8: Geländesohlen zum Unterdrücken des Geländes im Keller

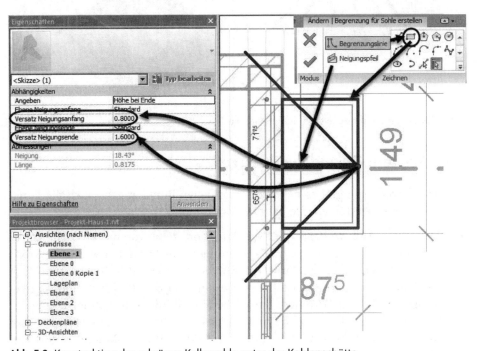

Abb. 5.9: Konstruktion der schrägen Kellersohle unter der Kohlenschütte

5.3 Baugrube

Mit mehreren schrägstehenden Sohlen rings um den Kellerboden herum kann man auch eine Baugrube simulieren. Hier wurde der Keller 1,5 m tief und mit einer Breite von 1,5 m um den Hausgrundriss herum ausgeschachtet (Abbildung 5.10). Die Sohlen erscheinen als graue Flächen, aber die können Sie auch wieder unsichtbar machen.

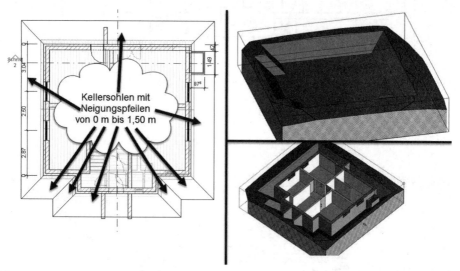

Abb. 5.10: Baugrube mit geneigten Sohlen erstellt

5.4 Weitere Geländewerkzeuge

Im Geländewerkzeug gibt es neben der manuellen Punkteingabe auch die Funktion AUS IMPORT ERSTELLEN. Sie hat zwei Varianten:

- IMPORTEXEMPLAR WÄHLEN – Diese Funktion setzt voraus, dass Sie *zuvor* Höhenlinien aus anderen CAD-Zeichnungen mit Formaten wie .dwg, .dxf, .dgn oder .skp über die Funktion EINFÜGEN|CAD IMPORTIEREN importiert haben. Solche importierten Dateien werden über den Projektnullpunkt referenziert. Im AutoCAD können Sie solche Höhenlinien mit Splinekurven oder mit dem Befehl SKIZZE und Typ POLYLINIE erstellen. Die Höhenlage dieser Kurven lässt sich über die ERHEBUNG im EIGENSCHAFTEN-MANAGER dort einstellen.

- PUNKTEDATEI ANGEBEN – Es können Punktedateien mit den Endungen .csv oder .txt eingelesen werden. Beides sind Formate, die x-y-z-Koordinaten für jeden Punkt verwenden, die durch Kommata getrennt sind. Jede Zeile steht für einen Punkt, der also über drei Zahlen spezifiziert wird. Die Punkte wären in

Gauß-Krüger-Koordinaten zuzüglich der Höhe einzugeben. Als Beispiel seien die Gauß-Krüger-Koordinaten für meinen Wohnort Germering gegeben: 4453937,5333242. Die Höhe beträgt hier 517 Meter. Damit wäre die korrekte Punkteingabe: 4453937,5333242, 517.

Im Geländewerkzeug gibt es noch die Funktion OBERFLÄCHE VEREINFACHEN. Diese meldet sich mit einem Dialogfenster OBERFLÄCHENGENAUIGKEIT mit vorgegebener Einstellung **0.0762**. Sie können hier eine Toleranz für die Erstellung der Geländefläche angeben, die aber gerne viel gröber sein darf als etwa **0.2**. Damit wird dem Programm die Geländeerstellung wesentlich erleichtert. Sie erkennen das dann an glatteren Höhenlinien.

Nach Anklicken einer Geländefläche kann sie mit OBERFLÄCHE BEARBEITEN weiter bearbeitet werden und auch um weitere Punkte ergänzt werden.

5.5 Geografische Position

Unter VERWALTEN|STANDORT können Sie die geografische Position für Ihr Projekt auswählen. Sie benötigen dazu eine Internet-Verbindung. Sie können sich in der Grafik des Dialogfelds auf Ihren Standort zoomen und mit OK die Position übernehmen.

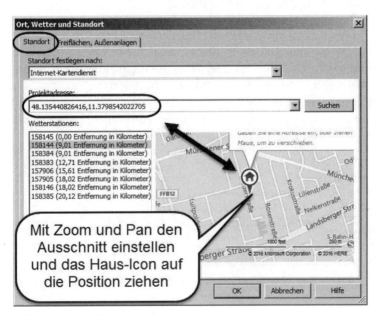

Abb. 5.11: Standortbestimmung

Falls kein Internet verfügbar ist, können Sie auf eine Städteliste zugreifen.

Kapitel 5
Gelände, Höhenausrichtung, Nord-Richtung

Abb. 5.12: Standortbestimmung über Städteliste

Wenn der gewünschte Standort in der Liste nicht zu finden ist, überschreiben Sie einfach BREITENGRAD und LÄNGENGRAD. Anstelle der Stadt erscheint dann BENUTZERDEFINIERT.

5.6 Projekt auf echte Höhe verschieben

Wenn Sie ein Projekt nicht nur bei Projekthöhe 0 im Erdgeschoss, sondern in die echte Höhe über NN heben wollen, dann müssen Sie das ganze Projekt praktisch in einer Seitenansicht wie NORD, SÜD, OST oder WEST auf diese Höhe verschieben. Dafür gibt es das Werkzeug VERWALTEN|PROJEKTPOSITION|POSITION|PROJEKT NEU POSITIONIEREN. Hiermit wählen Sie eine Position in der Seitenansicht als Startposition der Höhenverschiebung und dann eine zweite Position, für die Sie die Höhenverschiebung eingeben können (Abbildung 5.14).

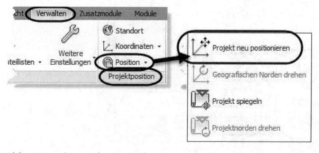

Abb. 5.13: Echte Höhe einstellen

5.6 Projekt auf echte Höhe verschieben

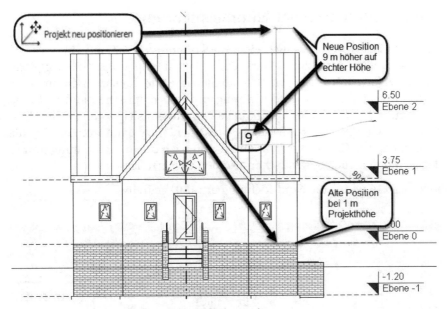

Abb. 5.14: Positionierung des Projekts auf echte Höhe

Bei der Höhenverschiebung geht der Projekt-Basispunkt ⊗ mit, und der Vermessungspunkt ⚠ bleibt auf der alten Höhe liegen. Um die *echten Höhen* in einer Seitenansicht angezeigt zu bekommen, markieren Sie eine Ebenenbeschriftung und ändern im EIGENSCHAFTEN-MANAGER bei den Typeigenschaften den Bezugspunkt für BASISHÖHE von PROJEKT-BASISPUNKT – das ist der *Projekt-Nullpunkt* – auf VERMESSUNGSPUNKT – den echten Nullpunkt. Danach werden die Ebenen-Höhen absolut angezeigt.

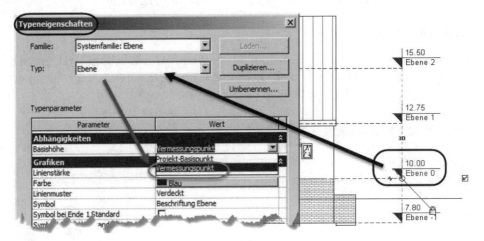

Abb. 5.15: Höhenanzeige umstellen auf echte Höhen

5.7 Ausrichten nach der Himmelsrichtung

Man unterscheidet im Projekt auch eine *Projekt-Nord-Richtung* und eine *geografische Nord-Richtung*. Mit dem Werkzeug VERWALTEN|PROJEKTPOSITION|POSITION|GEOGRAFISCHEN NORDEN DREHEN können Sie die Konstruktion um den BASISPUNKT von der Projekt-Nord-Richtung in die geografische Nord-Richtung drehen. Dazu müssen Sie aber die aktuelle Grundrissansicht zuerst unter AUSRICHTUNG auf GEOGRAFISCHER NORDEN umstellen. Erst dann können Sie die Ansicht drehen. Alle Grundrisse können Sie nun nach dieser Ausrichtung immer bzgl. Projektnorden oder geografischem Norden anzeigen lassen.

In Abbildung 5.16 wurde die Nord-Richtung um 180° gedreht.

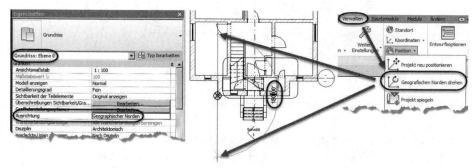

Abb. 5.16: Projekt auf geografische Nord-Richtung einstellen

Bei der Anzeige von PUNKTKOORDINATEN im Grundriss können Sie auch wählen, ob sie bzgl. VERMESSUNGSPUNKT angegeben werden sollen. Das resultiert dann in den *geografischen Koordinatenwerten*. Bei Bezug auf PROJEKT-BASISPUNKT werden die Koordinaten bzgl. der *Projekt-Nord-Richtung* angezeigt.

5.7.1 Nordpfeil

Das Nordpfeil-Symbol darf natürlich in keiner Architektur-Zeichnung fehlen. Sie finden es in der Familienbibliothek GERMANY|SYMBOLE|NORDPFEILE, die Sie unter EINFÜGEN|AUS BIBLIOTHEK LADEN|FAMILIE LADEN aufrufen können.

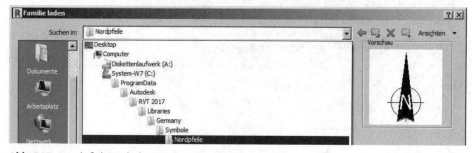

Abb. 5.17: Nordpfeil-Symbol unter EINFÜGEN|FAMILIE LADEN

Bevor Sie aber den Nordpfeil korrekt platzieren können, muss die Konstruktion eingenordet sein:

1. Gehen Sie dazu in einen Grundriss, schalten Sie dessen AUSRICHTUNG auf GEOGRAFISCHER NORDEN um und verwenden Sie wie oben gezeigt GEOGRAFISCHEN NORDEN DREHEN. Im Beispiel (Abbildung 5.18) wurde die Nord-Richtung um 165° gedreht.
2. Der Grundriss wird danach nach dem neuen geografischen Norden ausgerichtet angezeigt, wobei die Kameras für die Projekt-Ansichten auch gedreht werden. Dadurch bleibt ihre relative Position bezogen auf das Haus erhalten, das heißt, die zugehörigen Außenansichten bleiben unverändert.
3. Nun fügen Sie mit BESCHRIFTEN|SYMBOL|SYMBOL das Nordpfeil-Symbol, das Sie aus EIGENSCHAFTEN wählen können, ein. Sie sollten hier in der Optionsleiste keinen Winkel eingeben, denn nur so wird es nun korrekt in geografischer Nord-Richtung eingebaut.
4. Für die weitere Projektarbeit ist es natürlich sinnvoller, wieder die Grundriss-AUSRICHTUNG auf PROJEKTNORDEN umzuschalten.

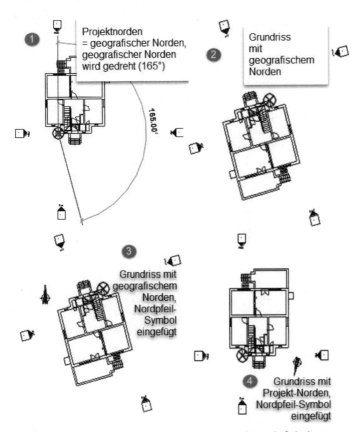

Abb. 5.18: Geografischen Norden einrichten und Nordpfeil platzieren

Natürlich könnten Sie sich die Nordausrichtung des Projekts auch sparen und den Nordpfeil in den nach Projektnorden ausgerichteten Grundriss einfügen und einfach um den entsprechenden Winkel über die Optionsleiste drehen. Aber Sie wollen vielleicht noch später (Kapitel 15) eine Sonnensimulation durchführen, die dann wieder eine eingenordete Konstruktion braucht.

5.8 Übungsfragen

1. Was ist der Unterschied zwischen Projekt-Basispunkt und Vermessungspunkt?
2. Wozu ist die Gebäudesohle nötig?
3. Bei der Eingabe von Positionen für das Gelände erscheint in der OPTIONSLEISTE die Anfrage ANSICHT. Was bedeutet das?
4. Welche Koordinaten werden in Geländetabellen benötigt?

Kapitel 6

Ansichten, Pläne und Plot

Revit startet seine Modelle mit den in der Architektur üblichen Geschossansichten, den komplementären Deckenansichten, einer 3D-Ansicht und den Außenansichten für die Standard-Richtungen Nord, Süd, Ost und West. Daneben können Sie aber beliebige eigene Ansichten gestalten.

6.1 Ansichten

Revit zeigt im Projektbrowser standardmäßig folgende Ansichten an:

- GRUNDRISSE – mit den Grundrissen der vorgegebene Ebenen EBENE -1, EBENE 0, EBENE 1 und EBENE 2. Die Grundrisse werden mit einer Schnittebene bei 1,20 m erstellt. Außerdem liegt hier auch die Ansicht LAGEPLAN mit einer generellen Ansicht des Modells von oben. Darin werden auch der PROJEKT-BASISPUNKT und der VERMESSUNGSPUNKT angezeigt.
- DECKENPLÄNE – zeigen die Ansichten in der jeweiligen Geschosshöhe an. Sie werden für die Gestaltung der Decken und der Beleuchtungskörper verwendet.
- 3D-ANSICHTEN – hier wird eine 3D-Ansicht {3D} des gesamten Modells angezeigt.
- ANSICHTEN – zeigt die vier Außenansichten NORD, OST, SÜD und WEST an. In diesen Ansichten werden die Geschosse mit Ihren Höhen angezeigt, und hier können auch weitere Geschosse erstellt werden.

Weitere Ansichten wie Schnitte, Detailansichten oder Kamera-Ansichten mit perspektivischer Anzeige entstehen erst durch entsprechende Werkzeuge und werden dann automatisch im Browser eingebaut.

6.1.1 Die Grundrisse

Die Grundrisse zeigen einen horizontalen Schnitt durch das aktuelle Geschoss in der Höhe von 1,20 m. Diese SCHNITTEBENE wird unter den EIGENSCHAFTEN bei ANSICHTSBEREICH eingestellt. Die Höhe von 1,20 m ist so gewählt, dass normale Fenster geschnitten dargestellt werden. Im Kellergeschoss EBENE -1 beispielsweise liegen die Fenster höher, und deshalb muss dort die SCHNITTEBENE höher gesetzt werden.

Kapitel 6
Ansichten, Pläne und Plot

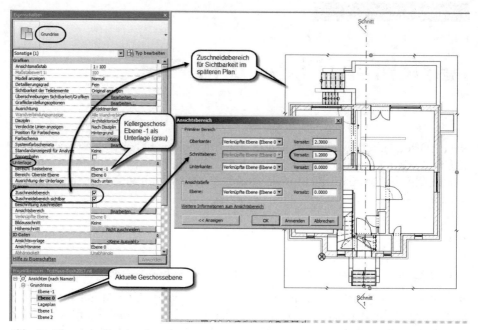

Abb. 6.1: Eigenschaften der Grundrisse

In jedem Geschoss können ein oder mehrere andere Geschosse als UNTERLAGE in Grau angezeigt werden. Das wird unter EIGENSCHAFTEN|UNTERLAGE eingestellt. Damit können dann Wände aus anderen Geschossebenen im aktuellen Geschoss leicht nachgezeichnet werden.

Für den späteren Import in die Pläne zur Plotausgabe können Sie einen ZUSCHNEIDEBEREICH aktivieren und sichtbar machen (siehe Abbildung 6.1). Der Zuschneidebereich kann nach Markieren über kreisförmige Griffe verschoben werden. Die Darstellung der Architektur-Elemente wird außerhalb des Zuschneidebereichs unterdrückt. Davon sind allerdings Bemaßungen und Beschriftungen nicht betroffen. Dafür kann eine weitere Begrenzung unter BESCHRIFTUNG ZUSCHNEIDEN aktiviert werden.

6.1.2 Die Deckenpläne

Um Decken bearbeiten zu können und auch Beleuchtungskörper anzubringen, gibt es die Deckenpläne. Abbildung 6.2 zeigt einen Deckenplan mit eingefügter Decke, Lampen und einem Ventilator.

6.1 Ansichten

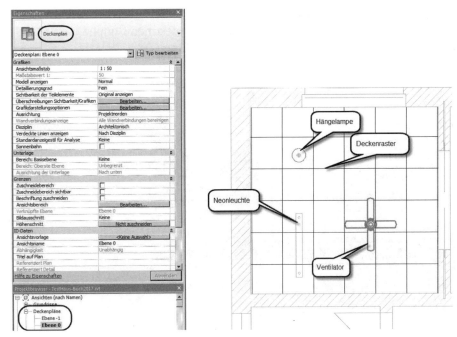

Abb. 6.2: Deckenplan mit Deckenraster, Lampen und Ventilator

6.1.3 3D-Ansichten

Standardmäßig gibt es in Revit eine einzige 3D-ANSICHT mit dem Namen {3D}. Über den VIEWCUBE kann die *Ansichtsrichtung* gewählt werden. Durch Anklicken der *Würfelflächen* wählen Sie *orthogonale Ansichten*, über die *Kanten* können Sie das Modell *von schräg oben* betrachten, und über die *Ecken* lassen sich die *Iso-Ansichten* erreichen. Alternativ können Sie ein Modell auch durch Mausbewegung bei gedrückter ⇧-Taste und gedrücktem Mausrad ganz individuell schwenken.

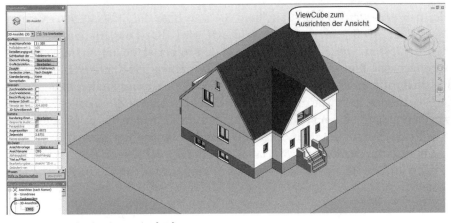

Abb. 6.3: Standard-3D-Ansicht {3D}

Interessanter aber ist es, 3D-Ansichten einzelner Geschosse zu erstellen. Dazu müssten Sie zuerst die Ansicht {3D} über das Kontextmenü duplizieren (Abbildung 6.4) und dann sinnvoll umbenennen (Abbildung 6.5).

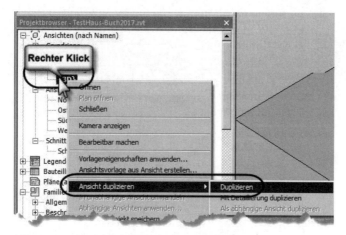

Abb. 6.4: 3D-Ansicht ohne Bemaßung duplizieren

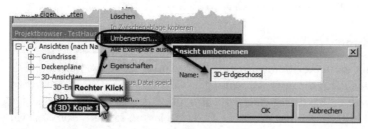

Abb. 6.5: 3D-Ansicht fürs Erdgeschoss umbenennen

Der 3D-Schnittbereich

In der neu erstellten Ansicht aktivieren Sie nun über die EIGENSCHAFTEN unter GRENZEN den 3D-SCHNITTBEREICH. Dadurch wird Ihre Konstruktion von einer Box umschlossen. Diese Box repräsentiert den in der aktuellen Ansicht sichtbaren Bereich der Konstruktion. Nach Anklicken einer Box-Kante werden kleine blaue Pfeilgriffe an der Box sichtbar, und zwar ein Paar von Pfeilen in der Mitte jeder Fläche der Box. Mit diesen Pfeilgriffen können Sie die Flächen der Box bewegen und damit dann praktisch Ihr Modell aufschneiden. Bevor Sie die Griffe mit gedrückter Maustaste nun ziehen, achten Sie unbedingt darauf, dass diese Griffe eine kaum sichtbare Farbvariation zu einem intensiveren Blau hin zeigen. Nur dann dürfen Sie die Maustaste drücken und ziehen, um die Box-Flächen zu bewegen.

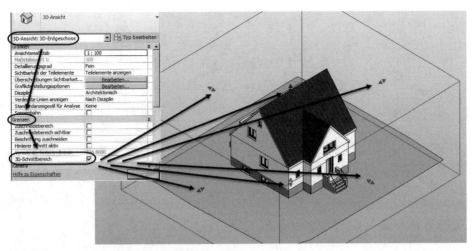

Abb. 6.6: 3D-Schnittbereich aktivieren

Wenn Sie die Box-Griffe nicht korrekt anfahren, kann es passieren, dass Sie einfach das nächstliegende Element Ihres 3D-Modells in irgendeiner 3D-Richtung verschieben. Die Folgen könnten fatal für Ihr Modell sein. Meist ist das dann noch durch Zurücknehmen der letzten Aktion reparabel. Achten Sie bei solchen Aktionen aber unbedingt darauf, in der Drop-down-Liste des ZURÜCK-Werkzeugs die richtigen Aktionen zu wählen, nicht zu viel und nicht zu wenig!

Abb. 6.7: Beispiel für die Drop-down-Liste des ZURÜCK-Werkzeugs

Um nun die Griffe der oberen und unteren Box-Fläche zum Ausschneiden des Erdgeschoss-Bereichs korrekt zu positionieren, braucht es evtl. etwas Übung. Geschickt wäre es auch, bei markiertem 3D-SCHNITTBEREICH im PROJEKTBROWSER in die Kategorie ANSICHTEN und dort evtl. in SÜD zu wechseln. Sie werden dann in dieser Außenansicht den 3D-SCHNITTBEREICH markiert und mit Griffen sehen und können hier die oberen und unteren Flächen in Bezug auf das Gebäude ganz exakt positionieren. Sehr nützlich ist hier dann auch der BILDSTIL DRAHTMODELL , damit Sie sehen, wo die Geschossdecken liegen. Eine solche 3D-Geschossansicht ist im Verlauf der Konstruktion für jedes Geschoss sehr nützlich.

Kapitel 6
Ansichten, Pläne und Plot

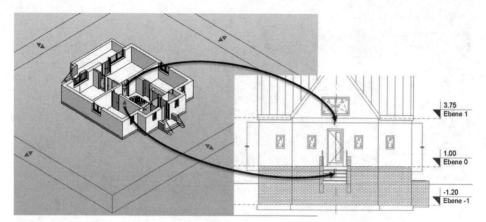

Abb. 6.8: 3D-SCHNITTBEREICH ans Erdgeschoss anpassen

3D-Geschossansichten über Element-Sichtbarkeit steuern

Eine zweite Methode zur Erzeugung von 3D-Geschossansichten besteht darin, wieder für jedes Geschoss eine neue 3D-Ansicht anzulegen und darin dann die Elemente einfach auszublenden, die nicht benötigt werden. Mit dieser Methode können auch einzelne Elemente wie die Geschossdecken noch nachträglich einzeln markiert und unsichtbar gemacht werden.

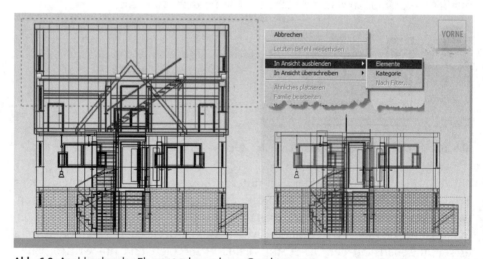

Abb. 6.9: Ausblenden der Elemente der anderen Geschosse

Umgekehrt können auch nachträglich noch Elemente wieder sichtbar gemacht werden, die zu viel ausgeblendet wurden. Aktivieren Sie dazu in der Statusleiste VERDECKTE ELEMENTE ANZEIGEN. Nun werden die bisher ausgeblendeten Elemente intensiv rot angezeigt. Die können Sie markieren und wieder anzeigen lassen

(Abbildung 6.10). Dadurch können relativ einfach auch geschossübergreifende Elemente individuell angezeigt werden.

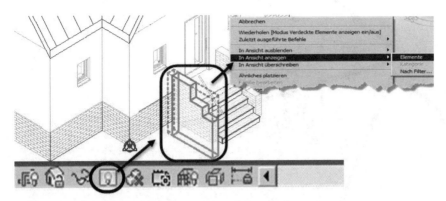

Abb. 6.10: Ausgeblendete Elemente wieder sichtbar machen

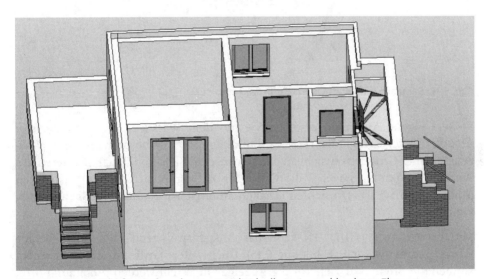

Abb. 6.11: 3D-Ansicht fürs Erdgeschoss mit individuell ein-/ausgeblendeten Elementen

6.1.4 Außenansichten

Im Projektbrowser liegen vier vorgegebene Außenansichten SÜD, NORD, OST und WEST in der Kategorie ANSICHTEN. Diese Ansichten werden durch die vier vorinstallierten Ansichtswerkzeuge erzeugt, die in den Grundrissen zu sehen sind (Abbildung 6.12). Sie befinden sich 25 m entfernt vom Projekt-Basispunkt in den vier Himmelsrichtungen. Sie sollten diese Werkzeuge nicht löschen, weil sonst parallel dazu auch die Ansichten im Browser gelöscht werden.

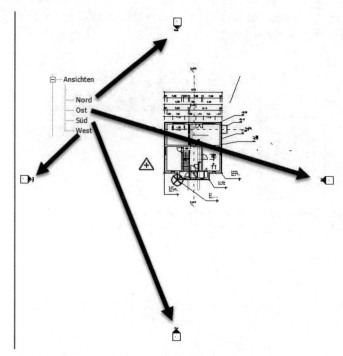

Abb. 6.12: Standard-Außenansichten und Browserstruktur

Weitere eigene Ansichten erstellen Sie mit dem Werkzeug aus dem Register ANSICHT in der Gruppe ERSTELLEN (Abbildung 6.13). Sie positionieren das Werkzeug in einer Grundrissansicht an der gewünschten Position. Nach Markieren des Werkzeugs können Sie über die Griffe bis zu vier Ansichten dafür aktivieren (Abbildung 6.14). Die Ansichten erhalten automatisch Namen, die Sie anpassen können.

Mit ÄNDERN|ÄNDERN|DREHEN kann das Ansichtswerkzeug auch um beliebige Winkel gedreht werden (Abbildung 6.15). Über weitere Griffe am Ansichtssymbol können die Breite und Tiefe für die Anzeige eingestellt werden (Abbildung 6.16, Abbildung 6.17).

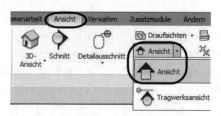

Abb. 6.13: Ansichtswerkzeug

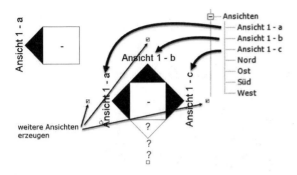

Abb. 6.14: Weitere Ansichten erzeugen

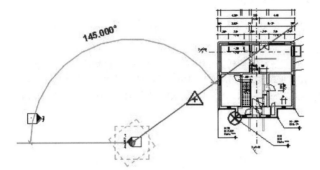

Abb. 6.15: Ansicht drehen

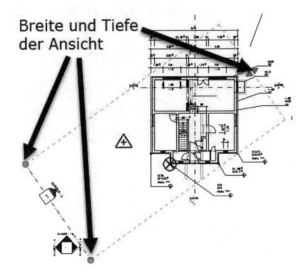

Abb. 6.16: Breite und Tiefe der Ansicht einstellen

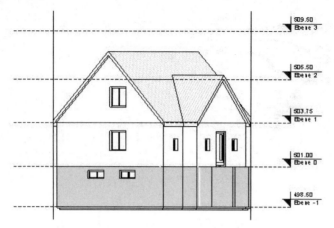

Abb. 6.17: Neue Ansicht

Eine solche Ansicht kann mit etwas mehr Realismus versehen werden, indem eine TIEFENABSCHWÄCHUNG aktiviert wird. In den EIGENSCHAFTEN finden Sie Einstellmöglichkeiten unter GRAFIKDARSTELLUNGSOPTIONEN für die TIEFENABSCHWÄCHUNG.

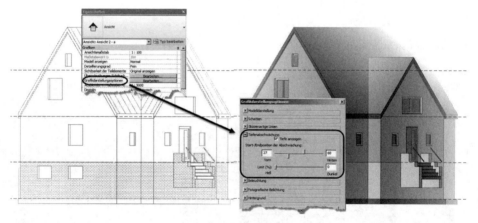

Abb. 6.18: Ansichten mit aktivierter Tiefenabschwächung

6.1.5 Innenansichten

Mit demselben Ansichtswerkzeug können auch Innenansichten generiert werden (Abbildung 6.19).

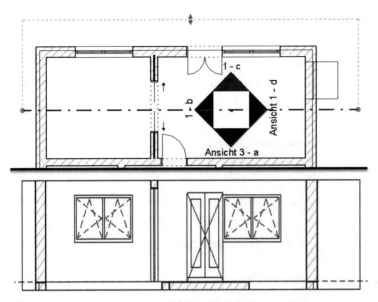

Abb. 6.19: Innenansichten in vier Richtungen (oben), Ansicht 1-c (unten)

6.1.6 Schnitt

Schnittansichten werden mit ANSICHT|ERSTELLEN|SCHNITT erstellt. Sie werden zunächst über zwei Positionen als geradliniger Schnitt und über eine weitere Position für die Schnitt-Tiefe erzeugt. Nach Markieren kann aber das Bearbeitungswerkzeug SEGMENT TEILEN verwendet werden, um die Schnittlinie mit einer Art Messer an einer Stelle zu unterbrechen und dann das Teilsegment diesseits oder jenseits der Trennstelle mit demselben Werkzeug zu verschieben (Abbildung 6.20).

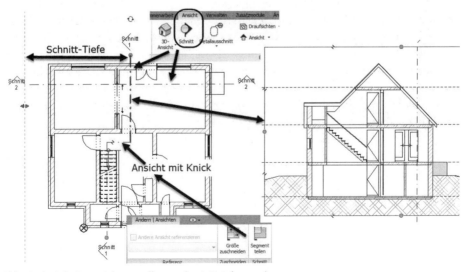

Abb. 6.20: Schnittansicht erstellen und mit Knick versehen

Kapitel 6
Ansichten, Pläne und Plot

6.2 Planerstellung

Für die Ausgabe mit dem Plotter kann jede Ansicht des Projektbrowsers in einen Plan gezogen werden. Neue Pläne können nach Rechtsklick auf den Knoten PLÄNE im Projektbrowser in beliebigen Formaten von A4 bis A0 erstellt werden (Abbildung 6.21). Die Rahmen gibt es mit oder ohne Index für Änderungsnotizen.

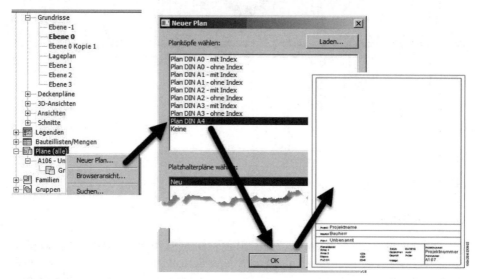

Abb. 6.21: Neuen Plan mit wählbarem Format erstellen

Die einzelnen Ansichten können nun per Drag&Drop in die Pläne gezogen werden (Abbildung 6.22). Damit in den Ansichten auf dem Plan nur der beabsichtigte Ausschnitt der Zeichnung und beispielsweise nicht noch die vier Ansichtswerkzeuge sichtbar sind, sollten Sie in der ursprünglichen Ansicht den Zuschneiderahmen aktivieren. Dazu gibt es zwei Werkzeuge in der Ansichtsleiste (Abbildung 6.23). Das linke Werkzeug bewirkt, dass die Sichtbarkeit außerhalb des Rahmens unterdrückt wird. Das rechte Werkzeug macht diesen Rahmen sichtbar. Wenn Sie die Werkzeuge zum ersten Mal benutzen, wird der Rahmen so groß eingestellt sein, dass er außerhalb der vier Ansichtswerkzeuge liegt. Sie müssen ggf. zoomen, um ihn zu finden.

6.2 Planerstellung

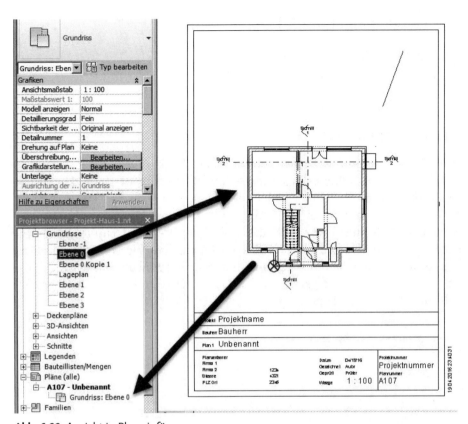

Abb. 6.22: Ansicht in Plan einfügen

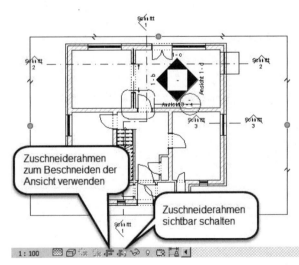

Abb. 6.23: Zuschneiderahmen für Ansicht aktiv und sichtbar

6.3 Detailansichten und Detaillierung

Es gibt zwei Arten von Detailansichten:

- den waagerecht orientierten Detailausschnitt und
- den vertikalen Detailschnitt.

6.3.1 Detailausschnitt

Einen Detailausschnitt erzeugen Sie mit den Werkzeugen ANSICHT|ERSTELLEN|DETAILAUSSCHNITT|RECHTECK oder ANSICHT|...|SKIZZE als rechteckigen oder beliebig skizzierten Ausschnitt (Abbildung 6.24). Das DETAILAUSSCHNITT-Werkzeug erzeugt eine Markierung des Ausschnitts in der Ursprungszeichnung und eine neue Ansicht im Browser. Für den skizzierten Detailausschnitt können Sie zunächst mit den üblichen Zeichenwerkzeugen eine geschlossene Kontur zeichnen und dann die Bearbeitung beenden. Entsprechend wird die Markierung in der Ursprungszeichnung mit gerundeten Ecken erzeugt. Die neue Detailansicht erhält jedoch die eckige Kontur.

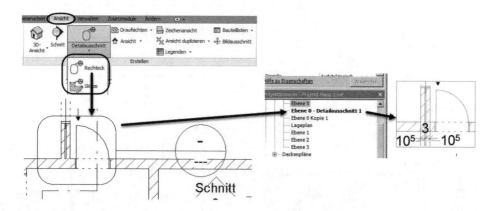

Abb. 6.24: Erstellen eines rechteckigen Detailausschnitts und neue Detailansicht im Browser

Abb. 6.25: Skizzierter Detailausschnitt

6.3.2 Detailschnitt

Für den Detailschnitt erzeugen Sie zuerst einen normalen Schnitt mit der beabsichtigten Breite und Tiefe an der Detailposition. Dann aktivieren Sie die neue Schnittansicht und gehen in den EIGENSCHAFTEN-MANAGER auf TYP BEARBEITEN. Dort ändern Sie unter FAMILIE die aktuelle Eintragung SYSTEMFAMILIE: SCHNITT in SYSTEMFAMILIE: DETAILANSICHT. Damit wird beim ersten Mal die neue Kategorie DETAILANSICHT im PROJEKTBROWSER erstellt und die vorherige Schnittansicht dorthin übertragen.

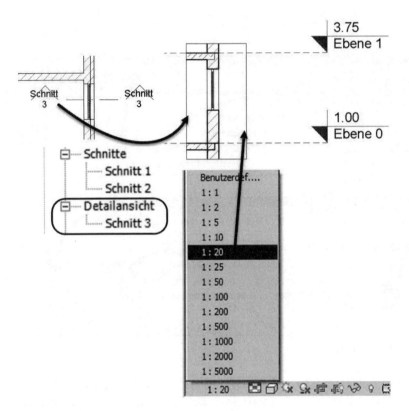

Abb. 6.26: Vertikaler Detailschnitt

In der Detailansicht können Sie dann mit den Funktionen aus der Gruppe BESCHRIFTEN|DETAIL eigene 2D-Detailelemente anbringen (Abbildung 6.27). Damit können Sie im Detail Dinge einzeichnen, die im 3D-Modell zu aufwendig zu konstruieren wären. Weitere Detailelemente finden Sie hier unter BAUTEIL und dann unter FAMILIE LADEN (Abbildung 6.28).

Kapitel 6
Ansichten, Pläne und Plot

Abb. 6.27: Werkzeuge für Detailelemente

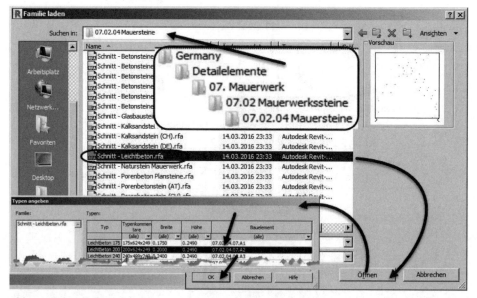

Abb. 6.28: Detailelement laden

Für detaillierte Darstellungen von Ziegelsteinen etc. werden wiederholende Bauteile benötigt. Dafür wählen Sie BESCHRIFTEN|DETAIL|BAUTEIL ▼ |WIEDERHOLENDES DETAILBAUTEIL. Dann gehen Sie in den EIGENSCHAFTEN-MANAGER, wählen TYP BEARBEITEN und stellen dort unter DETAIL das gewünschte zu wiederholende Detailbauteil ein. Es muss natürlich vorher als normales Detailbauteil geladen worden sein. In der Detailansicht klicken Sie nun auf den Startpunkt für das Bauteil und ziehen dann in die Richtung, in der das Teil vervielfältigt werden soll (Abbildung 6.30).

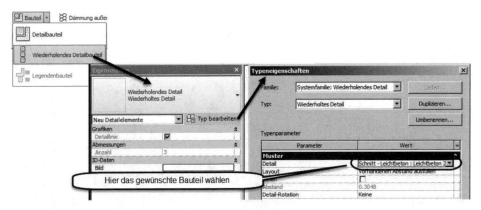

Abb. 6.29: Wiederholendes Detailbauteil definieren über Typ

Abb. 6.30: Einfügen des Wiederhol-Bauteils

6.4 Plot

Vor dem Plotten des Plans können Sie im Anwendungsmenü DRUCKEN|DRUCKEREINRICHTUNG aktivieren, um den Plotter einzurichten. Wählen Sie hier Ihren *Plotter*, das *Papierformat*, die *Ausrichtung* (*horizontal/vertikal*) und vor allem für die maßstäblich korrekte Ausgabe den ZOOMFAKTOR **100%** (Abbildung 6.31).

Mit dem Plotbefehl DRUCKEN|DRUCKEN müssen Sie dann nur noch die Planansicht auswählen (Abbildung 6.32).

Kapitel 6
Ansichten, Pläne und Plot

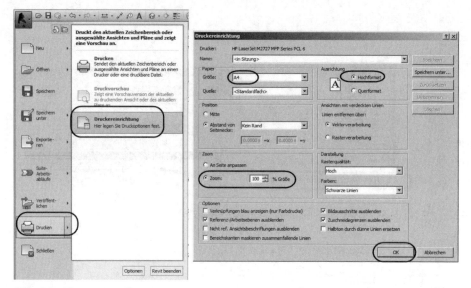

Abb. 6.31: Plotter einstellen

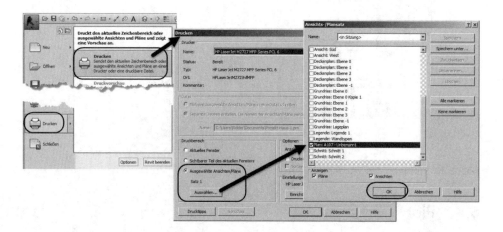

Abb. 6.32: Plotausgabe mit Auswahl der Ansicht

6.5 Übungsfragen

1. Wo liegt die normale Schnitthöhe in den Grundrissen?
2. Wo ist sie definiert?
3. Welche Bedeutung hat der ZUSCHNEIDEBEREICH eines Grundrisses?
4. Wozu braucht man Deckenpläne?
5. Was generiert man mit 3D-SCHNITTBEREICH?

6. Womit erstellen Sie eigene Ansichten?
7. Wie wird ein SCHNITT mit Knick erstellt?
8. Was ist der Unterschied zwischen DETAILAUSSCHNITT und DETAILSCHNITT?
9. Wie erzeugen Sie einen neuen Plan für den Plot?

Kapitel 7

Konstruktionshilfen

7.1 Modelllinien

Manche Konstruktionen sind einfacher zu erstellen, wenn man sie mit einfachen Linien, Bögen, Kreisen oder Splinekurven vorzeichnet und dann nachträglich eine Wand oder Geschossdecke dazu passend erstellt. Für solche Fälle gibt es die MODELLLINIEN. Der Begriff *Linie* darf hier nicht zu eng gesehen werden, eigentlich müsste es *Modellkurven* heißen.

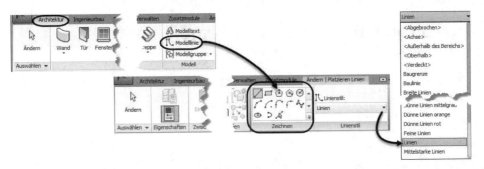

Abb. 7.1: Modelllinien

Mit den Modelllinien lassen sich leicht Hilfskonstruktionen erstellen. Sie können zur Darstellung verschiedene LINIENSTILE verwenden. Voreingestellt ist der Stil LINIE, der *blaue Kurven* ergibt.

Abb. 7.2: Kurvenformen für Modelllinien

Es gibt dreizehn Varianten für das Erstellen von Modelllinien:

1. LINIE – Verlangt zwei Punktpositionen für eine Linie. In der OPTIONSLEISTE kann, wie bei den meisten Werkzeugen, hier die Option KETTE aktiviert werden, um aneinander anschließende Liniensegmente punktweise zu erstellen.

Mit der zusätzlichen Option RADIUS wird ein Linienzug erstellt, der mit dem dort angegebenen Radius verrundet ist.

2. RECHTECK – Über zwei diagonale Positionen wird das Rechteck erstellt. Mit der zusätzlichen Option RADIUS wird ein automatisch verrundetes Rechteck erstellt. Die Option VERSATZ erlaubt, ein zu den Punktpositionen mit dem definierten Abstand versetztes Rechteck zu zeichnen.

3. POLYGON INNEN – Hiermit wird ein regelmäßiges Vieleck über den Mittelpunkt und den Radius für den *Umkreis* erstellt. Der *Umkreis* ist der gedachte Kreis durch die *Eckpunkte*. Verglichen mit dem nächsten Werkzeug POLYGON INNEN würde dieses Polygon hier *bei gleichem Radius innen* liegen. Die Vorgabe für die Anzahl Seiten beträgt in der OPTIONSLEISTE **6** und wäre dort anzupassen.

4. POLYGON AUSSEN – Dieses regelmäßige Vieleck wird über den Radius für den *Inkreis* erstellt. Der Inkreis ist der gedachte Kreis durch die *Seitenmitten*. Verglichen mit dem obigen Werkzeug, liegt dieses bei gleichem Radius außen.

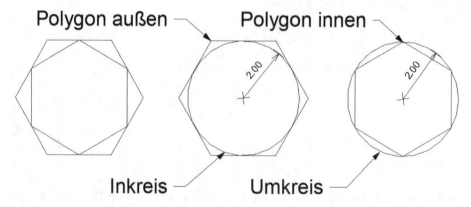

Abb. 7.3: Polygonformen

5. KREIS – Der Kreis wird einfach über Mittelpunkt und Radius erstellt.

6. ANFANG-ENDE-RADIUS-BOGEN – Wie angedeutet werden der Reihenfolge nach für diesen Bogen erst Startpunkt, dann Endpunkt und schließlich der Radius oder ein weiterer Punkt auf dem Bogen eingegeben.

7. BOGEN DURCH MITTEL- UND ENDPUNKTE – In diesem Fall wird zuerst der Mittelpunkt des Bogens bestimmt und dann Start- und Endpunkt. Der Endpunkt definiert dabei den Öffnungswinkel des Bogens. Bei grafischer Eingabe des Endpunkts sind maximal nur 180° für den Bogen möglich. Anstelle des Endpunkts können Sie aber auch den Öffnungswinkel beliebig überschreiben und damit Bögen über 180° erreichen.

8. TANGENTENBOGEN ENDE – Dieses Werkzeug erstellt einen Bogen, der tangential an einen gewählten Endpunkt anschließt. Weil dadurch bereits zwei Bestim-

mungsstücke für den Bogen, nämlich Startpunkt und Starttangente, gegeben sind, wird zum Abschluss nur noch ein Endpunkt zur vollständigen Bestimmung des Bogens benötigt. Wenn Sie hier die Option KETTE aktivieren, können Sie leicht Wellblechformen konstruieren.

9. ABRUNDUNGSBOGEN – Zwischen zwei Linien, zwei Bögen sowie Linie und Bogen kann eine Abrundung konstruiert werden. Die Positionen für den Berührpunkt müssen nicht exakt vorgegeben werden, sondern werden berechnet. Dabei werden zu lange Enden der Kurven gestutzt und zu kurze Enden gedehnt. Mit Vollkreisen klappt es nicht immer. Der Radius kann vorher in der Optionsleiste vorgegeben werden oder nachträglich in der temporären Bemaßung des Elements geändert werden.

10. SPLINE – Der Spline wird über die Positionen eines Stützpunktpolygons erzeugt. Die Splinekurve ist eine glättende Interpolation zu diesen Punkten. Je weniger Punkte vorgegeben werden, desto glatter und eleganter wirkt die Form. Die Punkte werden hier STEUERELEMENTE genannt. Der fertige Spline kann noch nachbearbeitet werden, indem Sie die STEUERELEMENTE verschieben oder weitere hinzufügen oder einige entfernen.

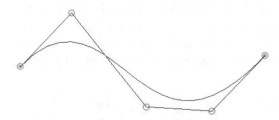

Abb. 7.4: SPLINE mit STEUERELEMENTEN

11. ELLIPSE – Die ELLIPSE wird über den Mittelpunkt, den ersten Achsenendpunkt und den zweiten Achsenabstand definiert.

12. TEILELLIPSE – Eine TEILELLIPSE ist eine halbe Ellipse. Kleinere Ellipsensegmente können nur durch Anwendung des Werkzeugs ÄNDERN|ELEMENT TEILEN erzeugt werden.

13. LINIEN AUSWÄHLEN – Dieses grün gekennzeichnete Werkzeug ist besonders nützlich, weil damit jede beliebige Kante eines vorhandenen Elements, egal ob gerade oder gebogen, zur Erzeugung einer Modelllinie genutzt werden kann. Auch hier ist das Wort *Linie* nicht wörtlich zu nehmen, sondern als *beliebige Kurve* zu verstehen.

Eine Modelllinie ist auch in anderen Geschossen sichtbar, sofern das Geschoss mit der Modelllinie als Unterlage dort aktiviert ist. Sie können aber die Modelllinie auch in eine Detaillinie konvertieren, die dann nur noch in der aktuellen Geschossebene sichtbar ist, in der sie konvertiert wurde.

Kapitel 7
Konstruktionshilfen

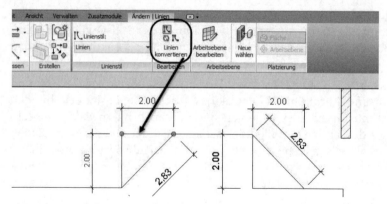

Abb. 7.5: Modelllinie wird zur Detaillinie konvertiert und ist in anderen Ebenen unsichtbar.

7.1.1 Beispiel für Hilfskonstruktion

Ein typisches Beispiel für die Benutzung von Modelllinien zeigt Abbildung 7.6. Wenn Sie die schrägen Wandpartien direkt im Wandbefehl zeichnen wollen, könnten Sie zwar den Winkel durch Einrasten unter 45° gut abgreifen. Schwieriger wäre die Länge der schrägen Wand. Hier müssten Sie eine Formel eingeben, denn die Länge beträgt 2 m multipliziert mit der Quadratwurzel aus 2. Als Formel könnten Sie schreiben **=2*sqrt(2)**. Viel einfacher ist es dagegen, wie darunter gezeigt die Dreiecke mit den Seiten 2 m zu zeichnen und dann die Diagonalen.

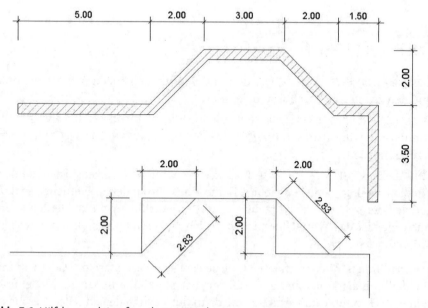

Abb. 7.6: Hilfskonstruktion für schräge Wände

Nach Löschen der 2-m-Hilfslinien können Sie dann die Wandkontur mit dem Wandbefehl und dem grünen Werkzeug LINIEN AUSWÄHLEN erzeugen. Dabei können Sie dann gleich alle verbundenen Linien wählen mit der Sequenz Anfahren – [↰] – Klick.

7.2 Raster

Die Rasterfunktion dient zum Erstellen von Rasterlinien, die in Draufsicht und in einer dazu senkrechten Ansichtsebene sichtbar sind. Sie stellen eigentlich Ebenen dar (Abbildung 7.7). Die Schnittpunkte von Rasterlinien können als Fangpositionen dienen. Sie werden hauptsächlich zum Positionieren von Stützen benutzt (siehe Kapitel 9). Auch als Grundlage für Umrisse von Konstruktionen und zum Ausrichten der übrigen Geometrie sind sie sehr nützlich. Rasterlinien können auch als Bögen und offene Polygonzüge gezeichnet werden (Abbildung 7.8).

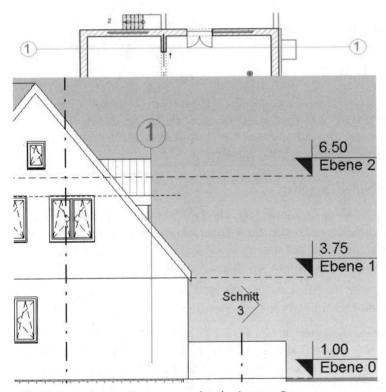

Abb. 7.7: Rasterlinie im GRUNDRISS und in der ANSICHT OST

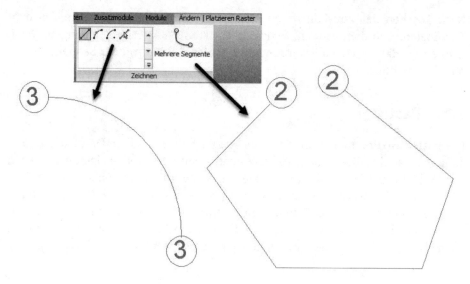

Abb. 7.8: Bogen und Linienzug als Rasterlinien

7.3 Arbeitsebenen

Bei den Zeichenaktionen wird immer eine Arbeitsebene benötigt. Wenn Sie in den Geschossen (EBENE XX) arbeiten, ist die aktuelle Ebene immer die Grundebene des Geschosses, also auf Höhe null bzgl. Geschoss. Mit ARBEITSEBENE|ANZEIGEN wird die Arbeitsebene sichtbar gemacht.

7.3.1 Arbeitsebenen erstellen

Mit ARBEITSEBENE|FESTLEGEN können Sie die Arbeitsebene individuell festlegen und damit auch an beliebige Ebenen Ihrer Konstruktion ausrichten. Das wird insbesondere benötigt, wenn Sie auf senkrecht stehenden oder schrägen Flächen der Konstruktion beispielsweise Öffnungen einzeichnen müssen.

Die Rasterebenen sind natürlich auch in der 3D-Ansicht zu sehen. Vorgabemäßig können die Rasterebenen zu den vorgegebenen Geschossebenen aktiviert werden.

Um eine Rasterebene an einer ebenen Fläche eines Objekts zu erstellen, wählen Sie FESTLEGEN, aktivieren im Dialogfenster EBENE AUSWÄHLEN ❶, dann OK ❷ und klicken dann die Wandfläche nahe am Rand an ❸. Die Arbeitsebene wird etwas größer als die Wand erzeugt. Zum Vergrößern finden Sie nach Anklicken im Rand der Arbeitsfläche kleine blaue Kreise, an denen Sie die Begrenzungskanten verschieben können ❹.

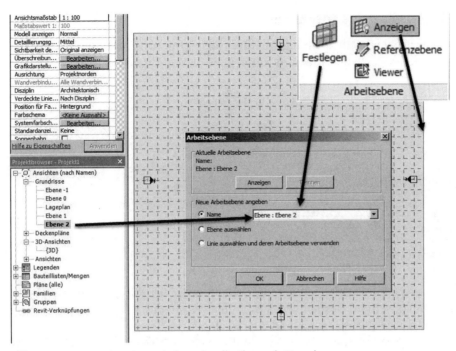

Abb. 7.9: Rasteranzeige eingeschaltet, aktuelle Ebene als Vorgabe

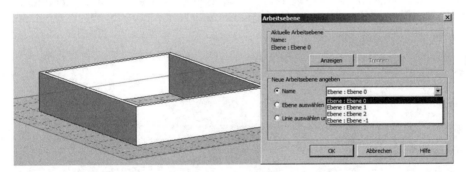

Abb. 7.10: Vorgegebene Rasterebenen

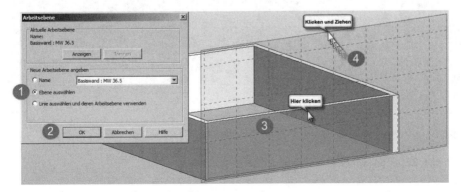

Abb. 7.11: Rasterebene auf einer Wand positionieren

7.3.2 Arbeitsebene ausrichten

Eine Arbeitsebene enthält ein regelmäßiges Raster mit vorgabemäßig 2-m-Abständen. Im EIGENSCHAFTEN-MANAGER können Sie diesen Abstand beliebig einstellen.

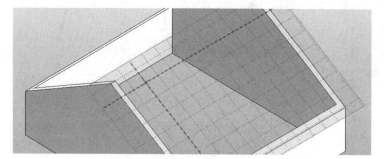

Abb. 7.12: Objektfang am Schnittpunkt von Rasterlinien einer Arbeitsebene

In den Zeichenfunktionen können die Schnittpunkte der Rasterlinien mit Objektfang benutzt werden. Deshalb ist es auch interessant, das Arbeitsebenenraster an Konstruktionselementen fluchtend auszurichten. Im Beispiel wurde eine an der Dachebene positionierte Arbeitsebene mit AUSRICHTEN ❶ an den Wandkanten ❷ in beiden Richtungen ❸ ausgerichtet. Die erste Ausrichtung an der Wandkante ❹ erfolgt einfach nach Anklicken von Kante und Rasterlinie. Die zweite Ausrichtung ❺ an der Firstkante ist erst nach mehrfachem Anklicken mit der ⇧-Taste möglich.

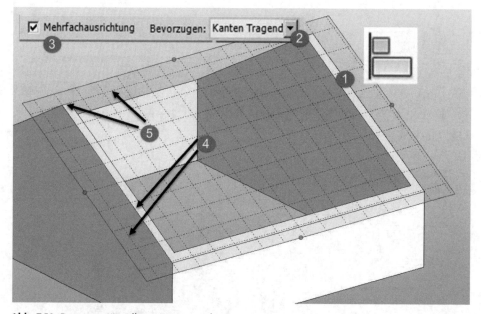

Abb. 7.13: Raster an Wandkanten ausgerichtet

7.3.3 Arbeitsebenenraster für Wandkonstruktion nutzen

Das obige Beispiel der schrägen Wand (Abbildung 7.6) kann auch unter Benutzung des Arbeitsebenenrasters schnell gelöst werden. Die Arbeitsebene ist in Abbildung 7.14 bereits auf den Startpunkt der linken schrägen Wand verschoben worden. Für die rechte schräge Wand wird sie nochmals auf die neue Wandposition verschoben. Die Arbeitsebene wählen Sie am Ebenenrand zum VERSCHIEBEN. Die Rasterschnittpunkte werden standardmäßig per Objektfang gefangen. Die Rasterweite ist mit 2 m vorgegeben, was hier günstig ist, kann aber für alle anderen Fälle leicht über den EIGENSCHAFTEN-MANAGER umgestellt werden.

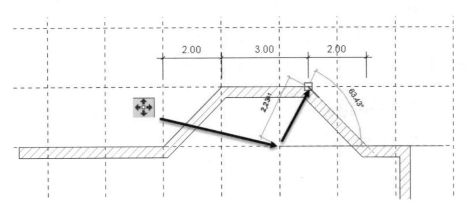

Abb. 7.14: Arbeitsebene verschieben

7.4 Referenzebenen

Eine REFERENZEBENE ist eine Ebene, die senkrecht zu einer ebenen Ansicht über zwei Punktpositionen erstellt wird, aber im Unterschied zur RASTERLINIE kann sie in jeder ebenen Ansicht senkrecht, waagerecht oder schräg liegen. Angezeigt wird die REFERENZEBENE nur in Ansichten, in denen sie senkrecht steht. Eine Referenzebene kann nach Anklicken auch einen Namen erhalten. Zum Unterschied: Die RASTERLINIE kann in einer Seitenansicht nur senkrecht zu den Geschossebenen erstellt werden, in der Draufsicht in beliebiger Richtung.

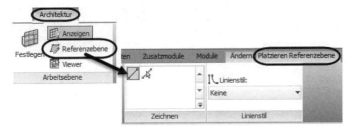

Abb. 7.15: Referenzebene erstellen

Die REFERENZEBENE wird zum Ausrichten von Geometrien in verschiedenen Ansichten verwendet. Im Beispiel ist eine Referenzebene gezeigt, die für die Höhenbestimmung des Gaubendachs verwendet wurde (siehe Kapitel 10). Damit wurde die Lage des Gaubendachs an die Lage des seitlichen Fensters angepasst. In der Konstruktion können dann Schnittpunkte zwischen einer waagerechten Referenzebene und senkrechten Rasterlinien mit Objektfang verwendet werden.

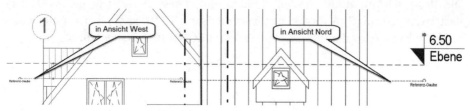

Abb. 7.16: Referenzebene für Gaubendach

7.5 Übungsfragen

1. Wozu nutzen Sie typischerweise Modelllinien?
2. Nennen Sie eine typische Anwendung für Rasterlinien.
3. Ist die Rasterlinie immer eine Linie?
4. Wozu brauchen Sie Arbeitsebenen?
5. Wie läuft der Dialog zum Wählen einer vorhandenen Fläche als Arbeitsebene?
6. Wie können Sie eine Arbeitsebene exakt positionieren?
7. Was ist der Unterschied zwischen Referenzebene und Rasterlinie?

Kapitel 8

Weiteres zu Wänden, Decken, Fußböden und Treppen

8.1 Wände

8.1.1 Schichtaufbau

Revit verfügt neben den einfachen Wänden auch über solche mit einem komplexen Schichtaufbau. Unter EIGENSCHAFTEN|TYP BEARBEITEN finden Sie den Schichtaufbau unter KONSTRUKTION, wenn Sie auf BEARBEITEN klicken. Im Dialogfeld BAUGRUPPE BEARBEITEN finden Sie die einzelnen Schichten in der Tabelle und können mit der Schaltfläche VORSCHAU>> auch eine grafische Darstellung einschalten.

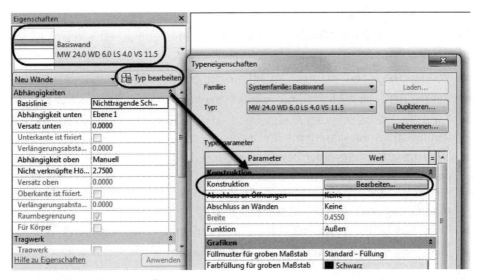

Abb. 8.1: Wand mit Schichtaufbau

Kapitel 8
Weiteres zu Wänden, Decken, Fußböden und Treppen

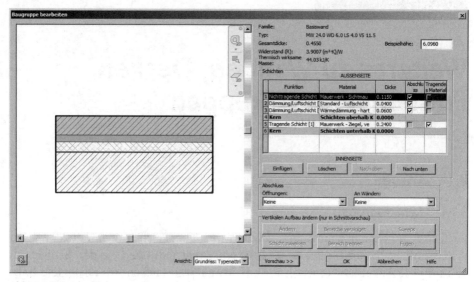

Abb. 8.2: Wandschichten

Eine Schicht ist als Kern gekennzeichnet, das ist die Schicht, die Sie als tragende Schicht später einfügen.

Bei diesen komplexen Wänden gibt es zur Positionierung sechs verschiedene Möglichkeiten:

- WANDACHSE – beschreibt die Mittellinie der gesamten Wand.
- KERNACHSE – ist die Mittellinie nur des gekennzeichneten Kernbereichs.
- NICHTTRAGENDE SCHICHT AUSSENKANTE – ist die Außenkante aller nichttragenden Schichten vor dem Kernbereich.
- NICHTTRAGENDE SCHICHT INNENKANTE – ist die Innenkante aller nichttragenden Schichten unter dem Kernbereich (im obigen Beispiel sind dort keine nichttragenden Schichten vorhanden, deshalb fällt diese Kante hier zusammen mit der tragenden Schicht Innenkante).
- TRAGENDE SCHICHT AUSSENKANTE – ist die Außenkante des Kernbereichs.
- TRAGENDE SCHICHT INNENKANTE – ist die Innenkante des Kernbereichs.

8.1.2 Fassadenwände

Als Wandtyp können Sie auch Fassade wählen. Es gibt im Wesentlichen einen Fassadentyp mit einem Raster der Größe 1,25 x 2,25 m. Für andere Abmessungen können Sie natürlich weitere Typen erstellen. Im Beispiel wurde einfach eine normale Wand in den Fassadentyp umgewandelt. Damit die Fassade symmetrisch wird, wurde in den EIGENSCHAFTEN die Ausrichtung MITTE gewählt.

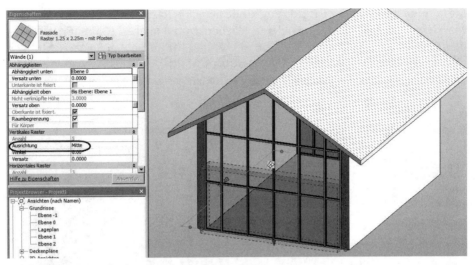

Abb. 8.3: Wand in Fassade umgewandelt und auf Mitte positioniert

Für weitere Anpassungen müssten Sie den Typ ändern. Damit die Fassadensegmente die gleiche Größe erhalten, wurde im Typ für VERTIKALES RASTER die Option FESTGELEGTE ANZAHL ausgewählt.

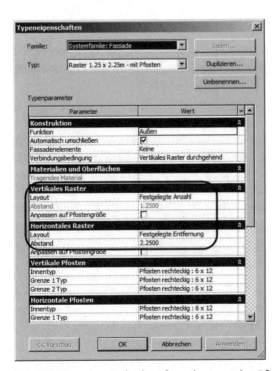

Abb. 8.4: Fassade mit gleichmäßigen horizontalen Pfostenabständen

Sie können auch das der Fassade zugrunde liegende Raster ändern, wenn Sie nach Markieren der Fassade auf das kleine Flächensymbol klicken (Abbildung 8.5). In den EIGENSCHAFTEN können Sie dann die WINKEL für die beiden Rasterrichtungen und auch die AUSRICHTUNG (MITTE-ANFANG-ENDE) und den VERSATZ dazu ändern. Damit können also auch geneigte Pfosten realisiert werden.

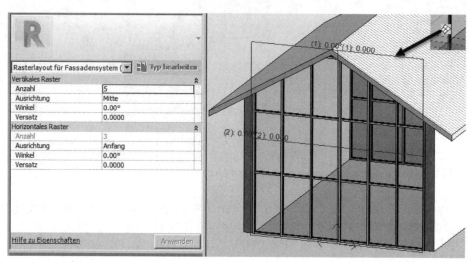

Abb. 8.5: Bearbeitung des Rasterlayouts

Durch Anklicken und Durchblättern mit der `Tab`-Taste können Sie Pfosten und ganze Rasterlinien wählen, nach Lösen des jeweiligen Fixierungs-Pins wählbar machen und verschieben (über Bemaßungen) oder löschen.

Im Beispiel soll ein senkrechter Pfosten gelöscht werden und das vergrößerte Rasterelement dann durch ein Türelement ersetzt werden. Zunächst wird also der Pfosten markiert (Abbildung 8.6 ganz oben). Der Pin zeigt an, dass er fixiert ist. Mit einem Klick auf den Pin wird die Fixierung gelöst und dann der Pfosten mit `Entf` gelöscht. Nach dem Löschen des Pfostens wird die dahinter liegende Rasterlinie sichtbar. Die klicken Sie als Nächstes an und wählen das Werkzeug SEGMENTE HINZUFÜGEN/ENTFERNEN, um nicht die komplette Rasterlinie, sondern nur ein Segment davon zu löschen.

Damit ist nun dieses Rastersegment groß genug, um nach Markieren der Verglasung diese über den EIGENSCHAFTEN-MANAGER gegen ein Türelement auszutauschen.

> **Tipp**
>
> Bei der Bearbeitung von Rastern können Sie einzelne Elemente anklicken und dann mit der `Tab`-Taste durchblättern, um nach den Pfosten die Rasterlinie oder das Rasterelement zu erreichen.

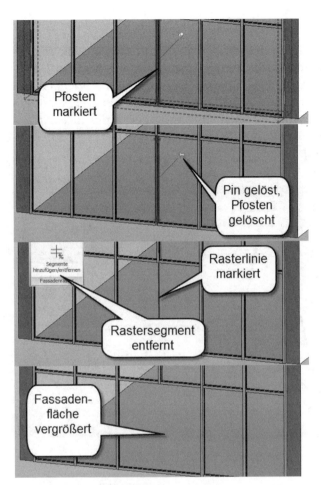

Abb. 8.6: Entfernen von Pfosten

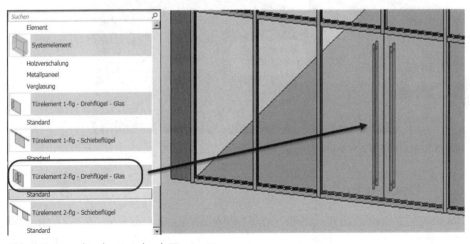

Abb. 8.7: Fassadenelement durch Tür ersetzen

8.1.3 Abziehbilder

Wände können mit Abziehbildern versehen werden. Damit kann ein Bild sozusagen als Plakat auf eine Wand geklebt werden. Das Werkzeug liegt bei EINFÜGEN|VERKNÜPFUNGEN|ABZIEHBILD. Hier können Sie ein neues Abziehbild mit einem Namen versehen und dann das Bild aussuchen. Im Beispiel wurde ein Windows-Landschaftsbild gewählt. Es kann nun auf einer Wand in einer 3D-Ansicht positioniert werden. Über die Griffe kann es leicht skaliert werden. Sichtbar wird das Abziehbild erst im BILDSTIL REALISTISCH.

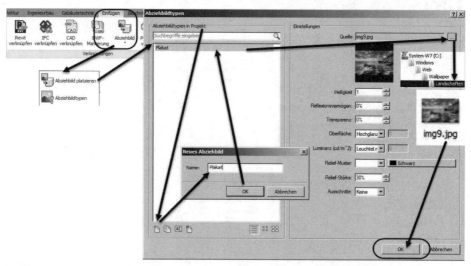

Abb. 8.8: Abziehbild aussuchen

Abb. 8.9: Abziehbild positioniert

8.2 Decken und Lampen

Wenn Sie Decken erstellen wollen, um Lampen daran aufzuhängen, dann sind die Deckenpläne nützlich. Hier können Sie mit dem DECKE-Werkzeug automatisch oder durch Skizzieren einen geschlossenen Deckenumriss für jeden Raum zeichnen (Abbildung 8.10).

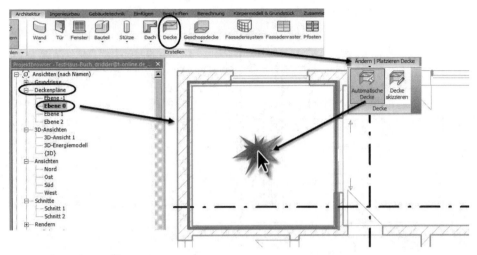

Abb. 8.10: Decke erstellen

Bei AUTOMATISCHE DECKE müssen Sie darauf achten, dass in EIGENSCHAFTEN die Deckenhöhe bei HÖHENVERSATZ VON EBENE unter der Unterkante der oberen Rohdecke liegt. Sonst wird nämlich keine automatische Decke erzeugt. Mit DECKE SKIZZIEREN können Sie auch eine Decke zeichnen, die in der Rohdecke liegt.

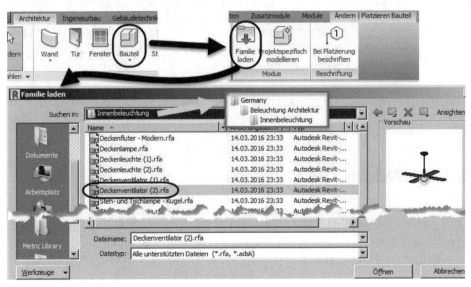

Abb. 8.11: Bauteil aus Bibliothek zur Decke hinzufügen

Die Decke wird im DECKENPLAN als Raster angezeigt. Sie können nun diese Decken benutzen, um Lampen als BAUTEILE anzuhängen. Dabei gibt es einige Lampen mit festem Deckenabstand. Die DECKENLAMPE allerdings benötigt eine Korrektur für die Länge des Lampenstils, der auf 2 m voreingestellt ist (Abbildung 8.12).

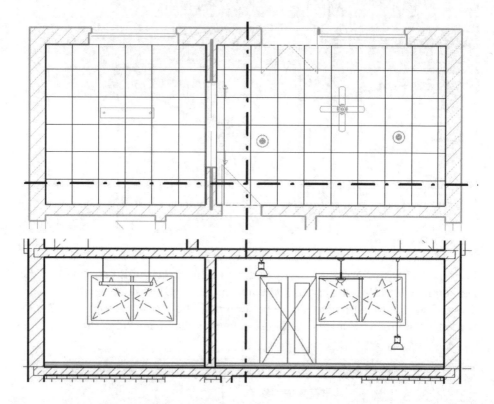

Abb. 8.12: Verschiedene Deckenleuchten

Es gibt noch einen zweiten Deckentyp unter Deckensystem: ABGEHÄNGTE DECKE 5.0CM 1.00X1.00M. Diese Decke ist dann in der Seitenansicht nicht nur eine Linie, sondern hat eine Höhenausdehnung von 5 cm.

8.3 Fußböden

Fußböden sind nichttragende Geschossdecken. Vorhandene Typen für Fußböden sind FB 10.0 - FLIESEN 15 X 15 und FB 10.0 - FLIESEN 25 X 25. Weitere Typen müssten Sie sich durch neue Typen mit ausgetauschten Materialien und ggf. auch anderem Schichtaufbau erstellen.

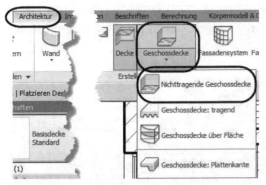

Abb. 8.13: Fußböden sind nichttragende Geschossdecken.

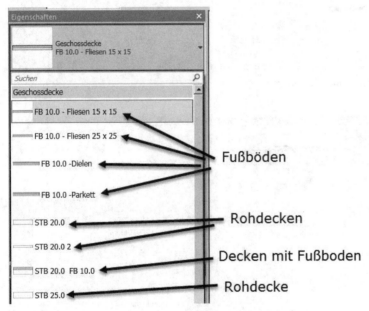

Abb. 8.14: Vorgegebene und eigene Fußböden und Rohdecken

Der Schichtaufbau eines Fußbodens ist im TYP unter KONSTRUKTION:BEARBEITEN zu erreichen (Abbildung 8.15). Das Beispiel zeigt einen Fliesenboden mit einer Estrichschicht auf einer Wärmedämmunterlage.

Die Wärmedämmung wird hier fälschlicherweise als TRAGENDE SCHICHT eingetragen. Das sollte durch NICHTTRAGENDE SCHICHT geändert werden. Wenn Sie das nicht ändern, bedeutet es, dass in der Schnittansicht die Wände nicht auf der Rohdecke beginnen, sondern auf der Dämmschicht.

Das Material für eine Schicht können Sie ändern, indem Sie hinter der Materialbezeichnung auf die drei Pünktchen klicken. Damit wird der MATERIALBROWSER

Kapitel 8
Weiteres zu Wänden, Decken, Fußböden und Treppen

aktiviert, in dem Sie sich vorhandene Materialien aussuchen, aber auch eigene erstellen können. Bevor Sie das Material ändern, sollten Sie allerdings mit DUPLI-ZIEREN einen neuen TYP erstellen.

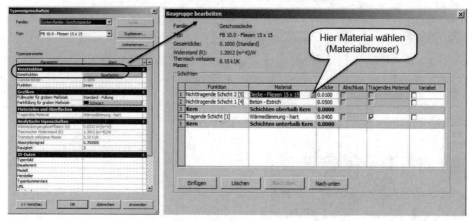

Abb. 8.15: Schichtaufbau eines Fußbodens

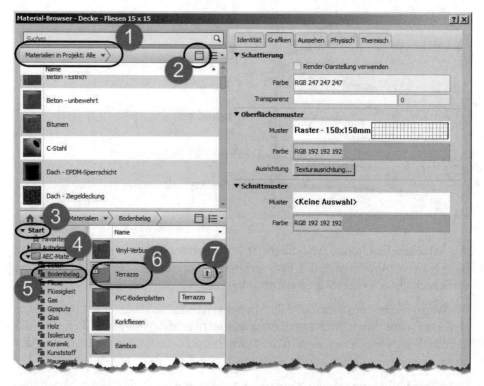

Abb. 8.16: Materialbrowser

Im Materialbrowser können Sie sich das Fußbodenmaterial aus verschiedenen Bibliotheken besorgen (Abbildung 8.16):

1. Hier werden die bereits im Projekt vorhandenen Materialien angezeigt.
2. Damit aktivieren Sie den AUTODESK-MATERIALBROWSER.
3. Mit Klick auf 4START werden die verschiedenen Materialbibliotheken angezeigt.
4. Die Bibliothek AEC-MATERIALIEN (AEC = Architectural Engineering Construction / Baukonstruktionen) enthält die typischen Architekturmaterialien.
5. Die Kategorie BODENBELAG zeigt die erhältlichen Bodenbeläge an
6. Als Beispiel soll TERRAZZO verwendet werden.
7. Mit diesem Werkzeug wird TERRAZZO nach oben ins Projekt geladen.

Während die Rohdecken in den Geschossebenen auf Höhe 0.00 mit der Oberkante liegen, müssen die Fertigfußböden um die Bodenstärke, hier also 10 cm, dazu versetzt erstellt werden. Sie werden meist durch die Wandinnenkanten bzw. die Türöffnungen begrenzt. Beim >Konstruieren der Fußböden erscheint die Frage: »Sollen Wände, die sich bis zur Geschossdecke an dieser Ebene erstrecken, an der Unterkante der Geschossdecke fixiert werden?« Dieses Fixieren von Wänden macht nur bei den Rohdecken für die Innenwände einen Sinn, aber nicht für die Fußböden.

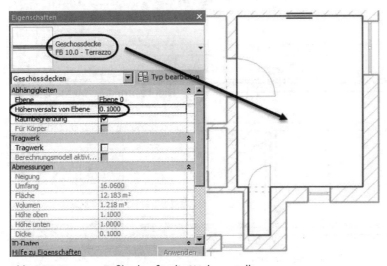

Abb. 8.17: Terrazzo-Fußboden für die Küche erstellt

Sie können auch einen Fußboden für mehrere Räume über Wände hinweg erstellen. Beim Beenden des Befehls werden Sie zwar gefragt, ob der Fußboden mit der Wand verbunden werden soll, aber eine Nachprüfung in der Schnittzeichnung zeigt, dass die Verbindung offenbar nicht zustande gekommen ist (Abbildung 8.18). Aber wenn Sie explizit das Werkzeug VERBINDEN aufrufen und Fußboden und Wand anklicken, wird der Fußboden hier unterbrochen und die Wand bis zur Betondecke hinuntergezogen.

VERBINDEN richtet sich dabei nach den Prioritäten der einzelnen Materialien. In Abbildung 8.15 sind die Prioritäten der einzelnen Schichten sichtbar. Nichttragende Schichten haben hohe Nummern wie 4 oder 5 und damit geringe Priorität. Tragende Schichten oder Wände und Betondecken haben dagegen kleine Nummern und damit höchste Priorität. Die Schichten mit hoher Priorität setzen sich beim VERBINDEN gegen die niedrigen Prioritäten durch. In der Schnittansicht werden Kanten zwischen verschiedenen Materialien dünn angezeigt, zwischen gleichen Materialien verschwinden sie sogar.

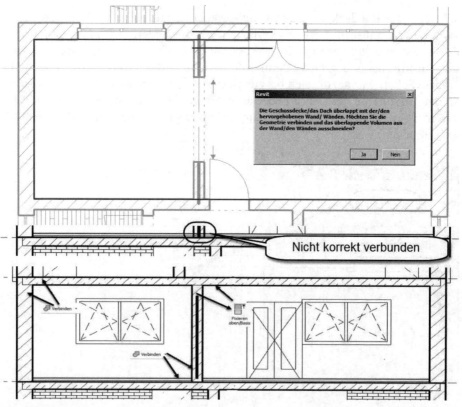

Abb. 8.18: Verbinden und Fixieren bei Decken

8.3.1 Türen, Treppen und Fußböden

Die Türen in Revit haben standardmäßig einen unteren Abstand für den Fußbodenaufbau von 10 cm. Bei anderen Fußbodenhöhen müssen die Türen entsprechend angepasst werden. Ebenso müssen VERSATZ UNTEN und VERSATZ OBEN bei Treppen an den jeweiligen Fußbodenaufbau angepasst werden.

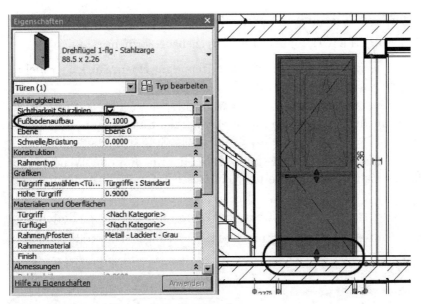

Abb. 8.19: Aussparung in Tür für Fußbodenaufbau

8.4 Treppen

Zum Erstellen von Treppen gibt es drei verschiedene Methoden:

1. TREPPE NACH BAUTEIL,
2. TREPPE NACH SKIZZE über LAUF definiert und
3. TREPPE NACH SKIZZE über BEGRENZUNG – sprich Wangen – und STEIGUNG – sprich Stufen – definiert.

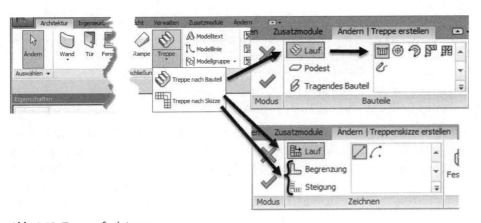

Abb. 8.20: Treppenfunktionen

8.4.1 Treppe nach Bauteil

Für die TREPPE NACH BAUTEIL gibt es fünf vorgegebene Formen:

- GERADE – Hiermit wird eine geradläufige Treppe aus einem Stück oder mehreren geraden Stücken mit Podest erstellt.
- SPIRALE IN GANZEN SCHRITTEN – Eine Wendeltreppe wird hiermit erstellt, die auch über mehrere Geschosse fortgesetzt werden und mehrere Windungen haben kann. Diese Treppe wäre für Türme geeignet.
- SPIRALE DURCH MITTEL- UND ENDPUNKTE – Hiermit wird eine Wendeltreppe erstellt, die sich typischerweise über ein Geschoss erstreckt und unter 360° liegt.
- L-FORM-WENDELSTUFE – Diese Treppe hat L-Form mit verzogenen Stufen.
- U-FORM-WENDELSTUFE – Dies generiert eine U-förmige Treppe mit verzogenen Stufen.

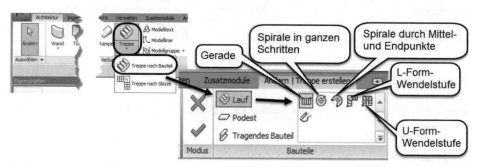

Abb. 8.21: Treppen nach vorgegebenen Formen

Treppenform: Gerade

Die gerade Treppe kann aus einem oder mehreren Segmenten bestehen. Sie wird nach der Geschosshöhe und den im Typ festgelegten Treppeneinstellungen automatisch mit der nötigen Stufenzahl erstellt. Sie wählen in der Optionsleiste aus, auf welcher Seite Sie die Basislinie für den Lauf wählen und welche Laufbreite erwünscht ist. Nach Eingabe des Startpunkts geben Sie in der gewünschten Richtung den Endpunkt für die Treppe an (Abbildung 8.22).

Es werden so viele Stufen erzeugt, wie nach Treppentyp und Geschosshöhe nötig sind (Abbildung 8.23). Im Typ ist über die Parameter die MAXIMALE STUFENHÖHE festgelegt und die MINDESTAUFTRITTSBREITE mit 0,2 m oder 20 cm. Die Werte von Auftrittsbreite und Stufenhöhe sind über die Treppenregel verknüpft, die Sie unter BERECHNUNGSREGELN: BEARBEITEN finden: **2 x Steigung + 1 x Auftrittsbreite = 0.635**. Für das SCHRITTMAß von 0.635 gelten die *Grenzen* von **0.615** und **0.650**. Bei schwierigen Treppensituationen können Sie durch Variieren dieser Grenzen und Anpassen von MAXIMALER STUFENHÖHE und MINDESTAUFTRITTS-BREITE eine Lösung finden.

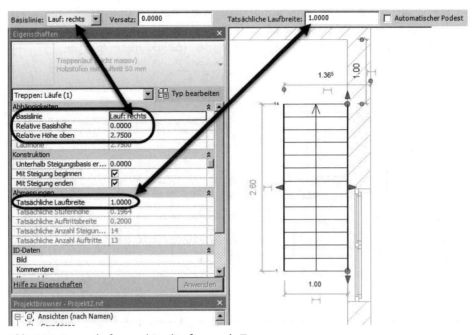

Abb. 8.22: Eigenschaften und Punkte für gerade Treppe

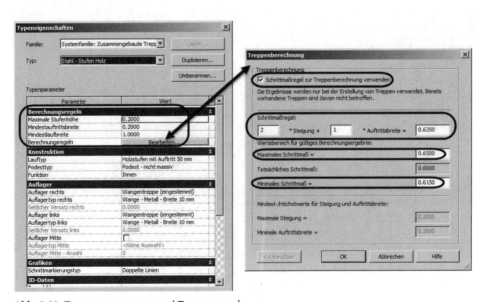

Abb. 8.23: Treppenparameter und Treppenregel

Kapitel 8
Weiteres zu Wänden, Decken, Fußböden und Treppen

Wenn Sie einen Endpunkt der Treppe vor Erreichen der berechneten Treppenlänge eingeben, können Sie die Treppe nach einer Unterbrechung fortsetzen, falls Sie in der Optionsleiste AUTOMATISCHER PODEST (Abbildung 8.22 rechts oben) aktiviert haben. Die Unterbrechungsstelle wird dann automatisch durch ein Podest überbrückt (Abbildung 8.24 rechts). Sowohl für Treppen als auch für die Geländer können Sie verschiedene Typen wählen (Abbildung 8.25).

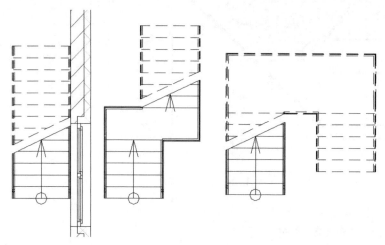

Abb. 8.24: Gerade Treppe, links ohne Unterbrechung, rechts mit Unterbrechung und Podest

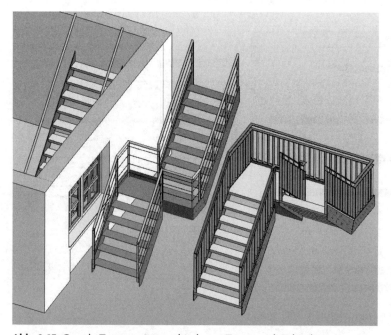

Abb. 8.25: Gerade Treppe mit verschiedenen Typen und Geländern

Wenn Sie AUTOMATISCHER PODEST nicht aktiviert haben, können Sie bei einer geraden Treppe mit Unterbrechung das Werkzeug PODEST benutzen, um das Übergangspodest individuell zu gestalten. Im PODEST-Werkzeug gibt es zwei Methoden. Mit ZWEI LÄUFE WÄHLEN wird ein normales Podest eingebaut wie bei der automatischen Option. Mit PODEST ÜBER SKIZZE können Sie das Podest völlig frei gestalten. Das fertige Podest sollten Sie dann noch in die passende Höhe ziehen, am besten in der 3D-Ansicht. Eventuell muss das Podest noch von unnötigen Wangen befreit werden.

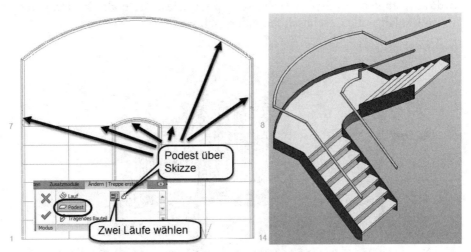

Abb. 8.26: Unterbrochene gerade Treppe mit skizziertem Podest

Spirale in ganzen Schritten

Für die Wendeltreppe geben Sie den Mittelpunkt an und die Startposition.

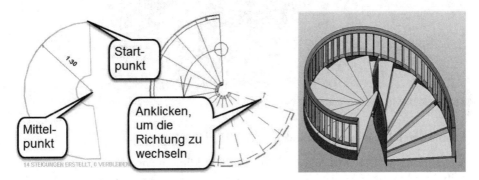

Abb. 8.27: Einfache Wendeltreppe

Die Wendeltreppe kann in der Höhe über die Eigenschaften beliebig fortgesetzt werden. Markieren Sie dazu die Treppe und wählen Sie in der Multifunktionsleiste

TREPPE BEARBEITEN. Dann markieren Sie noch mal den Treppenlauf und geben unter EIGENSCHAFTEN bei RELATIVE HÖHE die gewünschte Gesamthöhe ein (Abbildung 8.28 links). Beenden Sie mit BEARBEITUNGSMODUS BEENDEN. Diese Option ist gut für Wendeltreppen in Türmen nützlich.

Es gibt noch eine andere Variante, die Treppe für ein mehrstöckiges Haus zu vervielfachen. Markieren Sie die Treppe und geben Sie unter EIGENSCHAFTEN im Abschnitt ABHÄNGIGKEITEN bei OBERSTE EBENE EINES MEHRSTÖCKIGEN GEBÄUDES die Geschossebene für das oberste Geschoss ein (Abbildung 8.28 rechts). Damit wird die Treppe auf weitere Geschosse kopiert. Diese Methode ist natürlich nur sinnvoll, solange die Geschosshöhen identisch sind.

Abb. 8.28: Vervielfachte Treppe

Spirale durch Mittel- und Endpunkte

Mit SPIRALE DURCH MITTEL- UND ENDPUNKTE können Sie eine Treppe über den Mittelpunkt und Start- und Endpunkte konstruieren. Hiermit ist es auch möglich, ein automatisches Podest einzubauen, wenn ein erster Endpunkt noch vor dem Treppenende gewählt wird. Die Wendeltreppe mit rundem Podest entsteht dann über 6 Punkte:

1. Position für Mittelpunkt,
2. Startpunkt der Treppe,
3. Endpunkt für ersten Treppenlauf,
4. Mittelpunkt für zweiten Treppenlauf identisch mit erstem,
5. Startpunkt vom zweiten Lauf auf radialer Verlängerung des ersten Laufs,
6. Endpunkt des zweiten Laufs identisch mit Länge der Treppe im aktuellen Stockwerk.

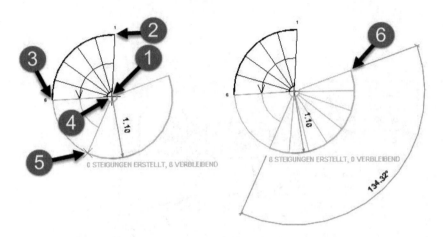

Abb. 8.29: Wendeltreppe mit Podest

Diese Treppe kann genauso verlängert werden wie beim obigen Beispiel.

L-Form-Wendelstufe

Die L-förmig gewendelte Treppe rastet beim Positionieren automatisch an vorhandenen Wandkanten ein. Für andere Lagen kann in der Optionsleiste noch VORSCHAU SPIEGELN für eine gespiegelte Version aktiviert werden. Für andere Lagen müssen Sie nach dem Positionieren die Werkzeuge DREHEN ○ und AUSRICHTEN ⌐ verwenden.

Nachdem die Treppe eingefügt ist, können Sie nach Markieren mit der Funktion TREPPE ÄNDERN noch Modifikationen mit folgenden Griffen vornehmen:

▶ Der *Pfeilgriff in Laufrichtung* ermöglicht das Verlängern oder Verkürzen eines Laufs, wobei die Gesamtlänge erhalten bleibt. Wegen der verzogenen Struktur der Treppe sind diese Änderungen aber unter Einhaltung der Treppeneigenschaften oft nur in kleinen Schritten möglich. Eventuell kann man größere Flexibilität durch großzügigere Grenzen für Treppenregel, Auftrittsbreite und Stufenhöhe erreichen.

- Der *Kreisgriff* verlängert oder verkürzt einen Treppenlauf durch Hinzufügen oder Entfernen einzelner Stufen. Dadurch ändert sich die Stufenzahl und geht ggf. über das aktuelle Stockwerk hinaus.

- Der *Quadratgriff* verschiebt einen Treppenlauf insgesamt senkrecht zur Auflinie.

- Die *seitlichen Pfeilgriffe* verändern die Laufbreite. Hierbei ist zu beachten, dass im Typ eine minimale Breite von 1 m vorgegeben ist. Größere Flexibilität erreicht man auch hier durch eine Änderung des Vorgabewerts.

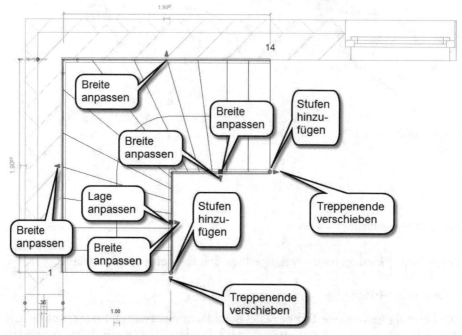

Abb. 8.30: Bearbeitungspositionen bei der L-förmigen Treppe

U-Form-Wendelstufe

Auch die U-förmig gewendelte Treppe rastet an vorhandenen Kanten beim Positionieren ein. Die Option VORSCHAU SPIEGELN steht in der OPTIONSLEISTE zur Verfügung und mit DREHEN und AUSRICHTEN können Sie diese Treppe in jede gewünschte Position bringen.

Die Griffe haben wieder dieselben Funktionen wie bei der L-förmigen Treppe. Wenn Sie einen Lauf der Treppe in die Länge ziehen, wird hier der gegenüberliegende Lauf verkürzt, und wenn beide gleich lang sind, rasten die Längen an dieser Position ein (Abbildung 8.31 rechts).

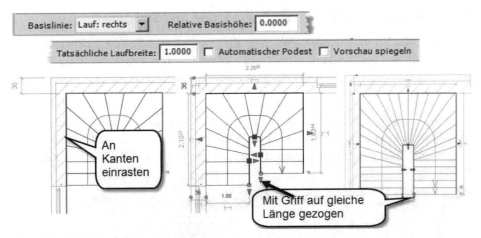

Abb. 8.31: U-Treppe einfügen und modifizieren

8.4.2 Treppe nach Skizze über Lauf

Für die Treppe über Lauf müssen Sie nur die Lauflinie für die Treppe vorgeben. Stufenzahl und Länge der Treppe werden wieder automatisch aus Geschosshöhe und den Daten des Treppentyps berechnet. Die Lauflinie muss aber keine Linie im geometrischen Sinn sein, sie kann auch ein Bogen sein oder aus mehreren Linien und Bögen bestehen. Falls Sie mehrere Lauflinien mit Unterbrechungen angeben, werden die resultierenden Treppensegmente mit Podesten verbunden (Abbildung 8.33).

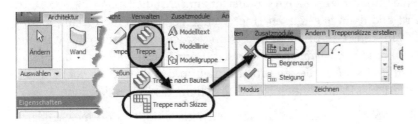

Abb. 8.32: Treppen über Lauflinie

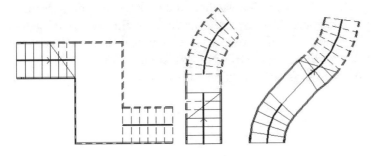

Abb. 8.33: Treppen mit verschiedenen Lauflinien (dick hervorgehoben)

8.4.3 Treppe nach Skizze über Begrenzung und Steigung

Die ultimative Freiheit in der Gestaltung der Treppe bietet die Option TREPPE NACH SKIZZE mit der Möglichkeit, eine Treppe über beliebig gestaltete *Wangen* – als BEGRENZUNG bezeichnet – und frei gestaltete *Stufen* – als STEIGUNGEN bezeichnet – zu erstellen.

Die sehr fantasievolle Treppe in Abbildung 8.35 wurde aus Wangen erstellt, die aus mehreren Bögen zusammengesetzt sind, und aus Stufen, die teils Linien, teils Bögen und im unteren Bereich sogar Kurvenzüge aus mehreren Bögen sind.

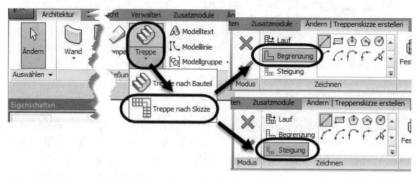

Abb. 8.34: Treppen über Wangen und Stufen

Das Vorgehen zur Erzeugung einer solchen Treppe sieht derart aus, dass nach Zeichnen einer zweidimensionalen Draufsicht zunächst die Option BEGRENZUNG aktiviert wird und dann alle Kurven einer Wange gewählt werden. Danach wird diese erste Wahl mit [ESC] beendet, und dann werden die Kurven für die zweite Wange gewählt und wieder mit [ESC] beendet. Dann schalten Sie auf die Option STEIGUNG um und wählen die einzelnen Stufen in der Reihenfolge oben-unten oder umgekehrt aus. Dann können Sie die Erstellung der Treppe beenden.

Die Anzahl der Stufen sollten Sie gemäß den Einstellungen für eine Standard-Treppe vorgeben. Die einzelnen Stufen dürfen nicht über die Wangen hinausgehen, sie dürfen aber kürzer sein. Die komplexen Stufen am unteren Ende des Beispiels sollten auch nicht über die Wangen hinausgehen und exakt zueinanderpassen. In der Beispielkonstruktion wurden die Abstände der Stufen nicht exakt gleich gehalten, weil es nur die Möglichkeiten der Treppenkonstruktion ausloten sollte. Damit die Treppe gangbar wird, sollten Sie natürlich die klassischen Konstruktionsregeln und Algorithmen für die Treppenkonstruktion einhalten.

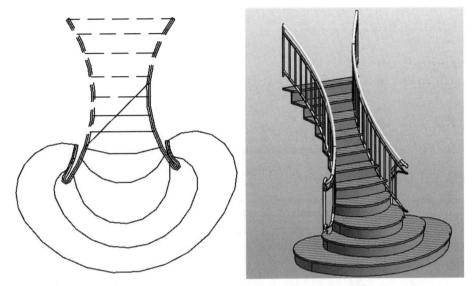

Abb. 8.35: Frei gestaltete Treppe aus individuell gezeichneten Wangen und Stufen

8.5 Geländer

Bei der Treppenkonstruktion werden automatisch immer seitlich die Geländer erzeugt. Vorgabemäßig sind es Holzgeländer ohne weitere Pfosten. Sie können aber noch andere Geländertypen wählen, wie zwei verschiedene Metallgeländer mit horizontaler oder vertikaler Unterteilung und ein Geländer mit Verglasung.

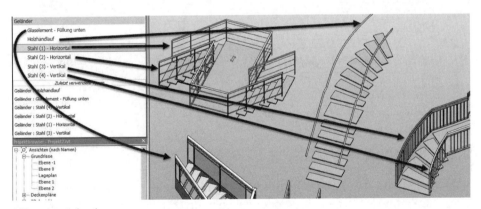

Abb. 8.36: Geländertypen

Geländer können auch von Treppen gelöscht werden. Neue Geländer können nicht einzeln, sondern nur paarweise zu Treppen hinzugefügt werden. Geländer können deshalb nur dann zu einer Treppe hinzugefügt werden, wenn sie kein einziges Geländer mehr besitzt.

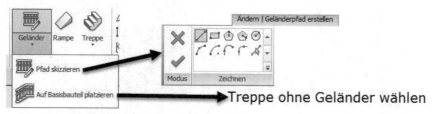

Abb. 8.37: Geländerkonstruktionen

Eine zweite Art von Geländer kann mit der Funktion PFAD SKIZZIEREN in der Ebene erstellt werden, basierend auf Kanten oder Modelllinien. Im Beispiel wurde ein Geländer passend zur Deckenkante mit der Funktion LINIE AUSWÄHLEN generiert.

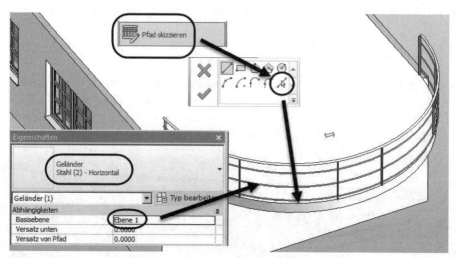

Abb. 8.38: Geländer an Deckenkante erzeugt

8.6 Rampen

Eine Rampe wird standardmäßig mit 3% Neigung erstellt. Dies ist im Typ vorgegeben. Die Rampe kann geradlinig oder gebogen erstellt werden. Ähnlich wie eine Treppe wird sie auch mit einem Geländer erstellt, vorgabemäßig als Holzhandlauf.

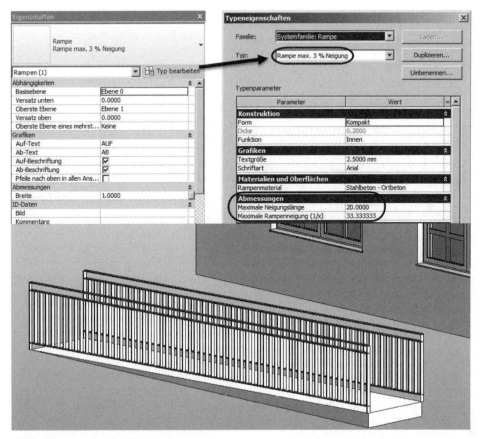

Abb. 8.39: Rampe mit 3% Neigung

8.7 Übungsfragen

1. Welche Priorität haben tragende Schichten bei den Wänden?
2. Wie können Sie die Fassade einer Hausfront symmetrisch gestalten?
3. Wo stellen Sie die Rastergröße ein?
4. Was definiert das RASTERLAYOUT?
5. Welcher Bildstil ist nötig, um ABZIEHBILDER sichtbar zu machen?
6. Was wird benötigt, um Lampen im Haus zu positionieren?
7. Welche Elemente müssen an die jeweiligen Fußbodenhöhen angepasst werden?
8. Welches ist der einfachste Treppentyp?
9. Welches ist der flexibelste Treppentyp?
10. Wie erzeugen Sie die Treppe für ein mehrgeschossiges Haus?

Kapitel 9

Tragwerke

9.1 Stützen

9.1.1 Stützenarten

Bei den Stützen gibt es nichttragende Stützen, die eine Art Zierfunktion erfüllen wie beispielsweise griechische Säulen, und tragende Stützen, die echte statisch tragende Funktionen erfüllen. Im Register ARCHITEKTUR sind beide Werkzeuge zu finden, im Register INGENIEURBAU nur die tragenden Stützen.

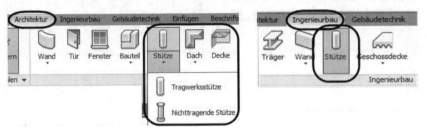

Abb. 9.1: Stützen-Arten

Zum Platzieren gibt es verschiedene Werkzeuge.

Den Modus FAMILIE LADEN brauchen Sie nicht nur zum Laden verschiedener tragender Stützen aus diversen Materialien und mit verschiedenen Abmessungen, sondern auch zum Laden von nichttragenden Stützen, wo Sie einige griechische Säulen finden.

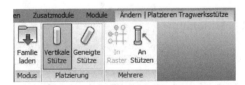

Abb. 9.2: STÜTZEN-Werkzeuge

Die vorhandenen Stützen sind eine Stahlstütze und mehrere quadratische und runde Betonstützen. Holzstützen und viele andere Metall- und Betonstützen finden Sie in der Bibliothek TRAGWERK STÜTZEN.

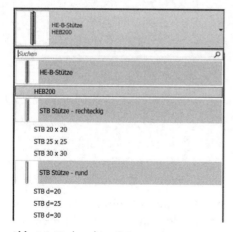

Abb. 9.3: Vorhandene Stützen

Abb. 9.4: Stützen aus der Bibliothek

Die VERTIKALE STÜTZE dient zum Positionieren einer Stütze auf der aktuellen Geschossebene und ist von dort aus nach Vorgabe nach unten gerichtet. In den Optionen können Sie diese Einstellungen natürlich auch umstellen.

Abb. 9.5: Optionen-Einstellungen für Stützen nach unten und nach oben

Die GENEIGTE STÜTZE verlangt zwei Punktpositionen.

9.1.2 Raster für Stützen

Um Stützen in regelmäßigen Abständen aufzustellen, ist es sinnvoll, Rasterlinien zu zeichnen. Es gibt nämlich eine Funktion, mit der dann Stützen automatisch an gewählten Rasterschnittpunkten erstellt werden.

Die Rasterfunktion liegt unter ARCHITEKTUR|BEZUG|RASTER und zeichnet lineare oder bogenförmige Rasterkurven.

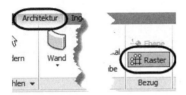

Abb. 9.6: Rasterfunktion

Um das in Abbildung 9.7 gezeigte lineare Raster zu zeichnen, erstellen Sie die erste Rasterlinie horizontal mit dem LINIE-Werkzeug und dann mit dem grünen Werkzeug LINIE AUSWÄHLEN und VERSATZ **3** in der OPTIONSLEISTE die nächsten fünf Linien. Damit sie mit *Versatz nach oben* erstellt werden, müssen Sie die Ausgangslinie immer etwas *von oben her* anklicken. Genauso entstehen die vertikalen Rasterlinien, die erste mit LINIE-Werkzeug , alle weiteren mit LINIE AUSWÄHLEN und VERSATZ **3**.

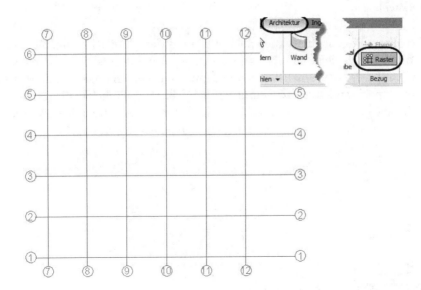

Abb. 9.7: Rasterlinien

Auch gebogene Rasterlinien können mit dem Werkzeug BOGEN DURCH MITTEL- UND ENDPUNKTE gezeichnet werden. Die Reihenfolge für den Halbkreis wäre zuerst der Mittelpunkt ❶, dann der Startpunkt ❷ und schließlich der Endpunkt ❸ etwas rechts von der exakten 180°-Position, damit Sie den rechten Halbkreis bekommen (Abbildung 9.8). Ein zweiter Rasterbogen kann dann mit Versatz erzeugt werden. Obwohl das Werkzeug LINIEN AUSWÄHLEN heißt, können damit beliebige Kurven gewählt und mit Versatz nachgezeichnet werden. Das Wort *Linie* ist hier immer als *Kurve* zu deuten.

Kapitel 9
Tragwerke

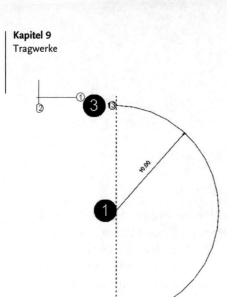

Abb. 9.8: Raster-Bogen

Nun sollen dieser Bogenkonstruktion noch einige zentrierte Linien hinzugefügt werden. Für die erste zentrierte Linie ist es am günstigsten, per Rechtsklick den OBJEKTFANG direkt auf ZENTRUM umzustellen und dann einfach einen Bogen anzuklicken. Die Endpunktposition kann nach Einrasten bei diskreten Winkelpositionen ohne weitere Eingabe grafisch bestimmt werden. Alle weiteren zentrierten Linien können auch durch Einrasten am ENDPUNKT der ersten Linie positioniert werden.

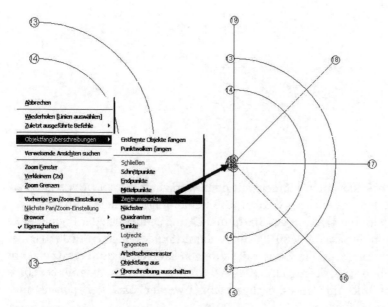

Abb. 9.9: Rasterlinien durch das Zentrum des Bogens

Es gibt eine besonders schnelle Methode, Stützen auf die Schnittpunkte dieser Rasterlinien zu positionieren. Dazu wählen Sie die Funktion IN RASTER (Abbildung 9.10). Mit der Kreuzen-Objektwahl müssen Sie alle Rasterlinien wählen, an deren Schnittpunkten dann die Stützen gesetzt werden sollen. Wenn Sie sich in EBENE 0 befinden und dort die Stützen haben möchten, muss in den Optionen **Höhe** aktiviert sein und **Ebene 1**. Dann laufen die Stützen von EBENE 0 bis EBENE 1. Die Vorgabe sieht TIEFE und EBENE -1 vor. Dann würden die Stützen unter der EBENE 0 liegen und bis zum Kellerboden reichen. Damit wären sie normalerweise in EBENE 0 unsichtbar.

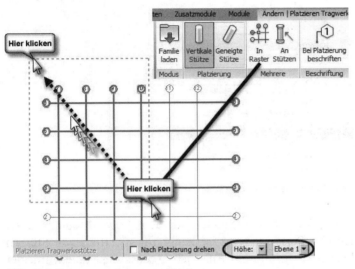

Abb. 9.10: Stützen am Raster positionieren

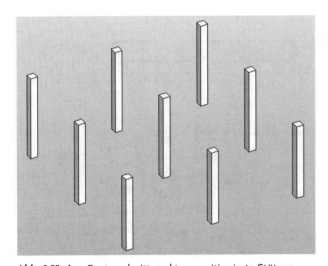

Abb. 9.11: Aus Rasterschnittpunkten positionierte Stützen

9.1.3 Nichttragende Stützen

Nichttragende Stützen sind nicht von vornherein im Projekt enthalten und müssen erst als Familien geladen werden. Abbildung 9.12 zeigt den Pfad zu den KLASSISCHEN STÜTZEN, wo Sie einige griechische Säulen finden.

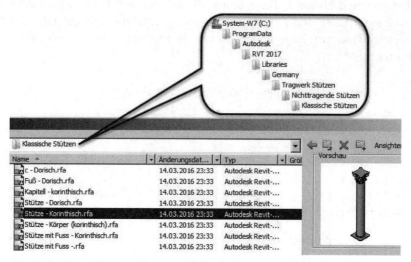

Abb. 9.12: Bibliothek für nichttragende klassische Stützen

Im Beispiel sollen einige korinthische Stützen auf dem Bogen-Raster platziert werden. Die automatische Positionierung ist leider für nichttragende Stützen nicht möglich. Deshalb ist es in diesem Fall wichtig, dass die Stützen mit der Option NACH PLATZIERUNG DREHEN manuell auf die Rasterstützpunkte positioniert werden (Abbildung 9.13).

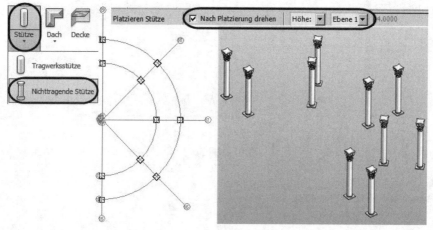

Abb. 9.13: Platzierte klassische Stützen

> **Tipp**
>
> Tragende Stützen würden sich bei diesem radialen Raster auch automatisch radial ausrichten, wenn das Werkzeug IN RASTER verwendet wird.

Die nichttragenden Stützen können nachträglich durch TRAGENDE STÜTZEN verstärkt werden. Dazu gibt es die Funktion PLATZIEREN TRAGWERKSSTÜTZE|AN STÜTZEN. Sie können hier die Stützen einzeln anklicken, nach der ersten mit [Strg] und Klick hinzuwählen, oder alternativ mit Kreuzen-Wahl.

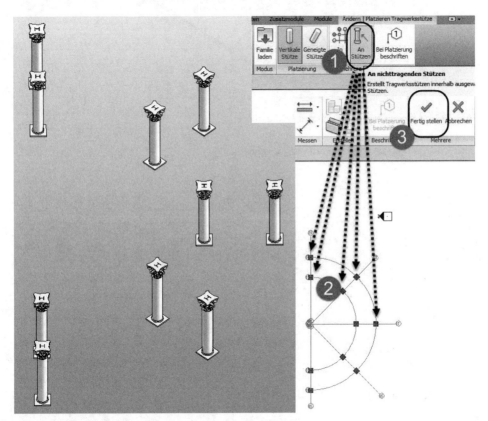

Abb. 9.14: Tragende Stützen an den nichttragenden positionieren

9.1.4 Geneigte Stützen

Bei geneigten Stützen geben Sie einen Punkt für das untere Ende ein und einen zweiten für das obere Ende. Die Höhen der beiden Enden geben Sie vorher in der OPTIONSLEISTE unter ERSTER KLICK und ZWEITER KLICK ein. Im Beispiel wurden die Höhen als **Ebene 0** und **Ebene 1** jeweils mit Versatz **0.0** gewählt. Als Kon-

Kapitel 9
Tragwerke

struktionshilfe wurde die ARBEITSEBENE für **Ebene 0** aktiviert und über die EIGENSCHAFTEN mit ABSTAND **1** m eingestellt.

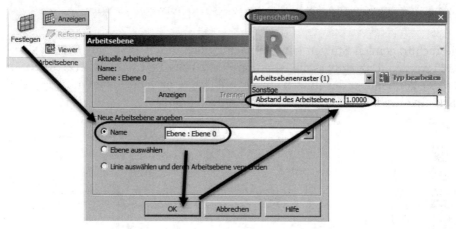

Abb. 9.15: Arbeitsebene mit Abstand 1.00 aktiviert

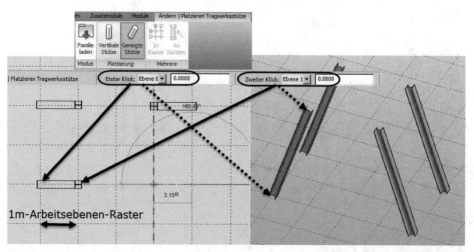

Abb. 9.16: Geneigte Stützen mit Raster erstellen

9.2 Träger

Träger können Sie über INGENIEURBAU|INGENIEURBAU|TRÄGER einfügen. Als Träger-Typen sind die bereits von Stützen bekannten vorhanden. Um auf die bereits vorhandenen Stützen nun Träger aufzusetzen, müssen Sie in den Optionen den 3D-OBJEKTFANG aktivieren und können dann die Träger auf die Endpunkte der Stützen positionieren.

Beachten Sie die Einstellungen unter EIGENSCHAFTEN. Mit Z-AUSRICHTUNG: **Unten** und Z-VERSATZWERT: **0.0000** liegt der Träger dann auf den Stützenenden auf. Allerdings erkennt Revit die Verbindung mit den Stützen an beiden Enden und verkürzt den Träger. Damit er voll auf den Stützen aufliegt, müssen ANFANGS-FUGENVERKÜRZUNG und ENDFUGENVERKÜRZUNG auf den Wert der Stützenbreite von **-0.25** eingestellt werden (Abbildung 9.17 unten).

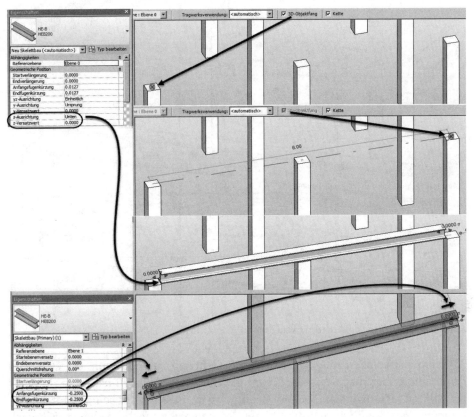

Abb. 9.17: Träger positionieren

Wenn Sie die Querträger einfügen, dann können Sie diese mit Ausklinkungen versehen: ÄNDERN|GEOMETRIE|AUSKLINKUNG|AUSKLINKUNG ANWENDEN (Abbildung 9.18). Dazu können Sie die Querträger zunächst einfach mit den Griffen bis zur Mitte des anderen Trägers verlängern und dann die Ausklinkungs-Funktion ausführen. Zuerst wird der Träger gewählt, der die Ausklinkung erhält ❶, und dann der formgebende Träger ❷.

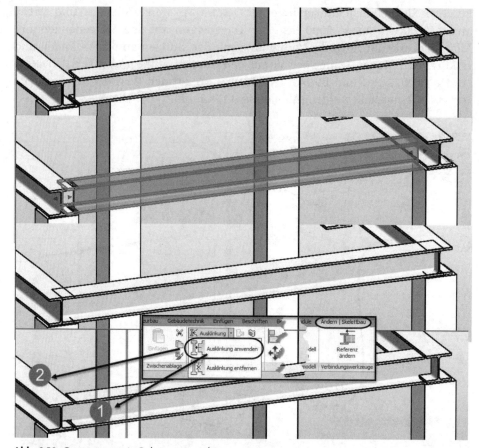

Abb. 9.18: Querträger mit Gehrung versehen

Alternativ ist es auch möglich, Träger mit Gehrung zu versehen. Das Werkzeug funktioniert aber nur, wenn die Träger gleiche Positionsdaten haben bzgl. OBEN/UNTEN und Höhenversatz. Weitere Bedingung ist, dass sie mit keinen Stützen verbunden sind. Dazu wurden die Stützen im Beispiel zunächst höhenmäßig nach unten gezogen und nach der Gehrung oben fixiert.

Die Gehrungsfunktion finden Sie unter ÄNDERN|GEOMETRIE|STÜTZEN-TRÄGERVERBINDUNGEN. Dadurch werden an möglichen Positionen für Gehrungen kleine blaue Pfeile sichtbar gemacht. Durch Anklicken werden die Pfeile einzeln oder beide umgedreht und – wenn möglich – wird die Gehrung erzeugt.

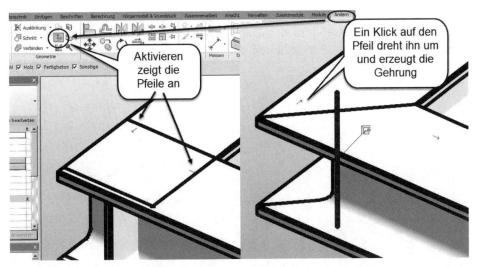

Abb. 9.19: Gehrungen erzeugen

9.3 Trägersysteme

Trägersysteme sind regelmäßige Anordnungen von Trägern. Sie werden durch die begrenzenden Träger definiert. Der erste gewählte Träger definiert die Laufrichtung der Träger. Alternativ kann die Laufrichtung auch nachträglich mit dem Werkzeug TRÄGERAUSRICHTUNG geändert werden. Der Typ der anzuordnenden Träger wird in den EIGENSCHAFTEN festgelegt. Vorgabe ist Kantholz, fürs Beispiel wurde **HE-B:HEB200** gewählt. Sie können die Abstände oder die Anzahl der Träger spezifizieren. Die Höhenlage wird durch ERHEBUNG festgelegt. Die erzeugten Träger können Sie auch wieder mit Ausklinkungen versehen.

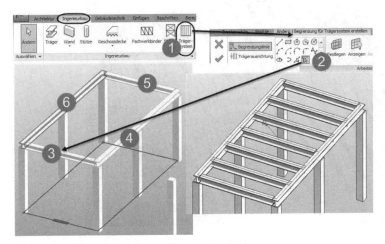

Abb. 9.20: Trägersystem mit fünf Trägern

Trägersysteme können auch für Dachstühle genutzt werden, die dann auf schrägen Arbeitsebenen passend zu den Dachflächen erzeugt werden. Trägersysteme können auch Aussparungen enthalten, die Sie einfach durch weitere innere Konturen definieren können.

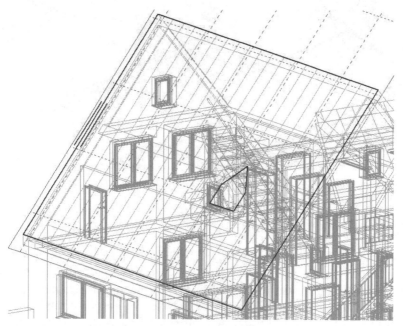

Abb. 9.21: Kontur für Dach-Trägersystem mit Gaubenausschnitt

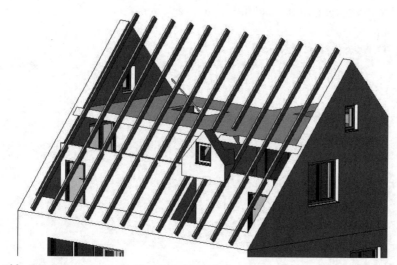

Abb. 9.22: Trägersystem für Dach mit Gaubenausschnitt

9.4 Streben

STREBEN sind die Verbindungselemente zwischen Stützen und Trägern. Sie können mit dem STREBE-Werkzeug und der Option 3D-OBJEKTFANG die ENDPUNKTE oder MITTELPUNKT der Führungslinien in STÜTZEN und TRÄGERN wählen. Die Streben sind dann aber noch nicht richtig mit den anderen Elementen verbunden. Dazu verlängern Sie sie am besten über die Pfeilgriffe bis zu den runden Punkten an den Enden (Abbildung 9.25). Dadurch gibt es zunächst einen Überlapp. Der wird dann mit dem Werkzeug AUSKLINKUNG beseitigt, wie schon bei den Trägern erläutert.

Für kompliziertere Verstrebungen empfiehlt es sich, eine Vorkonstruktion mit Modelllinien zu erstellen oder eine Arbeitsebene einzurichten und den Rasterebenen-Objektfang zu verwenden.

Abb. 9.23: STREBE-Werkzeug

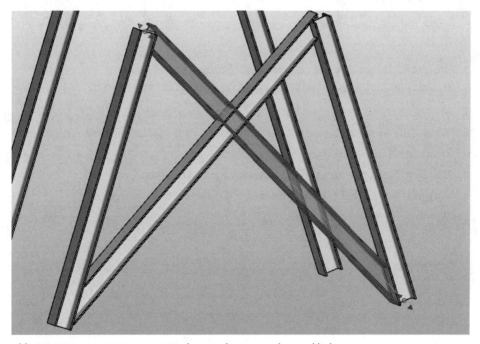

Abb. 9.24: Geneigte Stützen mit Streben, verlängert und ausgeklinkt

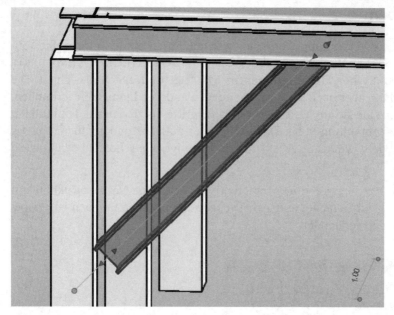

Abb. 9.25: Strebe mit Pfeilgriffen zum Verlängern, anderes Ende bereits ausgeklinkt

9.5 Übungsfragen

1. Welche Bedeutung haben die Stützenarten?
2. Was müssen Sie beim Positionieren von Stützen beachten?
3. Welche Eingaben verlangt die geneigte Stütze?
4. Welcher Objektfang wird bei Trägern empfohlen?
5. Mit welchen Einstellungen können Sie Träger verlängern?
6. Was ist die Voraussetzung für das Erzeugen von Gehrungen zwischen Trägern?
7. Was bedeutet ANZAHL bei Trägersystemen?
8. Was benötigen Sie für ein Trägersystem für Dachbalken?
9. Was müssen Sie bei Dachbalken an der Gaube berücksichtigen?
10. Wie werden Streben angepasst?

Kapitel 10

Weitere Dachformen

Für Dächer gibt es eine große Zahl an Varianten, für die Revit unterschiedliche Konstruktionsweisen zur Verfügung stellt. Prinzipiell gibt es vier Vorgehensweisen:

- DACH ÜBER GRUNDFLÄCHE
    - mit anzugebenden NEIGUNGEN für jede Dachkante

        Für jede Dachkante können Sie einen *Neigungswinkel* angeben, der von negativen Werten – Schmetterlingsdach – über null – Flachdach – bis zu positiven Werten variieren kann (Pult-, Sattel-, Walmdach).

    - mit einem NEIGUNGSPFEIL pro Flächensegment

        Für einzelne Dachflächen kann eine Neigungsrichtung mit Start- und Endhöhe angegeben werden, um sehr komplexe Dachformen zu realisieren.

- DACH ÜBER EXTRUSION

    Ein Dach wird über einen Querschnitt definiert, der in horizontaler Richtung extrudiert wird.

- DACH ÜBER FLÄCHE eines Volumenkörpers

    Ein fast beliebig geformter Volumenkörper kann zur Definition der Gebäudeform verwendet werden. Die Fläche, die das Dach beschreibt, wird dann mit diesem Werkzeug angeklickt. Dadurch entstehen komplexe und auch frei geformte Dachkonstruktionen.

Neben den verschiedenen Konstruktionsmethoden für verschiedene Dachformen gibt es unter ARCHITEKTUR|DACH noch verschiedene Dachelemente wie die DACHUNTERSICHT, die *Traufkanten* und die DACHRINNE (Abbildung 10.1).

Nach der Konstruktion des Dachs können Sie die Wände natürlich automatisch an das Dach anpassen. Dazu wählen Sie die umlaufenden Außenwände, indem Sie eine Wand mit dem Cursor berühren (nicht klicken!), dann die -Taste drücken und dann erst klicken. Danach wählen Sie das Werkzeug FIXIEREN OBEN/BASIS, akzeptieren in der OPTIONSLEISTE die Einstellung OBERKANTE und klicken dann das Dach an. Automatisch werden die Wände bis ans Dach hochgezogen.

Kapitel 10
Weitere Dachformen

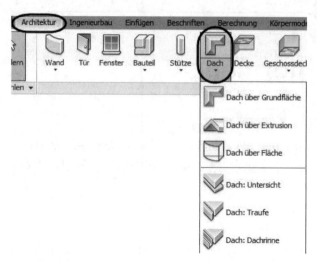

Abb. 10.1: Dachfunktionen

10.1 Einzelne Dachformen

Die Standarddachform ist als *Walmdach* vorgegeben. Im einfachsten Fall wählen Sie die Außenwände des Gebäudes. In der Optionsleiste ist für alle Wände bzw. Kanten die Option BESTIMMT NEIGUNG aktiviert. Der DACHÜBERSTAND über die Wände nach außen ist mit **1 m** vorgegeben. Im EIGENSCHAFTEN-MANAGER lässt sich die *Kniestockhöhe* im aktuellen Stockwerk unter BASISVERSATZ VON EBENE eingeben. Die NEIGUNG finden Sie weiter unten, die Vorgabe ist **30°**.

Abb. 10.2: Eingaben für Standard-Dächer

Die gewählte Kontur für ein Dach muss eine *geschlossene Kontur* sein. Während der Erstellung wird die Kontur mit den *dreieckigen Neigungssymbolen* für jede Kante angezeigt. Über das *Doppelpfeilsymbol* kann eine falsche Ausrichtung einer Dachkante umgekehrt werden. Die Dachfunktion verlassen Sie über das grüne Häkchen.

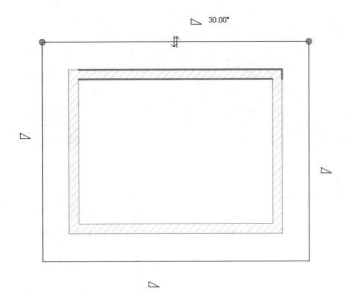

Abb. 10.3: Standarddach über rechteckigem Grundriss zeichnen

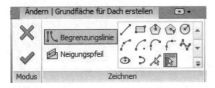

Abb. 10.4: Das DACH-Werkzeug

10.1.1 Walmdachformen

Normales Walmdach

Ein normales Walmdach entsteht, wie oben beschrieben, wenn jede Kante die Neigung bestimmt (Abbildung 10.5).

Kapitel 10
Weitere Dachformen

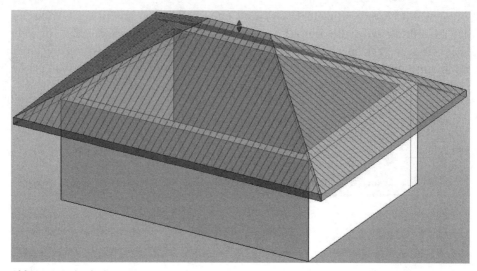

Abb. 10.5: Walmdach

Ein Walmdach kann für komplexe Gebäudeumrisse erstellt werden, die auch gebogene Wände enthalten (Abbildung 10.6). Die gebogenen Partien eines Daches können unter GRUNDFLÄCHE BEARBEITEN nachträglich segmentiert werden (Abbildung 10.7).

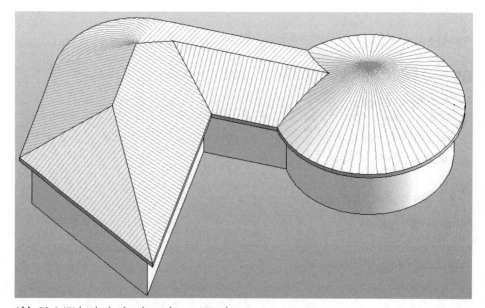

Abb. 10.6: Walmdach über komplexem Wandumriss

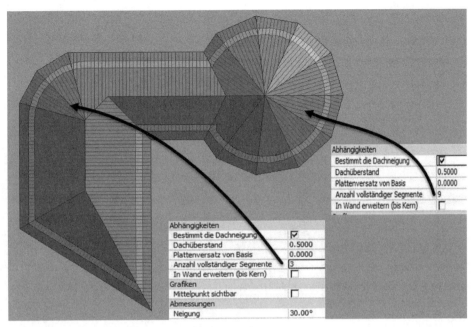

Abb. 10.7: Runde Kanten können segmentiert werden.

Krüppelwalmdach

Ein Krüppelwalmdach entsteht dadurch, dass Sie für die Giebelwand die Dachkante einzeln aktivieren und dort unter PLATTENVERSATZ VON BASIS einen zusätzlichen Versatz angeben, der relativ zum Kniestock (= BASISVERSATZ VON EBENE) zählt (Abbildung 10.9).

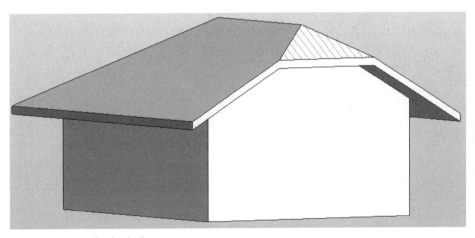

Abb. 10.8: Krüppelwalmdach

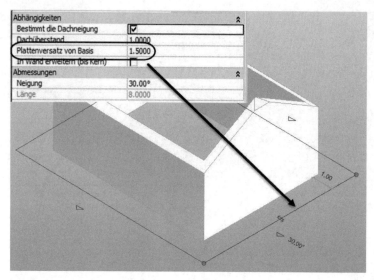

Abb. 10.9: Giebelkante erhält einen höheren Versatz.

Fußwalmdach

Das seltene Fußwalmdach (Abbildung 10.10) kann nur über zwei einzelne Dächer erstellt werden. Der äußere Kranz der Dachkonstruktion ist ein Walmdach mit einem symmetrischen Ausschnitt (Abbildung 10.11 links). Dafür müssen Sie den Umriss für das Walmdach nur mit Versatz ⌐ parallel versetzen. Diese Kanten dürfen aber die Neigung nicht bestimmen.

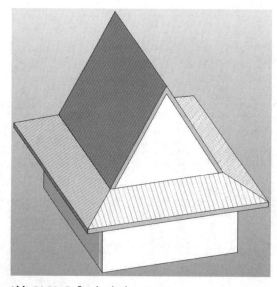

Abb. 10.10: Fußwalmdach

10.1
Einzelne Dachformen

In diese Öffnung im Walmdach wird nun passend ein Satteldach mit stärkerer Neigung hineingesetzt, das natürlich auch von der Höhe her angepasst werden muss. Das Satteldach entsteht dadurch, dass nur zwei Kanten die Neigung bestimmen.

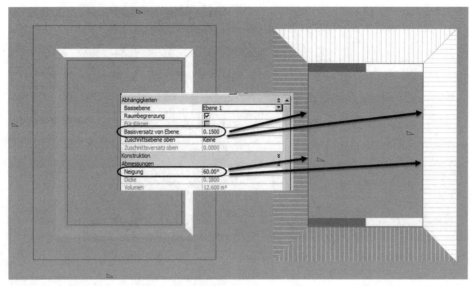

Abb. 10.11: Konstruktion fürs Fußwalmdach

10.1.2 Satteldach

Normales Satteldach

Wie bereits oben beim inneren Teil des Fußwalmdachs gezeigt, entsteht ein Satteldach (Abbildung 10.12) ähnlich wie das Walmdach, allerdings mit dem Unterschied, dass hier nur zwei gegenüberliegende Kanten die Neigung bestimmen, die anderen beiden nicht (Abbildung 10.13).

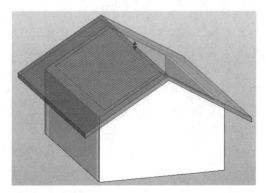

Abb. 10.12: Satteldach

Kapitel 10
Weitere Dachformen

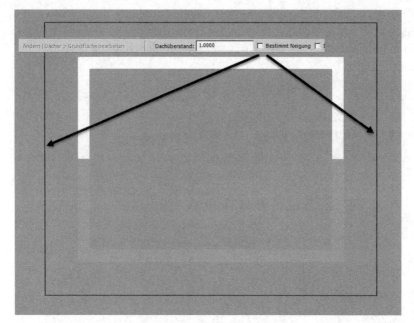

Abb. 10.13: Keine Dachneigung an den Giebeln

Schleppdach

Das Schleppdach (Abbildung 10.14) ist sozusagen ein erweitertes Satteldach. Die Wandkontur zeigt hier einen Erker, der vom Dach überzogen wird. Die Dachneigung wird von den Kanten bestimmt, die sich am Erker anschließen und ihr gegenüberliegen (Abbildung 10.15).

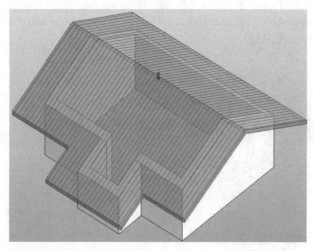

Abb. 10.14: Schleppdach

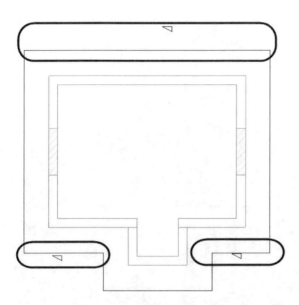

Abb. 10.15: Kanten zur Neigungsbestimmung beim Schleppdach

Schmetterlingsdach

Das Schmetterlingsdach (Abbildung 10.16) ist einfach ein Satteldach mit negativen Neigungswinkeln (Abbildung 10.17).

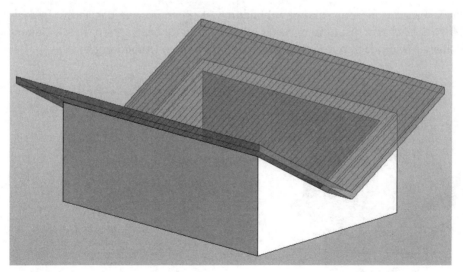

Abb. 10.16: Schmetterlingsdach

Kapitel 10
Weitere Dachformen

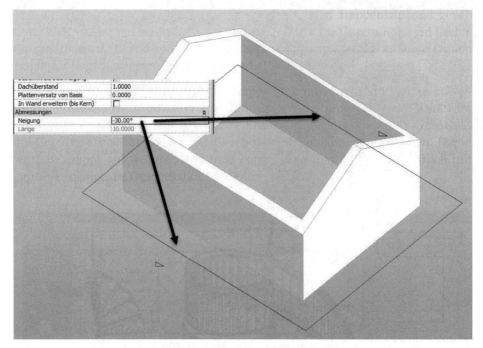

Abb. 10.17: Negative Neigungswinkel erzeugen das Schmetterlingsdach.

Laternendach

Die Laternendach-Konstruktion (Abbildung 10.18) muss wie das Fußwalmdach aus zwei Dächern zusammengesetzt werden. Zuerst konstruieren Sie die Seitendächer als Walmdach mit Neigung nur an zwei Kanten (Abbildung 10.19).

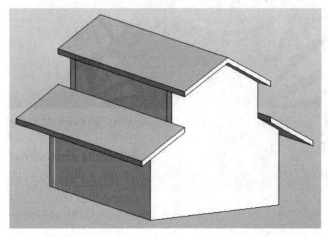

Abb. 10.18: Laternendach

Dieses Dach können Sie dann auf die andere Seite mit SPIEGELN – ACHSE ZEICHNEN spiegeln. Die Achse definieren Sie über die Mittelpunkte der Seitenwände. Danach zeichnen Sie ein Satteldach für die verbleibende Öffnung mit entsprechend erhöhtem Kniestock (VERSATZ VON DACHBASIS) (Abbildung 10.20).

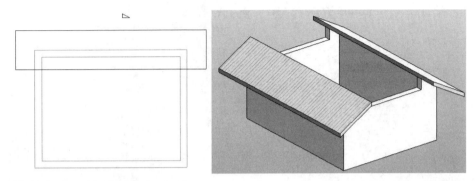

Abb. 10.19: Einzeldach wird gespiegelt.

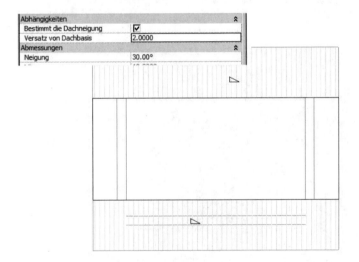

Abb. 10.20: Oberes Satteldach liegt 2 m höher.

Pultdach

Das Pultdach (Abbildung 10.21) wird als Dach mit nur einer neigungsbestimmenden Kante erstellt (Abbildung 10.22).

Kapitel 10
Weitere Dachformen

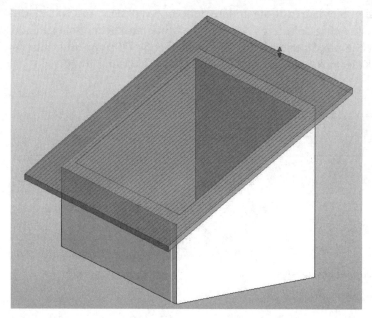

Abb. 10.21: Pultdach

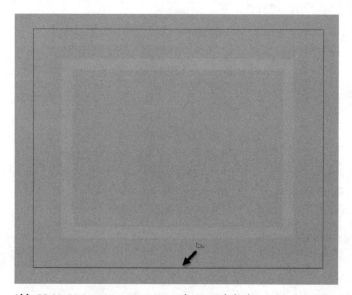

Abb. 10.22: Neigung an einer Kante beim Pultdach

Flachdach

Beim Flachdach (Abbildung 10.23) schließlich wird keine Neigung verwendet. Dadurch liegt es völlig eben.

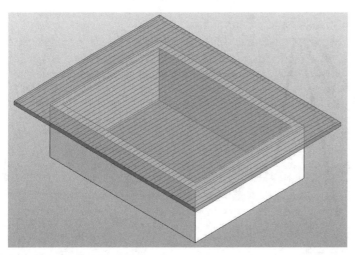

Abb. 10.23: Flachdach

10.1.3 Dächer mit Neigungspfeil

Es gibt Dachformen, bei denen die Neigung als Winkel schlecht zu definieren ist. Hier wird das Werkzeug NEIGUNGSPFEIL eingesetzt. Der Neigungspfeil hat eine *Richtung in der Draufsicht* und er hat eine *Start-* und *Endhöhe*, die Sie frei eingeben können.

Zeltdach

Das Zeltdach wird über den Umriss und vier Neigungspfeile definiert, die bis zur gemeinsamen Dachspitze laufen. Die Endhöhe für die Neigungspfeile ist dann die Dachhöhe an dieser Spitze.

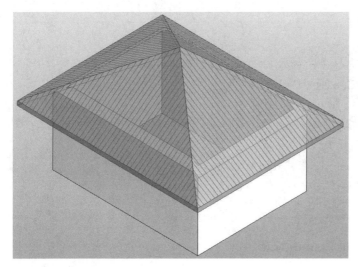

Abb. 10.24: Zeltdach

Kapitel 10
Weitere Dachformen

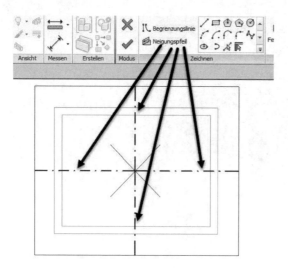

Abb. 10.25: Zeltdach über 4 Neigungspfeile bis zum Mittelpunkt

Zwerchdach

Das Zwerchdach ist eigentlich ein Satteldach, bei dem sich aus einer Dachkante heraus ein Giebel erhebt. Dafür ist es nötig, dass die Kante, die den zusätzlichen Giebel bekommen soll, in vier Teile unterteilt wird. Die äußeren Teile bilden mit der gegenüberliegenden Dachkante zusammen das Satteldach und bestimmen alle drei dessen Neigung. Die inneren zwei Teile der Kante bestimmen keine Neigung, aber sie erhalten überlagert einen *Neigungspfeil* mit der entsprechenden Endhöhe. Dabei ist zu beachten, dass die Endhöhe *unter* der Firsthöhe des Satteldachs liegen muss, weil es sonst geometrisch nicht möglich ist.

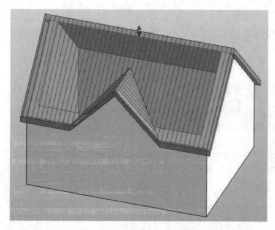

Abb. 10.26: Zwerchdach mit kleinem Giebel

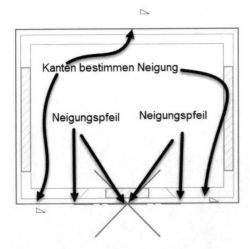

Abb. 10.27: Kantenaufteilung und Neigungspfeile für Zwerchdach

Rhombendach

Das *Rhombendach* eines Turms kann leicht mit vier Neigungspfeilen und einer Dachkontur aus acht Linien jeweils von der Ecke bis zur Seitenmitte dargestellt werden.

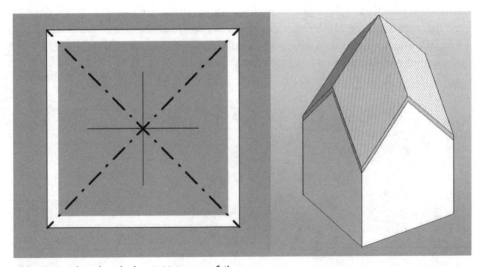

Abb. 10.28: Rhombendach mit Neigungspfeilen erzeugen

Faltdach

Auch das *Faltdach* für einen Turm lässt sich über Neigungspfeile darstellen (Abbildung 10.29). Allerdings ist die Methode geometrisch etwas unbefriedigend. Die

Kapitel 10
Weitere Dachformen

Dachkanten wurden hier jeweils vom Eckpunkt zur Seitenmitte gezogen. Die Neigungspfeile wurden an den Mittelpunkten der Halbseiten begonnen und bis zum Mittelpunkt des Quadrats gezogen.

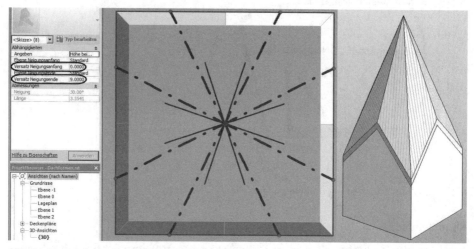

Abb. 10.29: Faltdach über Neigungspfeile definiert

Mansarddach

Ein Mansarddach kann konstruiert werden, indem man die Dachkante der Giebelseite halbiert und jede Hälfte wieder unterteilt. Damit besteht jede Giebelseite aus 4 Linienstücken. Auf einer Giebelseite werden auf die Teile der Dachkante die Neigungspfeile mit den passenden Höhenangaben gesetzt.

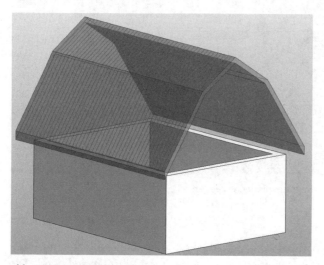

Abb. 10.30: Mansarddach

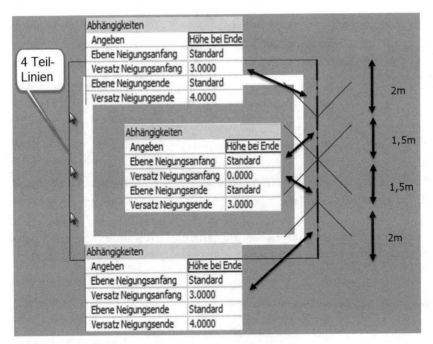

Abb. 10.31: Mansarddach über Neigungspfeile definiert

10.1.4 Dächer über Extrusion

Bei Dächern, die über eine Extrusion erzeugt werden, geben Sie zuerst eine Geometrie für den *Querschnitt* des Dachs an. Dieser Querschnitt wird dann in DACH ÜBER EXTRUSION verwendet und in die Tiefe gezogen – extrudiert. Um aber den Querschnitt des Dachs entwerfen zu können, müssen Sie in eine *andere Konstruktionsebene* als die normale Zeichenebene für Grundrisse wechseln. Dazu benutzen Sie die Funktion ARBEITSEBENE FESTLEGEN aus den Registern ARCHITEKTUR oder INGENIEURBAU aus der Gruppe ARBEITSEBENE.

Damit Sie die Arbeitsebene auch als transparente blaue Fläche sehen können, empfiehlt es sich zunächst, mit ARBEITSEBENE ANZEIGEN die Sichtbarkeit zu aktivieren.

Um die Arbeitsebene auf eine Hauswand zu legen, aktivieren Sie im Dialogfenster ARBEITSEBENE die Option ARBEITSEBENE AUSWÄHLEN und klicken dann auf OK. Danach erst klicken Sie auf die gewünschte Hauswand (Abbildung 10.32).

Kapitel 10
Weitere Dachformen

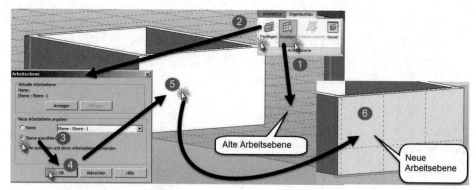

Abb. 10.32: Arbeitsebene auf eine Wand legen

Die Arbeitsebene besitzt ein Raster, das Sie ganz einfach mit dem Befehl SCHIEBEN so verschieben können, dass es zur Hauswand passt. Im EIGENSCHAFTEN-MANAGER können Sie zudem die Rasterweite ändern.

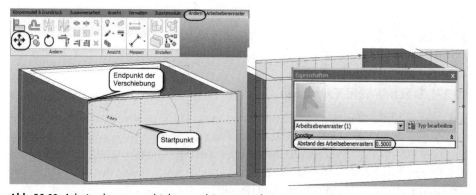

Abb. 10.33: Arbeitsebene verschieben und Raster ändern

Auf dieser Arbeitsebene lassen sich nun die Konturen für die Dächer über Extrusion bequem erstellen. Sie können die Arbeitsebene über die runden blauen Griffe an den Seiten in der Größe bequem anpassen.

Mansarddach

Das oben schon vorgestellte Mansarddach lässt sich nicht nur mit der Methode der Neigungspfeile, sondern vielleicht noch einfacher als DACH ÜBER EXTRUSION erstellen (Abbildung 10.34). Nach Aufruf des Werkzeugs ❶ müssen Sie noch angeben, zu welchem Geschoss bzw. welcher Ebene ❷ das neue Dach gehören soll. Dann können Sie aus den angebotenen Zeichenwerkzeugen ❸ das geeignete aussuchen. Nach Konstruktion der Kontur, meist über die Rasterpunkte der Arbeitsebene ❹, ❺ etc., wird die Konstruktion mit BEENDEN ✓ ❼ abgeschlossen.

10.1
Einzelne Dachformen

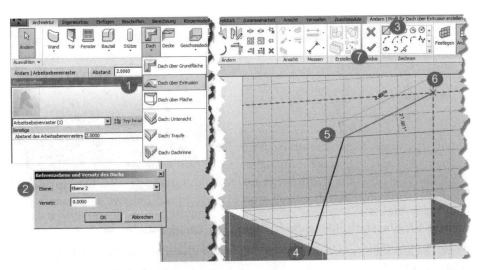

Abb. 10.34: Mansarddach als DACH ÜBER EXTRUSION

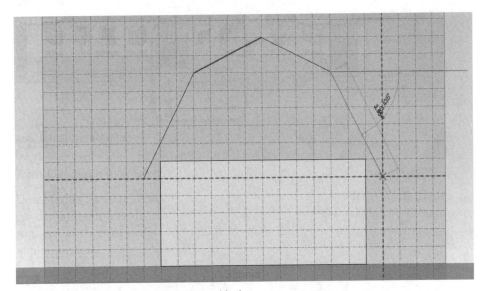

Abb. 10.35: Fertige Kontur für das Mansarddach

Das so beendete Mansarddach wird zuerst nicht von den Abmessungen her passen. Das Dach beginnt an der Arbeitsebene und streckt sich von dort bis zu der Stelle, wo die hinterste Wand innerhalb des gesamten Modells liegt. Da im aktuellen Fall auch noch ein Nebengebäude vorhanden war, wurde das Dach also viel zu lang erzeugt (Abbildung 10.36). Die Anpassungen nehmen Sie dann über den EIGENSCHAFTEN-MANAGER vor. Aktuell wurde der EXTRUSIONSBEGINN mit **0.5** einen halben Meter vor die Arbeitsebene verlegt und das EXTRUSIONSENDE auf -**8.5** Meter hinter der Arbeitsebene.

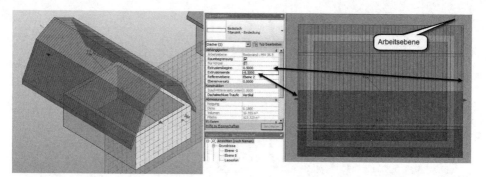

Abb. 10.36: Extrusion fertigstellen

Grabendach, Sheddach, Tonnendach, Bogendach, Zollingerdach

Diese Dachformen werden alle durch spezielle Konturen als DACH ÜBER EXTRUSION erstellt.

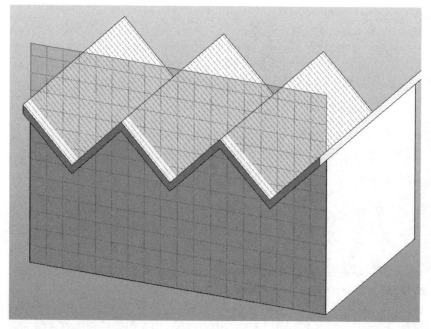

Abb. 10.37: Grabendach

Für das *Grabendach* und das *Sheddach* empfehlen sich wieder das Arbeitsebenenraster und das LINIE-Werkzeug.

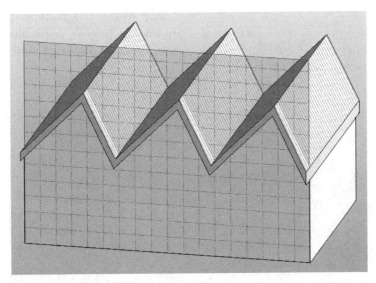

Abb. 10.38: Sheddach

Das *Tonnendach* entsteht über den BOGEN DURCH MITTEL- UND ENDPUNKTE. Sie beginnen mit dem Bogen-Mittelpunkt und wählen dann die Positionen für Start- und Endpunkt.

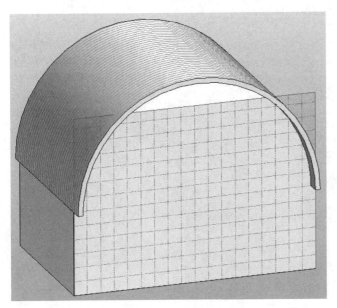

Abb. 10.39: Tonnendach

Das *Zollingerdach* lässt sich einfach über das Werkzeug ANFANG-ENDE-RADIUS-BOGEN konstruieren. Der erste Punkt ist der Startpunkt des Bogens, der zweite der Endpunkt und der dritte Punkt definiert über seine Lage den Radius. Ebenso lässt sich das Bogendach konstruieren.

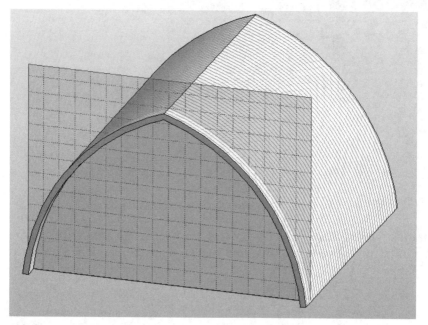

Abb. 10.40: Zollingerdach

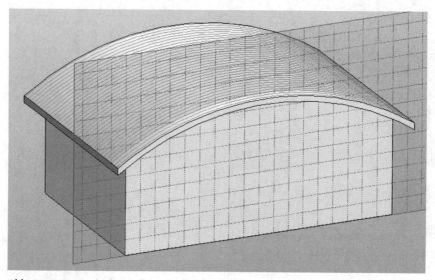

Abb. 10.41: Bogendach

10.1.5 Sonderformen

Es gibt noch eine dritte Art, Dächer zu erstellen: DACH ÜBER FLÄCHE . Dabei wird ein Dach passend zu einer Oberfläche eines Volumenkörpers erstellt. Bei Volumenkörpern gibt es viele Gestaltungsmöglichkeiten. Sie können Volumenkörper aus der Bauteil-Bibliothek laden oder selbst aus Konturen modellieren. Ein einfaches Beispiel dafür ist das Kegeldach.

Kegeldach

Am Beispiel eines Turms mit Kegeldach soll nun die Dacherstellung über Volumenkörper demonstriert werden. Der Turm besteht aus zwei Körpern, dem Zylinder für das Bauwerk und dem Kegel für das Dach.

- Zum Erstellen von Volumenkörpern wechseln Sie ins Register KÖRPERMODELL & GRUNDSTÜCK.
- Wählen Sie das Werkzeug ENTWURFSKÖRPER|PROJEKTKÖRPER und geben Sie einen *Namen* für den neuen Projektkörper ein. Wenn Sie bisher noch keine Volumenkörper verwendet haben, werden Sie in einem Dialogfenster informiert, dass nun die Sichtbarkeit für Volumenkörper aktiviert wird.
- Aktivieren Sie im neuen Register ERSTELLEN das Werkzeug MODELL|BAUTEIL .
- Mit dem Werkzeug FAMILIE LADEN können Sie nun aus der Bauteilbibliothek den gewünschten Volumenkörper laden. In der Bibliothek GERMANY gehen Sie in den Ordner KÖRPER und öffnen die Datei `Zylinder.rvt`. Damit ist dieser Volumenkörper unter den Körper-Typen im EIGENSCHAFTEN-MANAGER verfügbar und kann platziert werden. Damit der Volumenkörper auf der aktuellen Geschossebene platziert wird, sollte die gewünschte Ebene (Geschoss) in der OPTIONSLEISTE oder im EIGENSCHAFTEN-MANAGER aktiviert sein. Außerdem sollte AUF ARBEITSEBENE PLATZIEREN aktiviert sein, möglichst mit angezeigter Oberfläche . Beim Platzieren werden automatisch Referenzmaße zu den nächstliegenden Elementen Ihres Modells verwendet.
- Mit FAMILIE LADEN können Sie danach den nächsten Volumenkörper, den Kegel fürs Dach laden. In der Bibliothek GERMANY öffnen Sie im Ordner KÖRPER die Datei `Kegel.rvt`. Damit ist dieser Volumenkörper unter den Körper-Typen im EIGENSCHAFTEN-MANAGER verfügbar und kann platziert werden. Damit der Kegel auf der oberen Kreisfläche des Zylinders positioniert wird, sollte AUF FLÄCHE aktiviert sein. Beim Platzieren werden automatisch wieder Referenzmaße zu den nächstliegenden Elementen Ihres Modells verwendet. Damit der Kegel mit dem Zylinder exakt fluchtet, sollten diese Maße die gleichen Werte haben wie oben beim Zylinder oder Sie achten darauf, dass der Kegel auf dem Rand des Zylinders einrastet.
- Sie beenden nun die Erstellung des Körpers mit KÖRPER FERTIG STELLEN .

- Nun wählen Sie Körpermodell & Grundstück|Über Fläche modellieren|Dach oder Architektur|Erstellen|Dach|Dach über Fläche .
- In der kontextspezifischen Multifunktionsleiste Dach über Fläche platzieren ist Mehrere wählen aktiv, und Sie klicken nun die beiden Hälften der Kegeloberfläche an.
- Dann beenden Sie die Erstellung des Dachs mit Dach erstellen in derselben Multifunktionsleiste.

In der Bibliothek Germany|Körper finden Sie weitere interessante Körper, von denen Sie Dachformen ableiten können, wie Kuppel, Pyramide, Tonnendach, Dreieck, sowie fertige, auch komplexe Gebäude-Grundrissformen mit verschiedenen Dächern wie Gebäude-U Form-Satteldach und Ähnliche.

Rotationssymmetrische Dächer

Um ein rotationssymmetrisches Dach zu konstruieren, brauchen Sie ebenfalls das Register Körpermodell & Grundstück. Dort können Sie die *geschlossene Kontur* und eine *Linie* als *Rotationsachse* erstellen. Aus beidem wird durch Körper erstellen automatisch ein Rotationskörper entstehen.

- Wechseln Sie ins Register Körpermodell & Grundstück.
- Wählen Sie das Werkzeug Entwurfskörper|Projektkörper und geben Sie einen *Namen* für den neuen Projektkörper ein. Wenn Sie bisher noch keine Volumenkörper verwendet haben, werden Sie in einem Dialogfenster informiert, dass nun die Sichtbarkeit für Volumenkörper aktiviert wird.
- Legen Sie mit Arbeitsebene festlegen zum Zeichnen des Querschnitts eine senkrechte Arbeitsebene fest, die sich beispielsweise durch Anklicken an einer vorhandenen Wand ❶ orientiert (Abbildung 10.42).
- Nun verwenden Sie die Zeichenwerkzeuge wie Linie und verschiedene Bogenformen, um den Querschnitt als geschlossene Kontur zu definieren ❷.
- Zusätzlich zeichnen Sie eine einzelne Linie als Rotationsachse ❸.
- Wählen Sie nun Kontur und Achse ❹, und aktivieren Sie Form erstellen ❺.
- Sie beenden nun die Erstellung des Körpers mit Körper fertig stellen ✓ ❻.
- Nun wählen Sie Körpermodell & Grundstück|Über Fläche modellieren|Dach oder Architektur|Erstellen|Dach|Dach über Fläche .
- In der kontextspezifischen Multifunktionsleiste Dach über Fläche platzieren ist Mehrere wählen aktiv, und Sie klicken nun alle Teilflächen des Volumenkörpers an, hier also sechs Flächen.
- Dann beenden Sie die Erstellung des Dachs mit Dach erstellen in derselben Multifunktionsleiste.

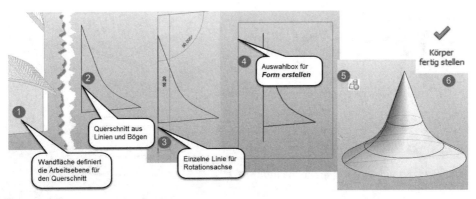

Abb. 10.42: Rotationssymmetrisches Dach

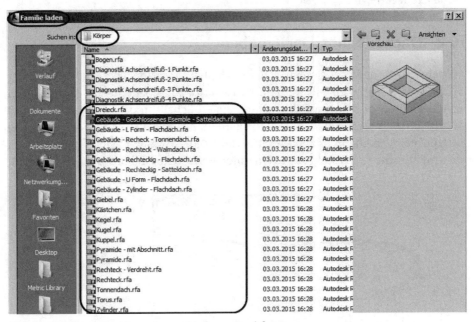

Abb. 10.43: Körper-Familien mit verschiedenen Dachformen

Helm

Für komplexere Dachformen, insbesondere die verschiedenen Turmhelme wäre es nötig, zunächst die dazu benötigten Volumenkörper-Familien zu erstellen und dann deren Flächen in Dächer umzuwandeln. Hierbei werden allerdings nur solche Oberflächen berücksichtigt, deren Flächennormale überall nach oben ausgerichtet ist. Die barocken Zwiebeltürme sind auch damit als Dach nicht zu erstellen. Man kann aus Körperflächen, die teilweise nach unten geneigt sind, nur Wände erstellen.

Kapitel 10
Weitere Dachformen

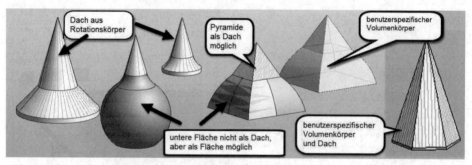

Abb. 10.44: Komplexe Dachformen für Turmhelme

Zu diesen komplexen Dachformen zählen Zwiebelhelm, Welsche Haube, Glockendach, facettiertes Kuppeldach.

10.2 Dachzubehör, Dachgauben

Ausgangspunkt der Dachgauben ist das Dach über Extrusion. Die Gaube soll auf der Nordseite des Dachs erstellt werden. Um eine Bezugsebene für das Gaubendach bzgl. der Höhe zu haben, wird in einem ersten Schritt in der ANSICHT WEST mit ARCHITEKTUR|ARBEITSEBENE|REFERENZEBENE eine REFERENZEBENE erstellt. Die Referenzebene ist dann in allen ANSICHTEN NORD, SÜD, OST und WEST zu sehen. Sie wird über die Bemaßung auf 50 cm unter der Geschosshöhe der EBENE 2 erstellt.

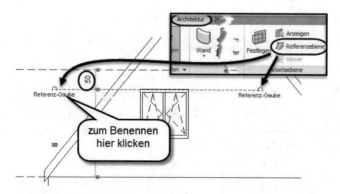

Abb. 10.45: Referenzebene erstellen

Im nächsten Schritt wird eine Rasterlinie für die Vorderkante der Gaube erstellt (Abbildung 10.46). Der Abstand von der Nordwand-Außenkante wird über das Maß auf 1 m eingestellt. Die Rasterlinie entspricht eigentlich einer Fläche. Sie dehnt sich nicht nur in der aktuellen Ebene in der Höhe aus, sondern auch lotrecht zur Ansichtsebene in der Tiefe. Deshalb kann sie benutzt werden, um eine Arbeitsebene für die Gaubenvorderkante zu erstellen.

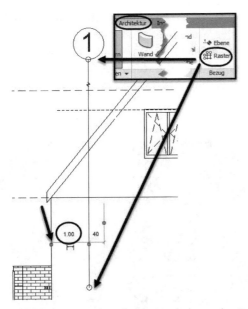

Abb. 10.46: Rasterlinie für die Vorderkante der Gaube

Mit dem Werkzeug ARBEITSEBENE kann nun diese Rasterlinie nach EBENE AUSWÄHLEN und OK angeklickt werden. Bei der Erzeugung erkennt Revit, dass diese Ebene senkrecht zur aktuellen Ansicht steht, und bietet einen Schwenk in die Ansicht NORD an. Das wird nun akzeptiert.

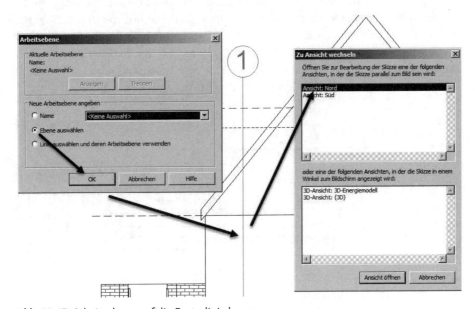

Abb. 10.47: Arbeitsebene auf die Rasterlinie legen

In der Ansicht NORD können Sie die Arbeitsebene sehen, nachdem Sie die Sichtbarkeit aktiviert haben. Da sie 1 m hinter der Wand liegt, durchbricht sie sichtbar die Dachfläche. Auch die Referenzebene ist hier sichtbar. Die ARBEITSEBENE wurde über EIGENSCHAFTEN auf ein 1-m-Raster eingestellt. Außerdem wurde sie mit dem Werkzeug AUSRICHTEN 🖺 mit der rechten Wandkante und mit der EBENE 1 fluchtend ausgerichtet.

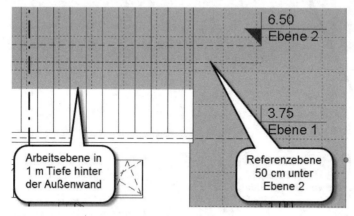

Abb. 10.48: Arbeitsebene und Referenzebene

Nun kann mit ARCHITEKTUR|ERSTELLEN|DACH ▼ |DACH ÜBER EXTRUSION die obere Kante für das Gaubendach gezeichnet werden. Das Dach soll 2 m von der Außenwand entfernt beginnen und 2 m breit sein. Der Startpunkt wäre also der Schnittpunkt zwischen REFERENZEBENE und der 2-m-Rasterlinie auf der ARBEITSEBENE. Die erste Kante wird durch Einrasten auf 45° bestimmt und der Endpunkt liegt dann auf der 3-m-Rasterlinie. Symmetrisch geht es mit der zweiten Linie weiter. Nach Beenden des DACH-Werkzeugs werden Sie feststellen, dass das Gaubendach zunächst sehr lang ist und Ihre komplette Zeichnung durchdringt.

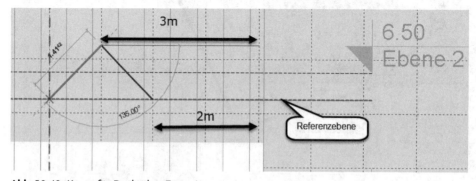

Abb. 10.49: Kante für Dach über Extrusion

Das Extrusionsdach müssen Sie nun mit dem Griff am hinteren Ende so weit verkleinern, dass es das Hauptdach nicht mehr berührt. Dann rufen Sie ÄNDERN|GEOMETRIE|DACH VERBINDEN auf und klicken zuerst die hintere Kante des Gaubendachs ❶ an und danach eine Kante des Hauptdachs ❷. Danach passt das Gaubendach exakt zum Hauptdach.

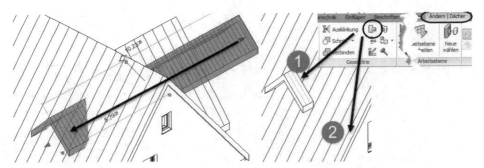

Abb. 10.50: Gaubendach zurückziehen und dann mit dem Haupt-Dach verbinden

Zeichnen Sie nun die Gaubenwände wie hier mit VERSATZ **-0.1** nach innen. Im Beispiel wurde eine 24er-Wand mit Dämmung verwendet und die Option KETTE aktiviert.

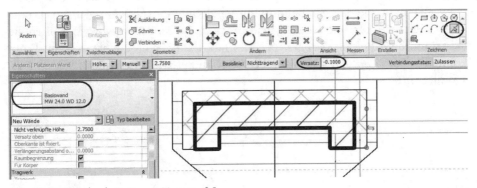

Abb. 10.51: Wände als Kette mit Versatz -0.1

Die erzeugten Wände können nun zusammen an den Dächern unten und oben fixiert werden. Zur vollständigen Gaube fehlt nur noch der Durchbruch im Hauptdach. Dazu ist es sinnvoll, die beiden Dächer und die drei Gaubenwände mit zu isolieren und ins Drahtmodell zu schalten.

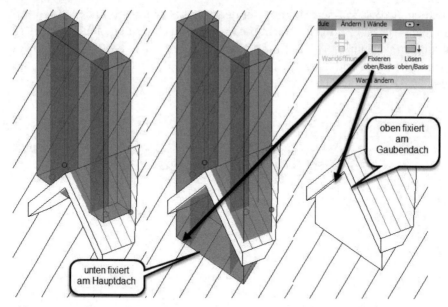

Abb. 10.52: Gaubenwände werden oben und unten an den Dächern fixiert.

Im Drahtmodell aktivieren Sie nun das Werkzeug ARCHITEKTUR|ÖFFNUNG|GAUBE. Als Erstes markieren Sie das Hauptdach und danach die Wandkante und die Gaubendachkanten, die den Gaubendurchbruch definieren (Abbildung 10.53). Da die Kanten noch Lücken und Überschneidungen in der Kontur aufweisen, sollten die Ecken mit dem Befehl STUTZEN/DEHNEN FÜR ECKE gesäubert werden. Dann können Sie das GAUBEN-Werkzeug beenden und erhalten den gewünschten Ausschnitt im Dach.

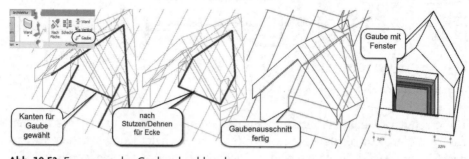

Abb. 10.53: Erzeugung des Gaubendurchbruchs

10.3 Übungsfragen

1. Welche konstruktiven Varianten gibt es für Dächer?
2. Wie können Sie beim DACH ÜBER GRUNDFLÄCHE die Neigung festlegen?

3. Was geben Sie beim Neigungspfeil an?
4. Was ist die Voraussetzung für das DACH ÜBER EXTRUSION?
5. Was ist die Voraussetzung für das DACH ÜBER FLÄCHE?
6. Was ist die Einschränkung bei Dächern?
7. Wie erstellt man normalerweise das Dach einer GAUBE?
8. Wie läuft DACH VERBINDEN ab?
9. Welche Fixierung ist bei Gaubenwänden üblicherweise nötig?

Kapitel 11

Konzeptionelles Design

Unter konzeptionellem Design versteht man eine Vorgehensweise, bei der nicht wie traditionell einzelne Wände gezeichnet und deren Lage konzipiert werden, sondern zuerst die dreidimensionale Gebäudeform als Volumenkörper entworfen und modelliert wird. Diese Volumenkörperform dient dann als Basis zum Positionieren von Wänden, Fassaden, Dächern und Geschossdecken. Sobald dies erledigt ist, wird der ursprüngliche Volumenkörper nicht mehr benötigt und kann unsichtbar geschaltet werden, was vorgabemäßig auch die Voreinstellung für Volumenkörper ist.

11.1 Volumenkörper erstellen

Die Erstellung von Volumenkörpern geschieht im Register KÖRPERMODELL & GRUNDSTÜCK ❶. Sobald Sie dort das Werkzeug PROJEKTKÖRPER ❷ aktivieren, erscheint eine Meldung ❸, dass von nun an die Sichtbarkeit von Volumenkörpern ❹ entgegen der Vorgabe aktiviert wird. Danach können Sie einen Namen ❺ für den Projektkörper vergeben und mit OK ❻ an die Erstellung des Körpers gehen.

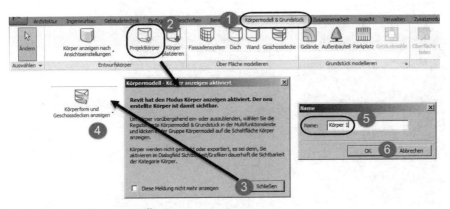

Abb. 11.1: Projektkörper erstellen

Die meisten Projektkörper entstehen durch Extrusion eines Profils. Dazu müssen Sie nur im Grundriss mit den Zeichenwerkzeugen eine *geschlossene Kontur* zeichnen. Sobald Sie die Kontur anklicken, erscheint das Werkzeug FORM ERSTELLEN. Im Flyout wählen Sie VOLUMENKÖRPER und können dann die Höhe eingeben oder am gezeigten Koordinatendreibein nach Markieren des blauen Pfeils die z-Achse in die Höhe ziehen. Die Flyout-Option ABZUGSKÖRPERFORM erlaubt es, weitere Volumenkörper vom aktuellen abzuziehen.

Kapitel 11
Konzeptionelles Design

Abb. 11.2: Register ERSTELLEN für Volumenkörper

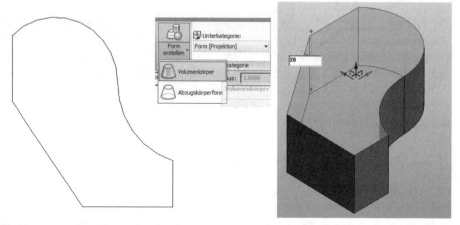

Abb. 11.3: Körper durch Extrusion

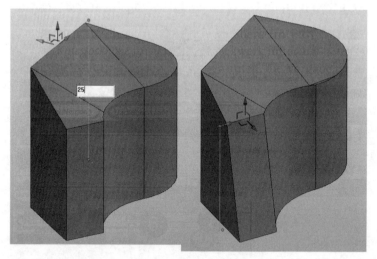

Abb. 11.4: Extrusion einzelner Flächen und Kanten

Der Volumenkörper kann nun noch modelliert werden. Nach Anklicken von Eckpunkten, Kanten oder Flächen erscheinen dort dann wieder Richtungspfeile für die möglichen Deformationsrichtungen. Auf diese Art und Weise können Sie schrägstehende Wände und Dachflächen erzeugen. Bevor Sie die Volumenkörper-Erstellung mit KÖRPER FERTIG STELLEN abschließen, können Sie noch weitere

VOLUMEN oder ABZUGSKÖRPER erzeugen, die dann abschließend automatisch mit dem Volumen kombiniert werden.

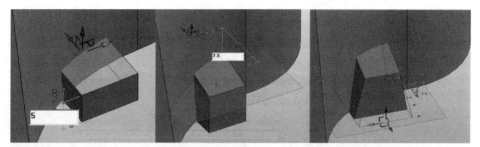

Abb. 11.5: Empfangshalle für das Gebäude zeichnen, extrudieren und Flächen neigen

Alternativ können Sie auch die Volumenkörper einzeln erstellen und mit VERBINDEN (Abbildung 11.6) miteinander kombinieren.

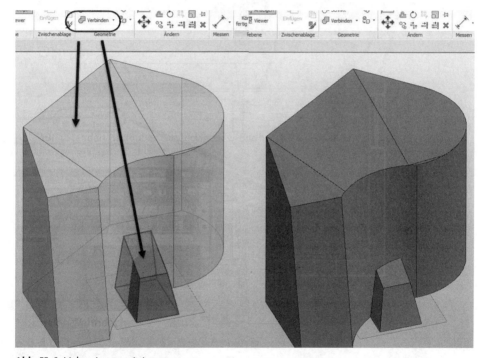

Abb. 11.6: Volumina vereinigen

Auch Rotationskörper können erstellt werden. Dafür brauchen Sie allerdings ein Profil, das auf einer Fläche senkrecht zum normalen Grundriss liegt. Dafür sollten Sie zunächst die Anzeige der aktuellen Arbeitsebene aktivieren ❶ und dann eine passende Ebene beispielsweise nach Anklicken einer Wandfläche ❷ spezifizieren.

Das Profil zeichnen Sie dann mit den üblichen Zeichenwerkzeugen wie LINIE ❸ ❹, BOGEN und auch SPLINEKURVE ❺. Es muss wieder geschlossen sein. Abschließend sollten Sie noch eine LINIE als *Rotationsachse* zeichnen ❻. Üblicherweise liegt sie auch fluchtend zur Achse des Profils. Wenn Sie nun das geschlossene Profil markieren und mit ⇧+Klick auch die Rotationsachse wählen, wird mit dem Werkzeug FORM ERSTELLEN|VOLUMENKÖRPER ein Rotationskörper erstellt.

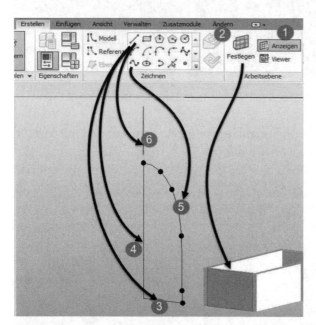

Abb. 11.7: Rotationskörper erstellen

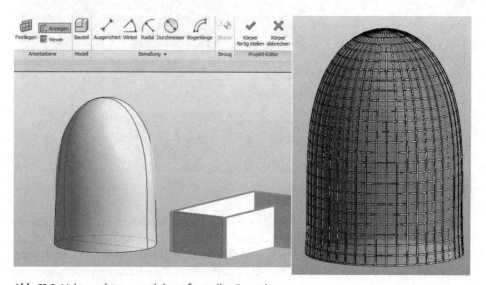

Abb. 11.8: Volumenkörper und darauf erstellte Fassade

Eine weitere Volumenkörperkonstruktion ist als *Lofting* bekannt. Dabei werden mehrere Querschnitte in verschiedenen Höhen vorgegeben und dann zum Volumenkörper verbunden. Die Zeichenebenen für die Profile können in der Optionsleiste nach den gewünschten Geschosshöhen eingestellt werden (Abbildung 11.9). Dann werden auf den verschiedenen Ebenen diverse Profile gezeichnet. Letztlich wird wieder mit FORM ERSTELLEN|VOLUMENKÖRPER der Körper erzeugt. In Abbildung 11.10 wurde schließlich noch eine Fassade darüber gezogen.

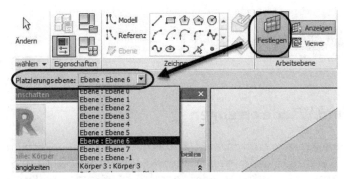

Abb. 11.9: Zeichenebenen auf die Geschosshöhen legen

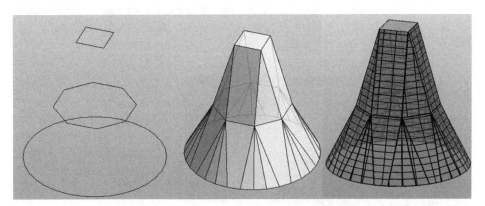

Abb. 11.10: Profile in verschiedenen Geschosshöhen, Volumenkörper und Fassade

11.2 Dächer erzeugen

Zu den Oberflächen eines Volumenkörpers können nun Dachflächen erzeugt werden. Die Werkzeuge liegen im Register KÖRPERMODELL & GRUNDSTÜCK unter ÜBER FLÄCHE MODELLIEREN|DACH oder im Register ARCHITEKTUR unter ERSTELLEN|DACH ÜBER FLÄCHE. Nach Anklicken der Körperflächen werden die Dachflächen generiert. Da Sie üblicherweise mehrere Einzelflächen wählen, bietet die Multifunktionsleiste nach Wahl der Flächen die Option DACH ERSTELLEN an, die Sie nicht vergessen dürfen.

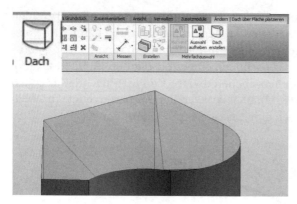

Abb. 11.11: Dachflächen

11.3 Fassaden und Wände erzeugen

Fassadensysteme können genauso einfach wie Dachflächen aus Volumenkörpern erzeugt werden. Die Werkzeuge dafür sind wieder KÖRPERMODELL & GRUNDSTÜCK|ÜBER FLÄCHE MODELLIEREN|DACH oder ARCHITEKTUR|ERSTELLEN|DACH ÜBER FLÄCHE. Auch hier werden die Fassadensysteme erst erstellt, wenn Sie auf SYSTEM ERSTELLEN klicken. Die Wände werden über die Werkzeuge KÖRPERMODELL & GRUNDSTÜCK|ÜBER FLÄCHE MODELLIEREN|WAND oder ARCHITEKTUR|ERSTELLEN|WAND ÜBER FLÄCHE erzeugt.

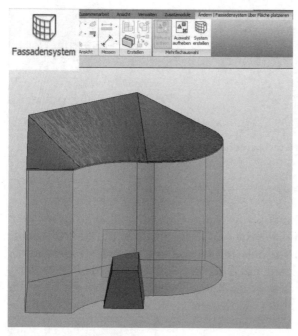

Abb. 11.12: Fassaden erzeugen

11.4 Körpergeschosse und Geschossdecken erstellen

Etwas anders als bei den Dächern, Wänden und Fassaden läuft es bei den Geschossdecken ab. Voraussetzung ist natürlich, dass die Geschosse definiert sind, für die Sie Geschossdecken brauchen.

Da vorgabemäßig nur die vier Geschosse EBENE -1, EBENE 0, EBENE 1 und EBENE 2 definiert sind, müssen Sie in einer der ANSICHTEN SÜD, NORD, OST oder WEST neue Geschosse definieren und ihre Geschosshöhen eingeben. Klicken Sie dazu einfach ein existierendes Geschoss an und wählen Sie nach Rechtsklick im Kontextmenü die Option ÄHNLICHES PLATZIEREN und legen Sie das neue Geschoss über zwei waagerechte Positionen im gewünschten Abstand an.

Nachdem die Geschosse definiert sind, klicken Sie den Volumenkörper an und erhalten in der Multifunktionsleiste das Werkzeug KÖRPERGESCHOSSE ❶. Aktivieren Sie mit diesem Werkzeug die gewünschten Geschosse im Dialogfenster ❷ und beenden Sie mit OK ❸. Nun werden automatisch passend zu den Geschosshöhen Flächen in den Volumenkörper eingezogen ❹, die sogenannten *Körpergeschosse*. Nun wählen Sie KÖRPERMODELL & GRUNDSTÜCK|ÜBER FLÄCHE MODELLIEREN|GESCHOSSDECKE oder ARCHITEKTUR|ERSTELLEN|GESCHOSSDECKE ▼ |GESCHOSSDECKE ÜBER FLÄCHE und klicken jetzt all diese Körpergeschosse an ❺ und wählen dann GESCHOSSDECKE ERSTELLEN ❻. Revit erzeugt dann die gewünschten Geschossdecken wie in der geschnittenen Ansicht in Abbildung 11.14 zu sehen.

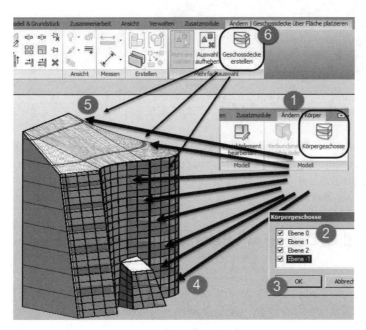

Abb. 11.13: Körpergeschosse und Geschossdecken

Zum Abschluss können Sie unter KÖRPERMODELL & GRUNDSTÜCKE|ENTWURFKÖRPER die Körperanzeige von KÖRPERFORM UND GESCHOSSDECKEN ANZEIGEN (meint eigentlich »Körper anzeigen«) auf KÖRPER ANZEIGEN NACH ANSICHTSEINSTELLUNGEN umschalten. Damit wird der erzeugte Volumenkörper wieder unsichtbar.

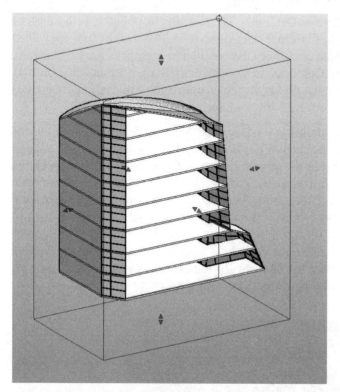

Abb. 11.14: Fertige Gestaltung im Schnitt mit Dachflächen, Wänden, Fassaden und Geschossdecken

Die so erstellten Wände, Dächer, Fassaden und Geschossdecken müssen natürlich noch weiterbearbeitet werden, damit kein Überlapp zwischen den einzelnen Elementen besteht. Dazu müssen die Befehle VERBINDEN bzw. die Fassaden-Änderungsmöglichkeiten genutzt werden.

11.5 Konzeptuelles Design am Beispiel eines einfachen Hauses

Konzeptuelles Design ist auch für konventionelle Haustypen möglich. In der Bibliothek GERMANY|KÖRPER finden sich viele Volumenkörper für Standard-Haustypen.

11.5 Konzeptuelles Design am Beispiel eines einfachen Hauses

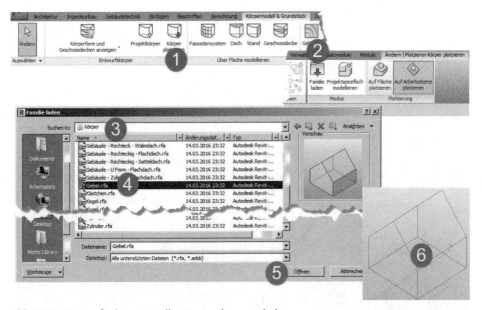

Abb. 11.15: Körper für konzeptuelles Design herunterladen

1. Wählen Sie im Register KÖRPERMODELL & GRUNDSTÜCK das Werkzeug KÖRPER PLATZIEREN. Sie erhalten daraufhin eine Meldung, dass ab jetzt die normalerweise deaktivierte Sichtbarkeit für Körper aktiviert wird.
2. Aktivieren Sie unter PLATZIEREN|KÖRPER PLATZIEREN das Werkzeug FAMILIE LADEN.
3. In der Bibliothek GERMANY finden Sie unter KÖRPER
4. die Datei Giebel.rfa für ein Haus mit Satteldach.
5. ÖFFNEN Sie und spezifizieren Sie unter EIGENSCHAFTEN die Abmessungen unter TIEFE, BREITE und KANTENHÖHE sowie die HÖHE für den Dachfirst mit den Werten **15** m, **10** m, **5** m und **10** m.
6. Dann positionieren Sie den Körper im Zeichenbereich.

Danach können Sie passend zum Körper Wände, Dachflächen, Fassadensysteme und Geschossdecken erstellen. Zuerst klicken Sie mit dem Werkzeug WAND AUS FLÄCHE auf diejenigen Körperflächen, zu denen Sie Wände erstellen möchten (Abbildung 11.16). Das Werkzeug liegt sowohl in KÖRPERMODELL & GRUNDSTÜCK|ÜBER FLÄCHE MODELLIEREN als auch in ARCHITEKTUR|ERSTELLEN|WAND▼. Unter EIGENSCHAFTEN wählen Sie natürlich den nötigen Wandtyp aus. Zu jeder angeklickten Körperfläche wird sofort die gewünschte Wand erstellt.

Kapitel 11
Konzeptionelles Design

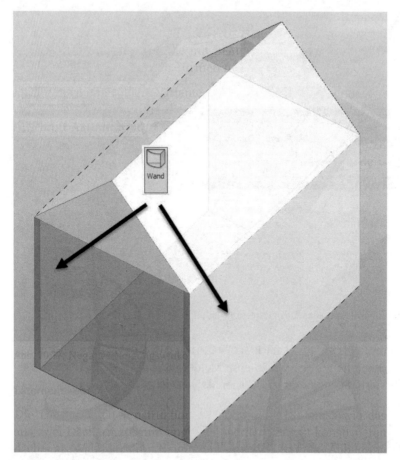

Abb. 11.16: Wand nach Fläche des Körpers erstellen

Für Körperflächen, die zu Dachflächen werden sollen, wählen Sie an den entsprechenden Stellen das Werkzeug DACH ÜBER FLÄCHE (Abbildung 11.17). Nun klicken Sie alle Flächen an, die als Dach gestaltet werden sollen. Schließen Sie die Erstellung der Dachflächen mit dem Werkzeug DACH ERSTELLEN in der Multifunktionsleiste ab.

Für Körperflächen, die zu Fassaden werden sollen, wählen Sie das Werkzeug FASSADENSYSTEM (Abbildung 11.18). Nun klicken Sie alle Flächen an, die mit einer Fassade gestaltet werden sollen. Schließen Sie die Erstellung des Fassadensystems mit dem Werkzeug FASSADE ERSTELLEN in der Multifunktionsleiste ab. Ein solches Fassadensystem bleibt immer mit dem Volumenkörper gekoppelt. Geometrische Änderungen am gesamten Fassadensystem wie etwa das Anpassen der Fassade an die Innenkante der anderen Wände oder an die Innenkanten des Dachs sind deshalb nur durch Änderungen des Volumenkörpers möglich.

11.5 Konzeptuelles Design am Beispiel eines einfachen Hauses

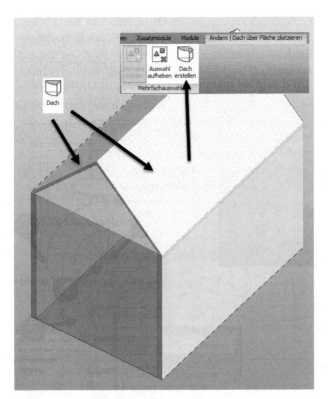

Abb. 11.17: Dach nach Flächen des Körpers erstellen

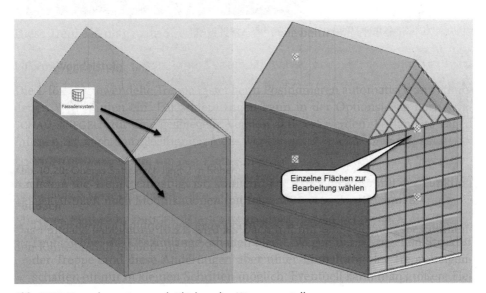

Abb. 11.18: Fassadensystem nach Flächen des Körpers erstellen

Allerdings sind Änderungen innerhalb der *Teilflächen* möglich, was die Pfostenausrichtung oder -winkel betrifft. Dazu müssen Sie dann zuerst das Fassadensystem markieren, was durch gestrichelte Kanten des gesamten Systems signalisiert wird, und dann das kleine Fenstersymbol in der betreffenden Fläche anklicken (Abbildung 11.18 rechts). Danach erscheinen dann in EIGENSCHAFTEN die Parameter dieser Fläche, und Sie können WINKEL und AUSRICHTUNG für das erste normalerweise waagerechte und das zweite Fassadenraster einstellen. Im Beispiel (Abbildung 11.19) wurden beide Raster um 45° gedreht, damit das erste Raster wieder waagerecht verläuft, und außerdem wurde das erste Raster mit der AUSRICHTUNG MITTE symmetrisch eingerichtet. Danach müssen Sie die Funktion AKTUALISIEREN AUF FLÄCHE aufrufen, damit die Änderungen wirksam werden.

Die Rasterabstände der Fassade müssen über den Typ angepasst werden.

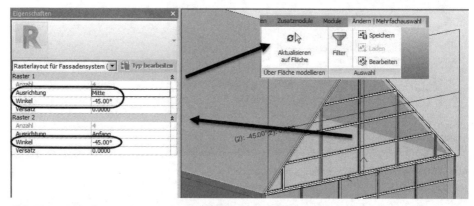

Abb. 11.19: Fassadenparameter einer Einzelfläche anpassen

Die Erstellung der Geschossdecken ist etwas komplizierter. Zuerst müssen Sie den Körper anklicken und dann in der Multifunktionsleiste ÄNDERN|KÖRPER das Werkzeug KÖRPERGESCHOSSE aufrufen. Im Dialogfenster können Sie dann die Ebenen Ihres Modells aktivieren, für die diese Körpergeschosse erstellt werden sollen. Körpergeschosse sind einfache Querschnittsebenen im Körper, die dann für die Erzeugung der Geschossdecken benötigt werden. Mit dem Werkzeug GESCHOSSDECKE ÜBER FLÄCHEN erstellen Sie für gewählte Körpergeschosse – meistens wählt man mit der Kreuzen-Wahl alle – die gewünschten Geschossdecken. Die Erzeugung wird wieder in der Multifunktionsleiste mit GESCHOSSDECKE ERSTELLEN abgeschlossen.

Wenn Sie nun das resultierende Gebäude betrachten, werden Sie feststellen, dass die Verbindungen zwischen Dach, Wänden, Fassadensystem und Geschossdecken noch nicht optimal sind.

Als einfachste Aufgabe können Sie die Wände wählen und mit dem Werkzeug FIXIEREN exakt ans Dach anschließen.

11.5 Konzeptuelles Design am Beispiel eines einfachen Hauses

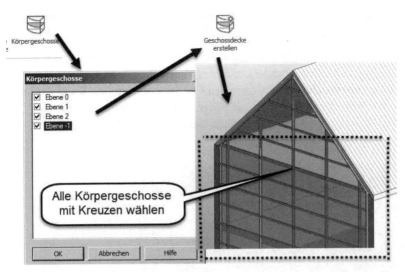

Abb. 11.20: KÖRPERGESCHOSSE erstellen und dann GESCHOSSDECKEN dafür erstellen

Die Geschossdecken können Sie in den Grundrissansichten relativ zu den Wandkanten auf die gewünschten Abstände bzw. Positionen ziehen. Aktivieren Sie dazu jede Geschossdecke und nutzen Sie das Werkzeug BEGRENZUNG BEARBEITEN.

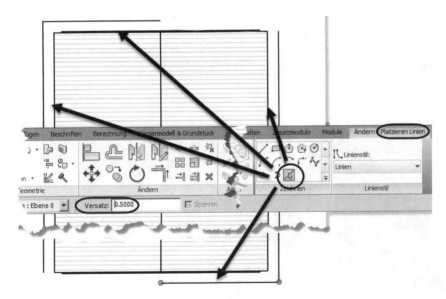

Abb. 11.21: Kanten mit Versatz 50 cm für Dachüberstand

Um die Dachflächen mit etwas Dachüberstand zu versehen, zeichnen Sie am besten versetzte Kanten zu den Wänden und Fassaden mit dem Werkzeug MODELLLI-

NIE und dort der Option LINIEN AUSWÄHLEN mit Versatz **0.5**. Auf diese Hilfslinien ziehen Sie dann die Dachkanten wiederum mit BEGRENZUNG BEARBEITEN hin.

Die komplizierteste Anpassung betrifft das Fassadensystem. Weil es im Unterschied zu Wänden, Dächern und Geschossdecken fest an den Volumenkörper gekoppelt ist, müssen Sie für geometrische Änderungen am Fassadensystem den Körper modifizieren. In den Grundrissen können Sie die Körperkanten zu den Wandinnenkanten mit *Griffen* zurückziehen und einrasten lassen oder mit AUSRICHTEN zurückziehen.

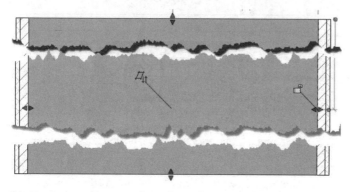

Abb. 11.22: Körperkanten auf Wandinnenkanten zurückgezogen

Am Dach können Sie die Fassadenecken am besten in einer Schnittansicht unter die Dachkanten positionieren. Nach den geometrischen Änderungen am Körper müssen Sie die Funktion AKTUALISIEREN AUF FLÄCHE aufrufen, damit die Änderungen wirksam werden. Das Ergebnis zeigt Abbildung 11.23.

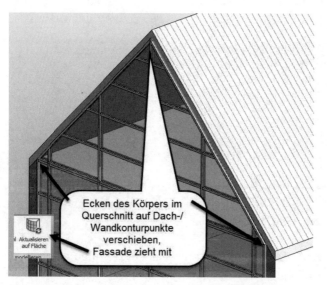

Abb. 11.23: Anpassungen des Körpers, um Fassadensystem zu ändern

11.6 Übungsfragen

1. Welche Arten von Volumenkörpern haben Sie kennengelernt?
2. Wie können Sie hier ARBEITSEBENEN erstellen?
3. Wie werden GESCHOSSDECKEN im konzeptionellen Design erstellt?
4. Wie ist die Körperanzeige eingestellt?

Kapitel 12

Komplexe Elemente

12.1 Gruppen verwenden

Mehrere Elemente, die in einer bestimmten Zusammenstellung öfter im Projekt benötigt werden, können als Gruppen zusammengefasst und wiederholt eingefügt werden. Es ist auch möglich, Gruppen in andere Projekte zu übertragen.

12.1.1 Gruppen erstellen

Zum Erstellen von Gruppen gibt es zwei Möglichkeiten:

- ARCHITEKTUR|MODELL|MODELLGRUPPE ▼ |GRUPPE ERSTELLEN ❶ und
- ÄNDERN|ERSTELLEN|GRUPPE ERSTELLEN.

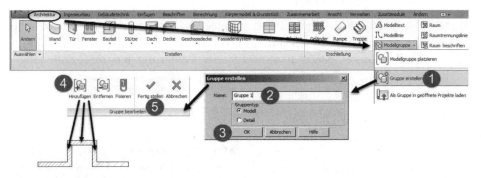

Abb. 12.1: Erstellen einer Modellgruppe

Im ersten Dialogfeld geben Sie einen passenden *Namen* ein ❷ und wählen zwischen dem GRUPPENTYP MODELL und DETAIL ❸. Mit der Option HINZUFÜGEN ❹ wählen Sie nun die Elemente, die zur Gruppe gehören sollen. Mit FERTIG STELLEN beenden Sie die Gruppenerstellung ❺.

Abb. 12.2: Basispunkt wird vom Schwerpunkt durch Ziehen auf einen Eckpunkt gelegt.

Der Basispunkt, mit dem die Gruppe später auch eingefügt werden kann, wird automatisch auf den Schwerpunkt der Konstruktion gelegt. Er kann aber jederzeit durch Anklicken einer eingefügten Gruppe auf eine andere Position gelegt werden. Dafür ist nur das dort angezeigte Achsensystem mit seinem Nullpunkt auf die neue Position zu ziehen.

12.1.2 Gruppen einfügen

Mit Architektur|Modell|Modellgruppe ▼ |Modellgruppe platzieren wird eine Gruppe eingefügt. Sie wird zunächst so positioniert, wie sie definiert ist. Danach kann sie wie jedes Objekt nachträglich noch gedreht werden.

Architektur|Modell|Modellgruppe ▼ |Als Gruppe in geöffnete Projekte laden dient dazu, das aktuelle Projekt einschließlich der Gruppen in ein anderes parallel geöffnetes Projekt zu laden. Falls Sie in dem anderen Projekt nur eine bestimmte Gruppe brauchen, könnten Sie dort die nicht benötigten Gruppen und das geladene aktuelle Projekt aus dem Projektbrowser wieder entfernen.

12.1.3 Gruppen bearbeiten

Eine Gruppe kann jederzeit markiert und zur Bearbeitung ausgewählt werden. Es gibt drei Bearbeitungsoptionen:

- **Gruppe bearbeiten** – Hiermit werden neue Elemente zur Gruppe hinzugefügt oder Gruppenelemente entfernt. Mit Fixieren können Detailgruppen hinzugefügt werden. Mit Fertig stellen werden die Änderungen dann für alle eingefügten Gruppen wirksam.

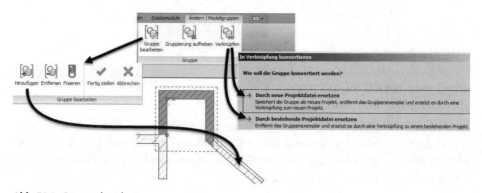

Abb. 12.3: Gruppe bearbeiten

- **Gruppierung aufheben** – löst die markierte Gruppierung auf, aber ohne Wirkung auf andere Gruppierungen.
- **Verknüpfen** – hat zwei Optionen: Einerseits kann die *Gruppe* in ein *eigenes neues Projekt* exportiert werden und alle zugehörigen Gruppen durch Verknüp-

fungen zu diesem Projekt ersetzt werden. Andererseits kann die Gruppe durch eine Verknüpfung zu einem externen Projekt ersetzt werden.

12.2 AutoCAD-Importe (Gelände)

AutoCAD-Zeichnungen sind beispielsweise nützlich, um Geländedaten zu importieren. In Abbildung 12.4 wurden drei geschlossene Skizzenkurven als Beispiel von Höhenlinien gezeichnet, natürlich mit unterschiedlichen Höhen. Über EINFÜGEN|IMPORTIEREN|CAD IMPORTIEREN kann die Zeichnung in Revit importiert werden.

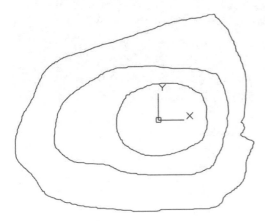

Abb. 12.4: Höhenlinien in AutoCAD

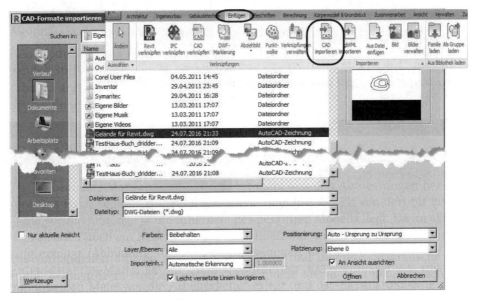

Abb. 12.5: AutoCAD-Zeichnung wird importiert.

Mit KÖRPERMODELL & GRUNDSTÜCK|GRUNDSTÜCK MODELLIEREN|GELÄNDE können Sie direkt den AutoCAD-Import als IMPORTEXEMPLAR WÄHLEN anklicken, um daraus ein Gelände zu erstellen.

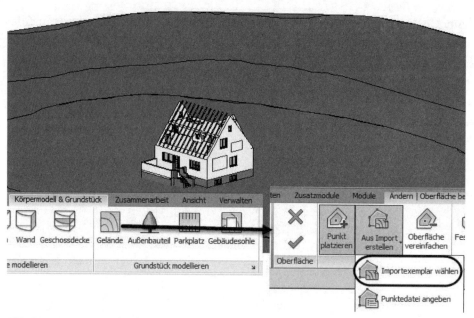

Abb. 12.6: AutoCAD-Gelände nach Import

Aus AutoCAD können natürlich auch Elemente importiert werden, die dann als Volumenkörper Verwendung finden. Es gibt für AutoCAD-Importe generell noch die Möglichkeit, das Import-Exemplar zu zerlegen. Dabei gibt es zwei Stufen der Zerlegung, mit TEILWEISE AUFLÖSEN werden Blöcke aus AutoCAD nicht zerlegt. VOLLSTÄNDIG ZERLEGEN dagegen zerlegt alles, auch Blöcke.

12.3 Export

Sie können einzelne Geschosse und Querschnitte, aber auch 3D-Ansichten nach AutoCAD exportieren: |EXPORTIEREN|CAD-FORMATE|DWG.

12.3 Export

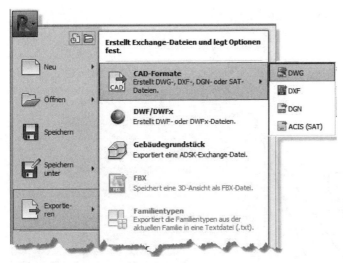

Abb. 12.7: Export zum AutoCAD-Format

Über eine EXPORTEINRICHTUNG können Sie bestimmen, welche Layer für die einzelnen Elemente in AutoCAD erstellt werden sollen. Vorgegeben ist der nützliche Standard des American Institute of Architects (AIA) (Abbildung 12.8).

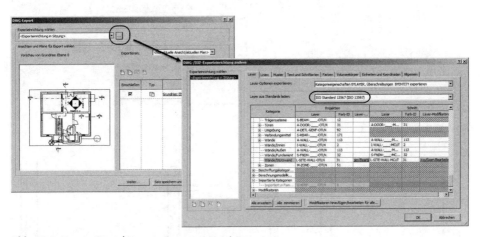

Abb. 12.8: Export-Einrichtung mit genormten Layern

Mit einem neuen Export-Satz legen Sie fest, welche Ansichten Ihres Projekts exportiert werden sollen (Abbildung 12.9).

Nach dem Öffnen der Zeichnung in AutoCAD sind die Einheiten Millimeter und die Maßstabsliste ist auf *britisch* eingestellt. Es sollte mit wenigen Klicks auf metrisch zurückgesetzt werden.

Kapitel 12
Komplexe Elemente

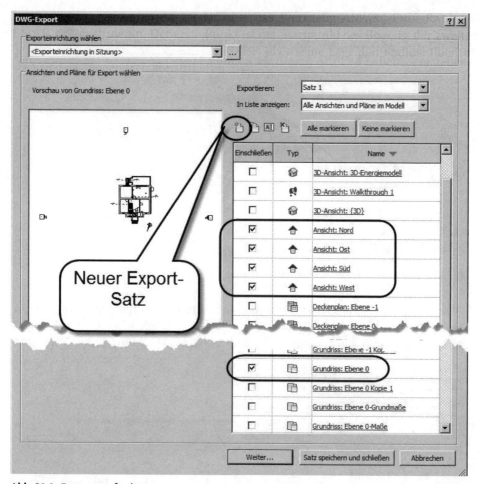

Abb. 12.9: Exportsatz festlegen

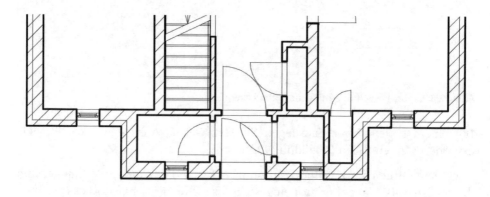

Abb. 12.10: Ausschnitt aus der Plotvorschau in AutoCAD

12.4 Übungsfragen

1. Wie können Sie bei einer Gruppe den Basispunkt ändern?
2. Wie bearbeiten Sie Gruppen?
3. Wie können Sie ein Gelände aus AutoCAD verwenden?
4. Was bedeutet beim Export zu AutoCAD die Export-Einrichtung?
5. Was bedeutet beim Export zu AutoCAD der Export-Satz?

Kapitel 13

Auswertungen

Aus den Elementen Ihrer Konstruktion werden von Revit automatisch Listen aufgestellt, die Fenster und Türen zählen, Wandvolumen zusammenfassen, Raum- und Flächendaten registrieren.

13.1 Räume und Raumstempel

Die Informationen über Räume werden über die Raumstempel erzeugt und in einer Raumliste zusammengefasst. Die Raumstempel ermitteln die Raumflächen automatisch für jeden einzelnen Raum. Automatische Begrenzungen für die Raumstempel sind die Wände, Fenster und Türen.

13.1.1 Raumtrennung

Nun gibt es ggf. Wände, die nicht als Raumtrennung wirken sollen. Für diese Wände können Sie in den EIGENSCHAFTEN bei RAUMBEGRENZUNG das Häkchen entfernen.

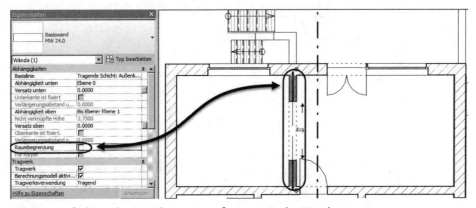

Abb. 13.1: Aufhebung der Raumbegrenzung für eine einzelne Wand

Andererseits gibt es auch Räume, die wegen ihrer Größe unterschiedlich genutzt werden. Hier wäre es sinnvoll, zusätzliche Raumtrennungslinien zu zeichnen. Im Beispiel soll der Flurbereich zur Treppe hin getrennt werden. Diese Linien dienen wie die Wände dann als automatische Raumbegrenzungen.

Kapitel 13
Auswertungen

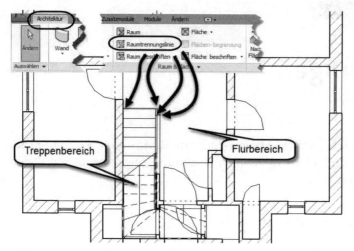

Abb. 13.2: Raumtrennungslinien zwischen Flur- und Treppenbereich

13.1.2 Raumstempel

Mit dem RAUM-Werkzeug müssen Sie nun nur noch in jeden Raum hineinklicken, um den *Raum* und den *Raumstempel* zu erstellen. Der *Raum* wird durch Anklicken der normalerweise unsichtbaren diagonalen Linien markiert. Der *Raumstempel* kann direkt über den Text markiert werden.

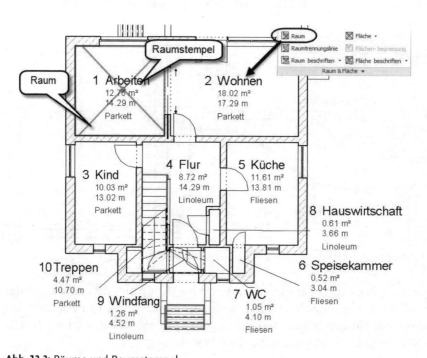

Abb. 13.3: Räume und Raumstempel

Raumstempel, die in der Ansicht keinen Platz haben, können zunächst normal erzeugt werden und dann nach Anklicken am Text nach außen verschoben werden. Dafür sollte aber in den OPTIONEN oder EIGENSCHAFTEN die FÜHRUNGSLINIE aktiviert sein. Unterhalb vom Raumstempel erscheint nach dem Anklicken ein blaues Verschiebungssymbol ↔, mit dem Sie den Raumstempel dann herausziehen können.

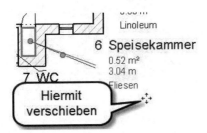

Abb. 13.4: Verschieben eines Raumstempels

Sie werden feststellen, dass die Räume noch keine spezifischen Namen tragen und am Ende des Raumstempels ein Fragezeichen erscheint. Die Raumbeschriftung wird nach *Markieren des Raums* (nicht des Raumstempels!) im EIGENSCHAFTEN-MANAGER unter NAME geändert. Dort steht eine Liste von Raumbezeichnungen bereit.

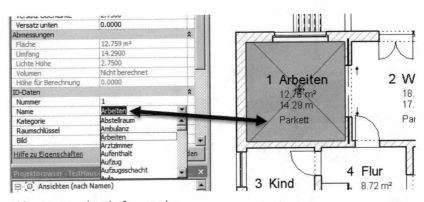

Abb. 13.5: Raumbeschriftung ändern

Das Fragezeichen am Ende zeigt an, dass noch kein FUßBODENBELAG in der RAUMLISTE eingegeben wurde. Die RAUMLISTE finden Sie im PROJEKTBROWSER. In der Spalte FUßBODENBELAG können Sie in einer Drop-down-Liste die Fußbodenbeläge wählen. Danach erscheinen sie auch in den Raumstempeln.

Die Raumliste zeigt neben den Einzelflächen auch die Gesamtfläche an.

Kapitel 13
Auswertungen

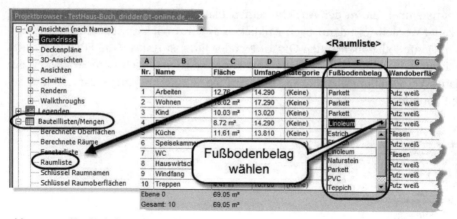

Abb. 13.6: Fußbodenbelag in Raumliste wählen

13.1.3 Farb-Legenden

Zu einer Raum-Darstellung können mit BESCHRIFTEN|FARBFÜLLUNG|FARBEN-LEGENDE auch Farb-Legenden hinzugefügt werden. Nach Markieren einer Legende können mit SCHEMA BEARBEITEN auch andere Schemata gewählt werden wie etwa NACH QM oder BODENBELAG. Mit ARCHITEKTUR|RAUM & FLÄCHE ▼ |FARB-SCHEMATA lassen sich eigene Schemata gestalten.

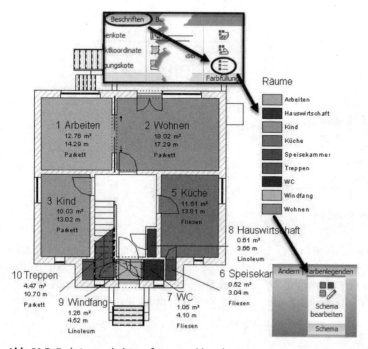

Abb. 13.7: Farb-Legende hinzufügen und bearbeiten

13.1 Räume und Raumstempel

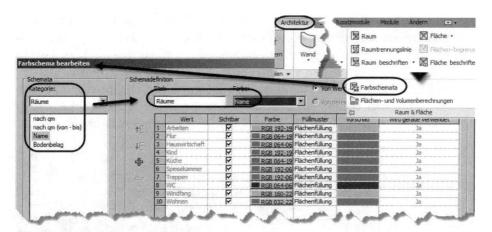

Abb. 13.8: Farbschemata gestalten

13.1.4 Nettoflächen

Die Bauteillisten können auch bearbeitet und um weitere Spalten ergänzt werden. Das soll hier am Beispiel der RAUMLISTE zur Berechnung der Nettoflächen geschehen. Zunächst wird eine Spalte PUTZABZUG eingeführt und damit dann die Netto-Raumfläche errechnet. Dazu klicken Sie in den EIGENSCHAFTEN der RAUMLISTE bei FELDER auf BEARBEITEN, dann auf das Werkzeug NEUER PARAMETER und geben den Namen im Parameter-Dialog ein. Dadurch entsteht in der Raumliste diese neue Spalte.

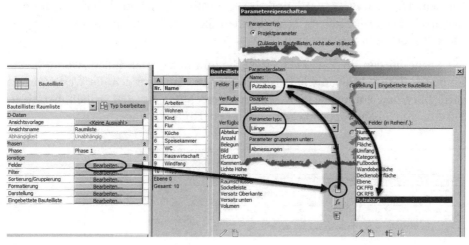

Abb. 13.9: Neuen Raumparameter für Putzabzug erstellt

Als Nächstes soll die Spalte zur Berechnung der Nettofläche eingerichtet werden. Dazu aktivieren Sie wieder in den EIGENSCHAFTEN der Raumliste FELDER|BEARBEI-

Kapitel 13
Auswertungen

TEN. Klicken Sie auf das Werkzeug BERECHNETEN PARAMETER HINZUFÜGEN und geben Sie zuerst den Namen **Nettofläche** ein. Wichtig ist dann der PARAMETERTYP, weil der zu den *Einheiten* der Berechnung passen muss. Hier wählen Sie deshalb FLÄCHE aus. Dann stellen Sie unter FORMEL die nötige Rechenformel aus den vorhandenen Parametern zusammen. Die Parameter holen Sie sich mit dem Werkzeug mit den drei Pünktchen. Sie müssen nur die Rechenzeichen selbst schreiben. Also stellen Sie nun folgende Berechnungsformel zusammen:

FLÄCHE-UMFANG*PUTZABZUG.

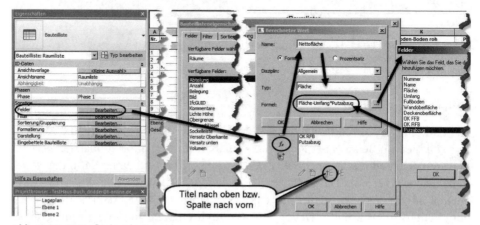

Abb. 13.10: Nettofläche als Formelparameter

Die neuen Spalten PUTZABZUG und NETTOFLÄCHE sollten natürlich neben der normalen Flächenspalte stehen, Dazu können Sie das Werkzeug PARAMETER NACH OBEN VERSCHIEBEN benutzen.

Die Spalte für den PUTZABZUG können Sie nun mit Werten füllen. Wenn Sie die Einheiten dazu schreiben wie beispielsweise **cm**, dann werden die Werte korrekt verrechnet und automatisch in *Meter* umgerechnet. Auf die Spaltenüberschrift FLÄCHE können Sie doppelklicken und in **Bruttofläche** ändern.

			<Raumliste>				
A	B	C	D	E	F	G	H
Nr.	Name	Fläche	Nettofläche	Putzabzug	Umfang	Kategorie	Fußbodenbelag
1	Arbeiten	12.76 m²	12.47 m²	0.020	4.290	(Keine)	Parkett
2	Wohnen	18.02 m²		2cm	17.290	(Keine)	Parkett
3	Kind	10.03 m²			13.020	(Keine)	Parkett

Abb. 13.11: Eingabe für PUTZABZUG

Als Beispiel sollen hier noch die beiden Flächenspalten unter einem gemeinsamen Titel gruppiert werden:

1. Klicken Sie auf die Spalte FLÄCHE,
2. aktivieren Sie die Spalte NETTOFLÄCHE mit ⇧+Klick,
3. rufen Sie das Kontextmenü mit Rechtsklick auf,
4. wählen Sie KOPFZEILE GRUPPIEREN,
5. klicken Sie nun in die neue gemeinsame Titelzeile und geben Sie **Flächen** ein.

Im Beispiel wurden noch die Überschriften geändert: FLÄCHE/BRUTTOFLÄCHE in **Brutto** und NETTOFLÄCHE in **Netto**.

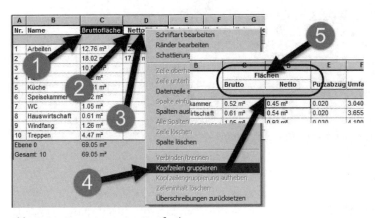

Abb. 13.12: Gruppieren von Kopfzeilen

In der Spalte für die Bruttofläche wird noch die *Gesamtfläche* summiert. Das können Sie über die EIGENSCHAFTEN in der Kategorie SONSTIGE|FORMATIERUNG für beliebige Spalten aktivieren. Aktivieren Sie unter FELDER die NETTOFLÄCHE und wählen Sie ganz unten statt FELDFORMATIERUNG STANDARD aus der Drop-down-Liste dann GESAMTWERTE BERECHNEN.

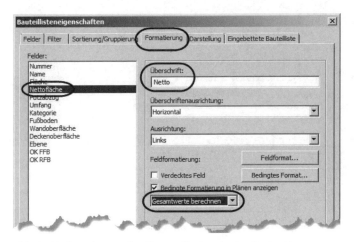

Abb. 13.13: Berechnung der Gesamtflächen in der Spalte NETTO

Nützlich ist auch das Werkzeug FELD-FORMAT zur Änderung der Werteanzeige. Abbildung 13.14 zeigt die Änderung der Anzeige für die Putzabzug-Spalte. Markieren Sie die Spalte und wählen Sie FELD-FORMAT. Dort deaktivieren Sie PROJEKTEINSTELLUNGEN VERWENDEN und können dann beispielsweise die Rundung auf ganze Zentimeter wählen.

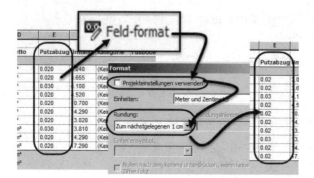

Abb. 13.14: Formatierungsänderung für Putzabzug

13.2 Flächen

Flächenpläne werden ähnlich wie die Raumpläne, aber durch ein Werkzeug erstellt. Mit ARCHITEKTUR|RAUM & FLÄCHE|FLÄCHE ▼ FLÄCHENPLAN lassen sich die nötigen neuen Pläne in einer eigenen Browser-Kategorie FLÄCHENPLÄNE erzeugen. Wählen Sie zuerst den TYP der Flächenpläne wie BRUTTOGESCHOSSFLÄCHEN oder VERMIETBARE FLÄCHEN o.Ä. (Abbildung 13.15).

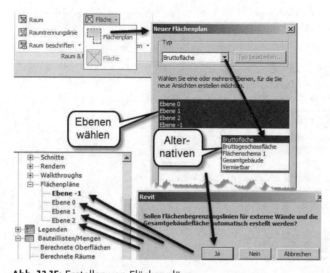

Abb. 13.15: Erstellen von Flächenplänen

Dann wählen Sie die Ebenen für die Pläne aus, entweder für alle oder Sie lassen ggf. Keller oder Dach aus. Mit OK werden dann die Pläne im Browser erstellt und nach Anfrage automatisch mit den nötigen Flächenbegrenzungslinien versehen. Sie könnten dann in einzelne Pläne hineingehen und mit ARCHITEKTUR|RAUM & FLÄCHE|FLÄCHEN-BEGRENZUNG noch eigene Begrenzungslinien hinzufügen.

Mit ARCHITEKTUR|RAUM & FLÄCHE|FLÄCHE ▼ FLÄCHE werden dann die Flächen (Markierung mit gekreuzten Linien) und Flächenstempel erzeugt (Abbildung 13.16). Im Beispiel mussten zwei Flächenbegrenzungslinien im Dach manuell hinzugefügt werden, weil dort keine Wände vorhanden waren.

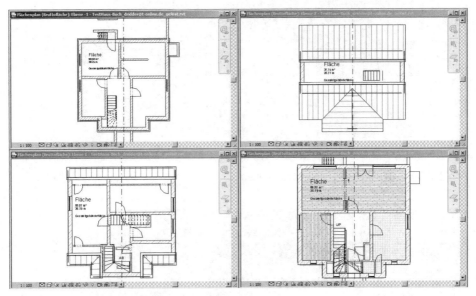

Abb. 13.16: Bruttogeschossflächen vom Keller bis zum Dach

13.3 Elementlisten

Automatische Listen erscheinen im BROWSER unter der Kategorie BAUTEILLISTEN für die Fenster, Türen und Wände. Die Fensterliste zeigt Abbildung 13.17 mit allen Informationen über Typen, Abmessungen und Geschoss-Ebenen. Die Fensternummern, die Sie hier sehen, sind die gleichen, die Sie in Abschnitt 4.11.1 erstellen können. Dort haben Sie auch gesehen, dass Sie die Nummern für eine geeignetere Anzeige selbst noch ändern dürfen. Das würde genauso hier in den Listen möglich sein.

Kapitel 13
Auswertungen

A	B	C	D	E	F	G	H	I	J
			<Fensterliste>						
				Rohbaumaße					
Anzahl	Nr.	Familie	Typ	Breite	Höhe	BRH	UK ST	Geschoss	Kommentare
Fenster 1-flg - Variabel									
1	10	Fenster 1-flg - Variabel	Fenster 1-flg - Variabel	0.510	0.760	1.000	1.760	Ebene 0	
1	11	Fenster 1-flg - Variabel	Fenster 1-flg - Variabel	0.510	0.760	1.000	1.760	Ebene 0	
1	15	Fenster 1-flg - Variabel	Fenster 1-flg - Variabel	0.510	0.760	1.000	1.760	Ebene 0	
1	16	Fenster 1-flg - Variabel	Fenster 1-flg - Variabel	0.510	0.760	1.000	1.760	Ebene 0	
1	44	Fenster 1-flg - Variabel	Fenster 1-flg - Variabel	0.510	0.760	2.990	3.750	Ebene 1	
1	45	Fenster 1-flg - Variabel	Fenster 1-flg - Variabel	0.510	0.760	2.990	3.750	Ebene 1	
6									
Fenster 2-flg - Anschlag									
1	7	Fenster 2-flg - Anschlag	2.01 x 1.19	2.010	1.190	1.000	2.190	Ebene 0	
1	8	Fenster 2-flg - Anschlag	2.01 x 1.19	2.010	1.190	1.000	2.190	Ebene 0	
2									
Fenster 2-flg - Variabel									
1	9	Fenster 2-flg - Variabel	Fenster 2-flg - Variabel	1.260	1.260	1.000	2.260	Ebene 0	
1	12	Fenster 2-flg - Variabel	Fenster 2-flg - Variabel	1.260	1.260	1.000	2.260	Ebene 0	
1	19	Fenster 2-flg - Variabel	Fenster 2-flg - Variabel	1.260	1.260	1.000	2.260	Ebene 1	
1	22	Fenster 2-flg - Variabel	Fenster 2-flg - Variabel	1.260	1.260	1.000	2.260	Ebene 1	
1	35	Fenster 2-flg - Variabel	Fenster 2-flg - Variabel	1.260	0.760	1.200	1.960	Ebene -1	
1	38	Fenster 2-flg - Variabel	Fenster 2-flg - Variabel	1.260	0.760	1.200	1.960	Ebene -1	
1	41	Fenster 2-flg - Variabel	Fenster 2-flg - Variabel	1.260	0.760	1.200	1.960	Ebene -1	
1	42	Fenster 2-flg - Variabel	Fenster 2-flg - Variabel	1.260	1.260	1.000	2.260	Ebene 1	
1	43	Fenster 2-flg - Variabel	Fenster 2-flg - Variabel	1.760	1.010	0.170	1.180	Ebene 1	
9									
17									

Abb. 13.17: Fensterliste mit allen Informationen

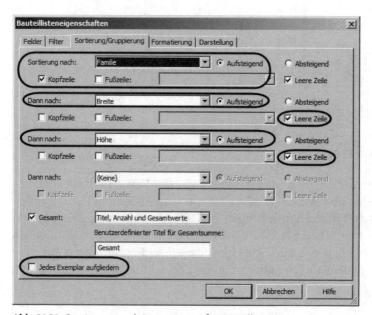

Abb. 13.18: Sortierung und Gruppierung für Bestellung

13.3 Elementlisten

Für die Fenster-Bestellung wäre es jedoch sinnvoll, eine komprimierte Liste zu erstellen. Deshalb wurden die BAUTEILLISTENEIGENSCHAFTEN im Register SORTIERUNG/GRUPPIERUNG entsprechend optimiert. Zunächst wurden weitere Sortierkriterien für BREITE und HÖHE hinzugefügt und mit einer Leerzeile zur übersichtlicheren Darstellung versehen. Dann wurde noch die Option JEDES EXEMPLAR AUFGLIEDERN entfernt. Das Ergebnis zeigt die kompakte Liste in Abbildung 13.19. Die Spalten ab BRH (Brüstungshöhe) sind in diesem Fall irrelevant und hätten über die FELDER noch ausgeblendet werden können.

			<Fensterliste>						
A	B	C	D	E	F	G	H	I	J
				Rohbaumaße					
Anzahl	Nr.	Familie	Typ	Breite	Höhe	BRH	UK ST	Geschoss	Kommentare
Fenster 1-flg - Variabel									
6		Fenster 1-flg - Variabel	Fenster 1-flg - Variabel	0.510	0.760				
Fenster 2-flg - Anschlag									
2		Fenster 2-flg - Anschlag	2.01 x 1.19	2.010	1.190	1.000	2.190	Ebene 0	
Fenster 2-flg - Variabel									
3		Fenster 2-flg - Variabel	Fenster 2-flg - Variabel	1.260	0.760	1.200	1.960	Ebene -1	
5		Fenster 2-flg - Variabel	Fenster 2-flg - Variabel	1.260	1.260	1.000	2.260		
1	43	Fenster 2-flg - Variabel	Fenster 2-flg - Variabel	1.760	1.010	0.170	1.180	Ebene 1	
17									

Abb. 13.19: Komprimierte Liste zur Bestellung

Die *Wandliste* enthält eine Vielzahl von Wandstücken, die dort einzeln aufgelistet sind. Auch hier entsteht eine sehr kompakte Liste durch Weglassen von JEDES EXEMPLAR AUFGLIEDERN.

		<Wandliste>		
A	B	C	D	E
An	Breite	Typ	Fläche	Volumen
MW 11.5				
12	0.115	MW 11.5	50.45 m²	5.67 m³
12			50.45 m²	5.67 m³
MW 24.0				
18	0.240	MW 24.0	130.81 m	31.12 m³
18			130.81 m	31.12 m³
MW 24.0 - Sichtmauerwerk				
15	0.240	MW 24.0 -	42.25 m²	10.13 m³
15			42.25 m²	10.13 m³
MW 36.5				
16	0.365	MW 36.5	139.98 m	47.83 m³
16			139.98 m	47.83 m³
MW 36.5 3				
8	0.365	MW 36.5	74.80 m²	26.15 m³
8			74.80 m²	26.15 m³
Gesamt: 69			438.28 m	120.90 m³

Abb. 13.20: Kompakte Wandliste

13.4 Übungsfragen

1. Was ist der Unterschied zwischen RAUM und RAUMSTEMPEL?
2. Was ist eine RAUMTRENNUNGSLINIE?
3. Wo finden Sie die FARBEN-LEGENDEN?
4. Womit können Sie die Tabellenstruktur bearbeiten?
5. Wie können Sie die Bauteilnummern aus der Tabelle in der Zeichnung sichtbar machen?

Kapitel 14

Rendern

Unter Rendern versteht man die fotorealistische Darstellung einer 3D-Ansicht. Dies ist in Revit möglich, wenn Sie für Ihr Modell den Standort, möglichst natürlich auch Höhenlage und Himmelsrichtung, dann den passenden Sonnenstand und ggf. noch einen entsprechenden Hintergrund festlegen.

14.1 Echte Höhe und geografische Ausrichtung

Um ein Projekt auf die echte Höhe zu verschieben, sollten Sie eine Außenansicht (Süd, Nord, Ost oder West) aktiviert haben. Es können aber auch eigene Ansichten oder Schnittansichten dafür verwendet werden. Das Verschieben auf die Höhenlage ist in Abschnitt 5.5 und die Nordausrichtung in Abschnitt 5.6 beschrieben.

14.2 Standort

Den Standort Ihres Modells können Sie unter VERWALTEN|PROJEKTPOSITION|STANDORT definieren. Die Standortbestimmung ist für verschiedene Zwecke anwendbar. Sie ist die Basis für die Sonnenstandberechnung, aber auch unter Berücksichtigung der lokalen Klimadaten für die Energieanalyse und Lüftungsberechnung.

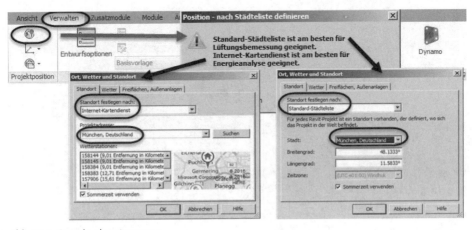

Abb. 14.1: Standortbestimmung

Es gibt zwei Verfahren für die Standortbestimmung, den INTERNET-KARTENDIENST und eine STANDARD-STÄDTELISTE. Für die Sonnensimulation wäre die Standortbestimmung nach einer internen STANDARD-STÄDTELISTE ausreichend, wenn Sie dort Ihren Ort finden. Alternativ könnten Sie auch Längen- und Breitengrad Ihres Ortes manuell eingeben. Ansonsten können Sie die Internet-Verbindung zur Ortsermittlung verwenden.

14.3 Sonnenstand und Schattenwurf

Für die Sonnensimulation sei eine 3D-Ansicht vorausgesetzt. In der Statusleiste können Sie dann die Sonne und den Schattenwurf aktivieren.

Abb. 14.2: Sonne und Schattenwurf in der STATUSLEISTE

Zur genauen Festlegung der Beleuchtung sollten Sie zunächst vielleicht die Sonneneinstellungen im Flyout der Statusleiste aktualisieren (Abbildung 14.4). Bei korrekt gewähltem Standort sollten Ort und Uhrzeit dort stimmen. Das vorgegebene Datum und die Uhrzeit sind jeweils aktuell, sie können aber auf jedes andere Datum umgesetzt werden. Es gibt auch nützliche vorgegebene Daten wie Sommer- oder Wintersonnenwende, um die Situationen bei den extremen Sonnenständen zu erforschen.

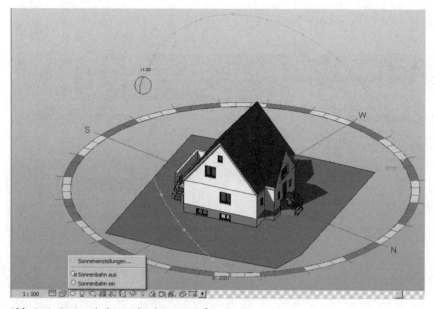

Abb. 14.3: Sonnenbahn und Schattenwurf

14.3
Sonnenstand und Schattenwurf

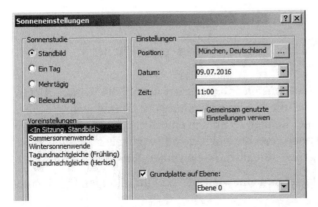

Abb. 14.4: Die Sonneneinstellungen

In der 3D-Ansicht erscheint die Anzeige der Sonnenbahn, und die Sonnenbeleuchtung und die Schattenwürfe werden nun simuliert. Wenn Sie die Sonne anfahren und die Maustaste gedrückt lassen, können Sie in der Ansicht auch die Sonne bewegen, einmal entlang der Sonnenbahn im Tagesverlauf, andererseits aber auch senkrecht dazu entsprechend dem Jahreslauf bei fester Uhrzeit (Abbildung 14.5).

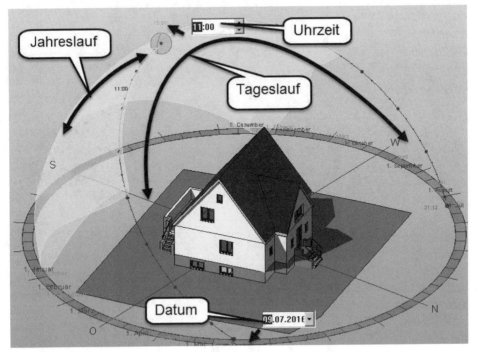

Abb. 14.5: Einstellungen für Datum und Uhrzeit, Anzeige für Tages- und Jahreslauf

14.4 Rendern, fotorealistische Bilder

Um die fotorealistische Darstellung zu starten, aktivieren Sie in der STATUSLEISTE das Symbol mit der Teekanne.

Diese Teekanne wird in verschiedensten Programmen immer als Symbol für die Render-Funktionen benutzt. Dafür gibt es zwei Deutungen: Einmal benutzte eines der frühen Standardbücher über Render-Techniken eine Teekanne als Modell, zum anderen benötigen solche Render-Berechnungen, gerade wenn sie sehr gut werden sollen, einfach viel Zeit und geben deshalb die Gelegenheit für eine Tasse Tee.

Das Dialogfenster RENDERN bietet nun eine Vielzahl von Einstellungen für die fotorealistischen Bilder an.

RENDERING – Mit dieser Schaltfläche wird der Render-Prozess gestartet. Die Auswahl REGION daneben kann aktiviert werden, wenn testweise aus Zeitgründen nur eine Region, d.h. ein Ausschnitt, des Bildes gerendert werden soll.

QUALITÄT|ERSTELLUNG – Hier wählen Sie verschiedene Darstellungsqualitäten aus.

AUSGABEEINSTELLUNGEN – Wählen Sie hier zwischen BILDSCHIRM- und DRUCKER. Für die Druckerausgabe kann die Pixelauflösung gewählt werden.

Abb. 14.6: Gerenderte 3D-Ansicht

BELEUCHTUNG|SCHEMA – Hier gibt es sechs Beleuchtungsschemata:

1. AUSSEN: NUR SONNE – Nur die Sonnenbeleuchtung wird berücksichtigt.

2. AUSSEN: SONNE UND KÜNSTLICH – Sonne und künstliche Beleuchtungskörper werden berücksichtigt. Da aber die Lichtstärken der künstlichen Leuchtkörper immer um ein Vielfaches geringer sind, treten sie nicht in Erscheinung. Erst wenn man wie unter Punkt 5 die Intensität der künstlichen Leuchtkörper mindestens verzehnfacht, werden ihre Effekte sichtbar.
3. AUSSEN: NUR KÜNSTLICH – zeigt nur die Wirkung der künstlichen Leuchtkörper an. Innere Lichtquellen sind in dieser Ansicht noch nicht vorhanden, sonst wäre die Szene identisch mit Fall 6.
4. INNEN: NUR SONNE – Bei den Innen-Beleuchtungsschemata wird die Gesamt-Helligkeit so gesteuert, dass die Elemente in Hausinnern so dargestellt werden wie oben die äußeren Elemente. Diese Darstellungen zeigen deshalb völlig überbelichtete Außenteile.

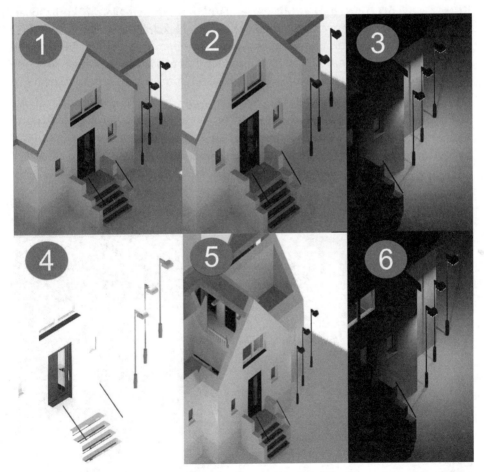

Abb. 14.7: Sechs verschiedene Beleuchtungsschemata, bei 5 und 6 mit intensiverer künstlicher Beleuchtung

5. INNEN: SONNE UND KÜNSTLICH – Bei dieser Ansicht wurde erstens das Hausdach etwas angehoben, damit man im Innern die Effekte von den Leuchten sehen kann. Außerdem wurde hier bei allen künstlichen Lichtquellen die Intensität, speziell der Lumen-Wert, um einen Faktor 10 erhöht. Dadurch sind die Effekte sämtlicher künstlichen Lichtquellen wenigstens ansatzweise spürbar. Auch ist dies folgerichtig keine überbelichtete Szene mehr, weil die Sonne und die künstlichen Lichtquellen nun in die gleiche Größenordnung kommen.
6. INNEN: NUR KÜNSTLICH – Alle künstlichen Lichtquellen sind nun wirksam, und das Bild ähnelt Fall 3. Mit dem Unterschied, dass bei 3 noch keine inneren Lichtquellen vorhanden waren.

SONNENEINSTELLUNG – entspricht exakt den Sonneneinstellungen, die Sie über das Sonnenlogo in der STATUSLEISTE schon erreicht und eingestellt haben.

KÜNSTLICHE BELEUCHTUNG – Mit dieser Funktion können Sie die künstlichen Beleuchtungskörper verwalten, indem Sie sie per Häkchen ein- oder ausschalten und auch individuell dimmen können. Beim Dimmen bedeutet der Wert **1** volle Intensität und **0** dann voll gedimmt. Insbesondere lassen sich hier mehrere Beleuchtungskörper zu Gruppen zusammenfassen, um sie gemeinsam zu steuern.

HINTERGRUND – bietet verschiedene Hintergrund-Varianten an. Die verschiedenen Wolkendarstellungen ergeben kaum Effekte. Nützlich kann ein einfarbiger Hintergrund sein oder gar ein Hintergrund mit einem passenden Foto (Abbildung 14.8). Unter `C:\Windows\Web\Wallpaper\Landschaften` sind nützliche Bilder zu finden.

Abb. 14.8: Render-Darstellung mit Hintergrundbild

14.5 Hintergrund

Unabhängig vom Hintergrundbild, das fürs Rendern eingestellt wird, kann jede Ansicht vom Typ 3D-ANSICHTEN, ANSICHTEN oder SCHNITTE über EIGENSCHAFTEN|GRAFIKDARSTELLUNGSOPTIONEN mit einem Hintergrundbild versehen werden (Abbildung 14.9). Eigentlich gibt es hier vier Optionen:

- KEINE – kein Hintergrund
- HIMMEL – blau verlaufender Himmelshintergrund und eine wählbare Bodenfarbe
- ABSTUFUNG – Himmelshintergrund mit verlaufender Himmelsfarbe und Horizontfarbe, sowie einer Bodenfarbe, alle sind wählbar
- BILD – wählbares Bild

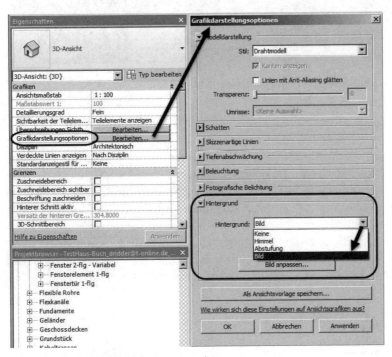

Abb. 14.9: Hintergrundbild für eine Ansicht

Alternativ können Rasterbilder als Hintergrundbilder mit der Funktion EINFÜGEN|IMPORT|BILD eingefügt, frei positioniert und über Griffe skaliert werden (Abbildung 14.10). Sie sind aber normal nicht sichtbar, wenn Hintergründe nach der Prozedur oben aktiv sind. Sie können Rasterbilder über die EIGENSCHAFTEN und Kategorie SONSTIGE|LAYER ZEICHNEN mit Option VORDERGRUND in solchen Fällen nach vorn bringen.

Abb. 14.10: Rasterbild-Hintergrund mit Positioniermarke und Griffen zum Skalieren

14.6 Kameras

Wenn Sie perspektivische Ansichten brauchen, dann müssen Sie Kameras aufstellen und Blickrichtungen festlegen. Das Werkzeug liegt unter ANSICHT|ERSTELLEN|3D-ANSICHT|KAMERA (Abbildung 14.11). Sie sollten die Kamera für Außenansichten in der EBENE 0 (Abbildung 14.12) oder für Innenaufnahmen in der jeweiligen Geschossebene positionieren. In der OPTIONSLEISTE ist vorgabemäßig die PERSPEKTIVE aktiviert, die Kamera-Höhe liegt gemäß VERSATZ auf 1,75 m über der aktuellen EBENE 0. Als ersten Punkt geben Sie dann die Kamera-Position in Draufsicht an und als zweiten Punkt eine Position für die Kamera-Richtung.

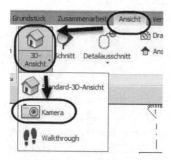

Abb. 14.11: KAMERA-Werkzeug

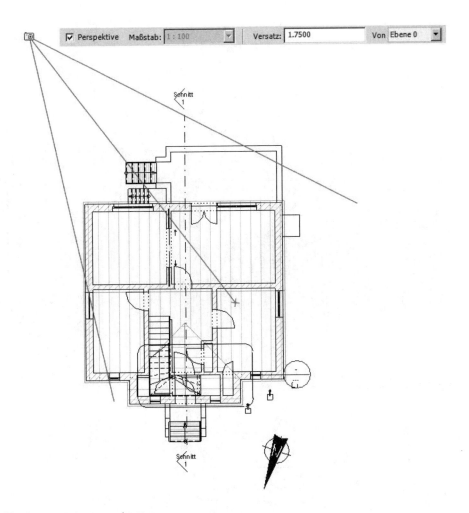

Abb. 14.12: Positionieren der Kamera

Nach Eingabe des zweiten Punkts erscheint sofort das Bild, das diese Kamera nun aufnimmt (Abbildung 14.13). Es wird in die Kategorie 3D-ANSICHTEN als 3D-ANSICHT 1 eingeordnet.

Dieses Bild können Sie natürlich wieder in jedem der in der Statusleiste angebotenen Bildstile anzeigen lassen. Nach Anklicken der Ansicht erscheinen runde Griffe auf den Randlinien, mit denen sich die Ränder verschieben lassen. Ziehen Sie die Ränder weiter nach außen, dann erhalten Sie praktisch die Anzeige wie mit einer Weitwinkel-Kamera, schieben Sie die Ränder zusammen, dann ergibt sich eine Teleaufnahme.

Kapitel 14
Rendern

Abb. 14.13: Kamera-Bild

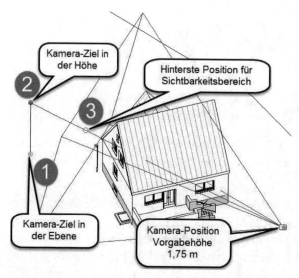

Abb. 14.14: Einstellmöglichkeiten für Kamera

Weitere Kamera-Einstellungen können Sie in einer anderen 3D-Ansicht mit sichtbar gemachter Kamera vornehmen. Die Kamera können Sie über einen Rechtsklick auf die dazugehörige Ansicht unter 3D-ANSICHTEN mit KAMERA ANZEIGEN sichtbar machen. Neben der eigentlichen Kamera-Position gibt es hier drei weitere wichtige Positionen. (Abbildung 14.14)

1. Ein roter Griff mit Mittelpunkt gibt das Kamera-Ziel projiziert auf die Geschossebene an. Wird er bewegt, so ändert sich nur die Richtung der Kamera, aber nicht die Neigung.
2. Mit dem darüber liegenden gefüllten blauen Griff können Sie die Höhe des Kamera-Ziels ändern.
3. Dann gibt es noch einen kreisförmigen blauen Griff, der nicht gefüllt ist. Damit legen Sie die Ansichtstiefe an. Alles, was hinter der Ebene liegt, die durch diesen Kreis geht, wird nicht mehr in der Kamera-Ansicht gezeigt. Damit können Sie also Objekte, die sich hinter dieser Ebene befinden von der Anzeige ausschließen.

14.7 Walkthroughs

Walkthroughs sind Kamera-Pfade, die aus einer großen Anzahl aufeinanderfolgender Kamera-Positionen bestehen. Zum Erstellen eines Walkthroughs dient ANSICHT|ERSTELLEN|3D-ANSICHT|WALKTHROUGH. Dann klicken Sie den ersten und alle nachfolgenden Punkte des Kamera-Pfades an. Achten Sie dabei darauf, dass der Pfad möglichst glatt ohne zu viele Schwenks eingegeben wird und später nicht nervös wirkt. Nach der letzten Position klicken Sie auf das Werkzeug WALKTHROUGH FERTIG STELLEN.

Revit legt dann im Browser die Kategorie WALKTHROUGHS mit Ihrem gespeicherten Pfad WALKTHROUGH 1 an. Genau wie die Kameras machen Sie auch einen Walkthrough per Rechtsklick im Browser über die Funktion KAMERA ANZEIGEN sichtbar.

Der Walkthrough soll nun bearbeitet werden und mehr Zwischenbilder erhalten. Nachdem Sie ihn sichtbar gemacht haben, klicken Sie auf das Werkzeug WALKTHROUGH BEARBEITEN. In der Optionsleiste erhalten Sie nun die Möglichkeit, die Bilderzahl zu ändern. Die letzte 300 in der Zeile ersetzen Sie durch **3000**. Außerdem kann auch über die Griffe am Ansichtsfenster ggf. noch die Größe des Bildausschnitts für den gesamten Walkthrough geändert werden.

Kapitel 14
Rendern

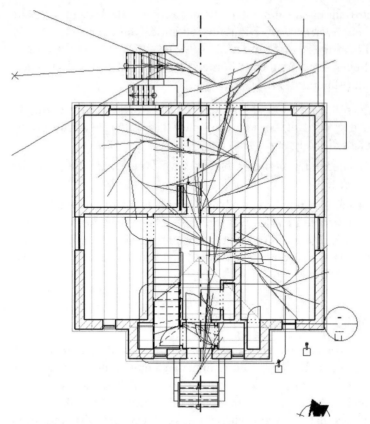

Abb. 14.15: Walkthrough

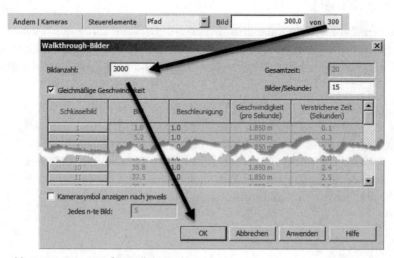

Abb. 14.16: Optionen für Walkthrough

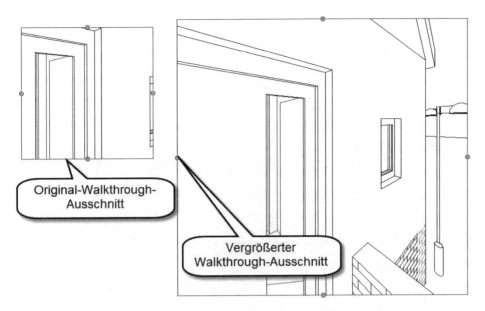

Abb. 14.17: Walkthrough-Ausschnitt über die Griffe vergrößern

Zum Abspielen des Walkthroughs aktivieren Sie ggf. WALKTHROUGH BEARBEITEN, klicken dann auf WALKTHROUGH ÖFFNEN und dann auf ABSPIELEN.

Abb. 14.18: Walkthrough abspielen

Sie können einen Walkthrough auch in eine *.AVI-Datei exportieren. Öffnen Sie dazu den Walkthrough und wählen Sie im Anwendungsmenü R-|EXPORTIEREN| ▼ BILDER UND ANIMATIONEN|WALKTHROUGH und geben als Dateityp AVI-Dateien (*.avi) ein. Im Dialog kann hier auch noch der BILDSTIL neu bestimmt werden (Abbildung 14.19). Dann kann diese Animation unabhängig von Revit mit dem WINDOWS MEDIA PLAYER abgespielt werden.

Kapitel 14
Rendern

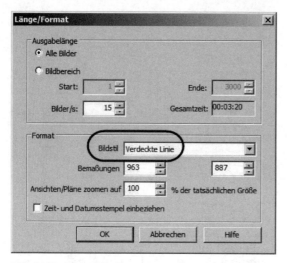

Abb. 14.19: Bildstil für Export einstellen

14.8 Übungsfragen

1. Wo wird der STANDORT eingegeben?
2. Welche Optionen gibt es für die Standortbestimmung?
3. Wie aktivieren Sie die manuelle Einstellung für den SONNENSTAND?
4. Wo aktivieren Sie ein Hintergrundbild für eine Ansicht?
5. Wie definieren Sie eine KAMERA?
6. Was ist ein WALKTHROUGH?

Kapitel 15

Familieneditor

Mit dem Familieneditor können Sie einerseits neue Familien erstellen oder andererseits vorhandene bearbeiten. Zum Erstellen von neuen Familien gehen Sie

- auf der STARTSEITE auf FAMILIEN|NEU oder
- für Körper speziell auf der STARTSEITE auf FAMILIEN|NEUER ENTWURFSKÖRPER oder
- im Anwendungsmenü auf R.|NEU|FAMILIE.

Zum Bearbeiten existierender Familien

- reicht ein *Doppelklick* auf ein Element in Ihrer Konstruktion,
- gehen Sie auf der STARTSEITE unter FAMILIEN auf ÖFFNEN oder
- im Anwendungsmenü auf R.|ÖFFNEN|FAMILIE.

Wichtig
Einheiten sind hier Millimeter. Sie sollten unbedingt beachten, dass im FAMILIENEDITOR die Einheiten stets in Millimetern einzugeben sind.

Tipp
Mit dieser Version von Revit können Sie hier auch die Anzeige von Linienstärken nutzen.

15.1 Beispiel: Eigenes Fenster

15.1.1 Familieneditor starten

An einem einfachen Fenster soll das Erstellen eines neuen Bibliotheksbauteils, sprich einer Familie, demonstriert werden. Zuerst wird der Familieneditor beispielsweise mit R.|NEU|FAMILIE gestartet. Das kann auch parallel zu einem aktuellen Projekt geschehen. Das hat den Vorteil, dass das Teil gleich im Projekt ausprobiert werden kann.

Für jede Kategorie von Elementen gibt es eine eigene Familienvorlage. Deshalb wird nun die Familienvorlage Fenster.rft (rft = Revit Family Template, engl. Template = Vorlage) gewählt. Diese Vorlage enthält ein fiktives Stück Wand, in das bereits mit einem unsichtbaren Abzugskörper ein rechteckiges Loch geschnitten wurde.

Abb. 15.1: Familieneditor starten

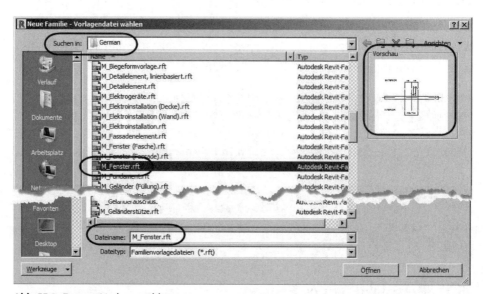

Abb. 15.2: Fenster-Vorlage wählen

Die Fenster-Vorlage hat eine ähnliche Struktur wie ein Revit-Projekt. Allerdings gibt es nur einen GRUNDRISS, der sich REFERENZ-EBENE nennt. Auch ein entsprechender DECKENPLAN ist vorhanden. Neben der normalen 3D-ANSICHT finden Sie anstelle der Außenansichten hier die ANSICHTEN AUßEN, INNEN, LINKS und RECHTS.

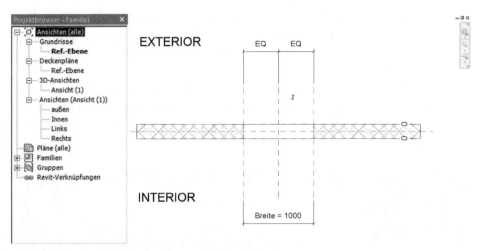

Abb. 15.3: Ansicht der Referenzebene und Browser-Struktur

15.1.2 Die Multifunktionsleiste »Erstellen«

Die Multifunktionsleiste ERSTELLEN bietet im Familieneditor die wichtigsten Modellierfunktionen unter Formen an. Es gibt die Möglichkeit, normale Körperelemente zu erstellen oder auch unter Abzugskörperformen eben Körper zu erstellen, die später von den anderen Körpern abgezogen werden. Abzugskörper sind nicht bei allen Familien möglich. Die *Modellierfunktionen* sind:

- EXTRUSION – Die Funktion verlangt als Erstes eine Skizze, für die ggf. zuerst eine geeignete Arbeitsebene gewählt werden muss. Nach Beenden der Skizze mit BEARBEITUNGSMODUS BEENDEN ✓ wird der Extrusionskörper schon mit Griffen angezeigt, sodass Sie ihn eigentlich nur noch auf die richtige Länge ziehen und ggf. mit dem Schlosssymbol 🔒 fixieren müssen. Das Fixieren ist wichtig, wenn sich dieser Extrusionskörper bei Änderungen der Fenstermaße entsprechend anpassen soll.

- VERSCHMELZEN – Diese Funktion heißt meist auch *Lofting* und bedeutet die Körperdefinition über Querschnitte. Hier wird ein Querschnitt auf einer ARBEITSEBENE als *untere Kontur* und ein weiterer als *obere Kontur* verlangt. Beide werden verbunden und können mit Griffen senkrecht zur Ebene gedehnt werden.

- ROTIEREN – erzeugt einen Rotationskörper. Mit dem Werkzeug BEGRENZUNGSLINIE erzeugen Sie – wieder in einer geeigneten ARBEITSEBENE – eine geschlossene Kontur für den Körper. Mit dem Werkzeug ACHSLINIE zeichnen Sie die nötige Rotationsachse.

- SWEEP – Hiermit wird ein *Profil* an einem *Pfad* entlanggeführt, wodurch der Körper entsteht. Sie können den Pfad aus vorhandener Geometrie wählen oder neu zeichnen: PFAD WÄHLEN oder PFAD SKIZZIEREN. Achten Sie wieder auf die geeignete ARBEITSEBENE. Der Pfad darf aus mehreren Segmenten bestehen. Schon auf dem ersten Pfadsegment wird die Zeichenebene für das Profil angedeutet. Nach Beenden der Pfad-Skizze können Sie mit PROFIL BEARBEITEN das Profil zeichnen.

- SWEEP-VERSCHMELZEN – Dies ist eine Kombination aus SWEEP und VERSCHMELZEN. Die Funktion erlaubt aber nur eine Pfadkurve mit einem einzigen Segment und bietet an jedem Ende eine Zeichenebene für ein individuelles Profil an.

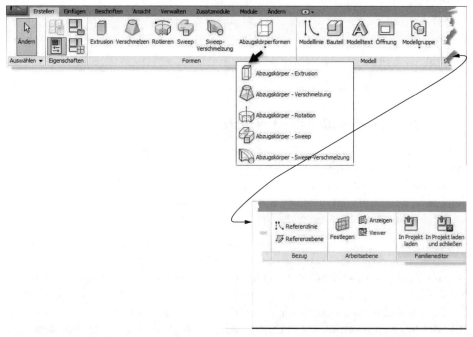

Abb. 15.4: Menüleiste des Familieneditors

Ein wichtiges Werkzeug ist noch MODELL|ÖFFNUNG, mit dem Sie zusätzliche Öffnungen zum Fenster hinzuzeichnen können. Die Funktionen für Abzugskörper sind zur Erweiterung der Fensteröffnung nicht verwendbar.

Ganz rechts erscheinen in der Menüleiste noch zwei Funktionen zum Beenden:

- IN PROJEKT LADEN – Mit dieser Funktion können Sie das neue Familienteil in das aktuelle Projekt bringen und dort auch testen. Sollten noch Änderungen nötig sein, können Sie aus dem Projekt heraus einfach das Familienteil doppelklicken oder anklicken und FAMILIE BEARBEITEN aufrufen, um im Familieneditor weiterzumachen.

- IN PROJEKT LADEN UND SCHLIEßEN – Hiermit wird das Familienteil gespeichert, wobei Sie *Dateinamen* und *Speicherort* vergeben können, und ins Projekt aufgenommen.

15.1.3 Fenster-Bearbeitung

Es soll nun das rechteckige Fenster durch einen Rundbogen ergänzt werden. Die Stichhöhe für den Bogen soll unter EIGENSCHAFTEN eingegeben werden können.

Gehen Sie in die Ansicht AUßEN, wählen Sie die Funktion ERSTELLEN|MODELL|ÖFFNUNG und zeichnen Sie mit den Werkzeugen ANFANG-ENDE-RADIUS-BOGEN und LINIE den Umriss für die Erweiterung der Fensteröffnung.

Platzieren Sie mit der Funktion AUSGERICHTETE BEMAßUNG das Maß für die Stichhöhe.

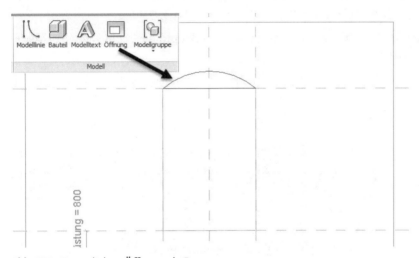

Abb. 15.5: Zusätzlichen Öffnung als Bogen

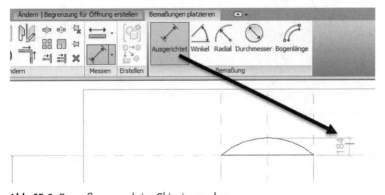

Abb. 15.6: Bemaßung noch im Skizziermodus

Nun soll aus diesem Maß ein Parameter werden, den Sie unter EIGENSCHAFTEN eingeben können. Markieren Sie dazu nach Beenden des Bemaßungsbefehls das Maß. Es erscheinen in der Multifunktionsleiste neue Gruppen. Aktivieren Sie BESCHRIFTUNGSBEMAßUNG|PARAMETER ERSTELLEN. Diese Funktion ist in älteren Versionen in der Optionsleiste erreichbar. Im Dialogfenster stellen Sie die Spezifikationen für den Parameter ein.

Zunächst können Sie zwischen FAMILIENPARAMETER und GEMEINSAM GENUTZTEM PARAMETER wählen. Für ein normales Bibliotheksteil wäre hier FAMILIENPARAMETER richtig.

Nun geben Sie den Namen ein: **Stichhöhe**.

Dann müssen Sie sich zwischen TYP und EXEMPLAR entscheiden. Ein TYP-Parameter kann nicht über den EIGENSCHAFTEN-MANAGER geändert werden, sondern nur durch Duplizieren und Ableiten eines neuen Typs mit dem neuen Parameterwert. Da wir möglichst flexibel sein wollen, wurde hier TYP gewählt.

Der PARAMETERTYP LÄNGE wurde automatisch erkannt, weil er aus einem *Längenmaß* entstanden ist.

Dann können Sie noch auswählen, unter welcher *Kategorie* dieser Parameter im EIGENSCHAFTEN-MANAGER erscheinen soll. Hier wurde ABMESSUNGEN gewählt. Mit OK ist der Parameter dann definiert.

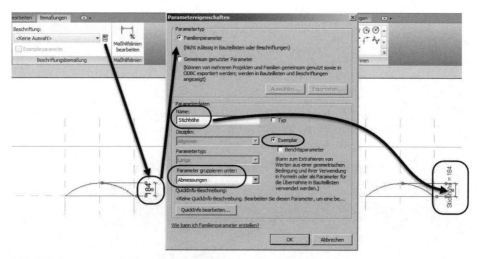

Abb. 15.7: Parameter aus Bemaßung erstellen

Das Fenster kann nun mit IN PROJEKT LADEN geladen und im Projekt getestet werden.

15.1
Beispiel: Eigenes Fenster

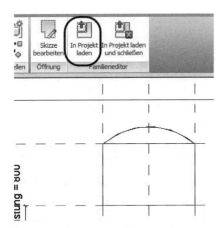

Abb. 15.8: Fenster-Familie ins aktuelle Projekt laden

Es zeigt sich, dass das Fenster funktioniert, aber der Vorgabewert für die STICH-HÖHE noch nicht so sinnvoll ist. Deshalb wird das Fenster nach Doppelklick im Familieneditor weiterbearbeitet.

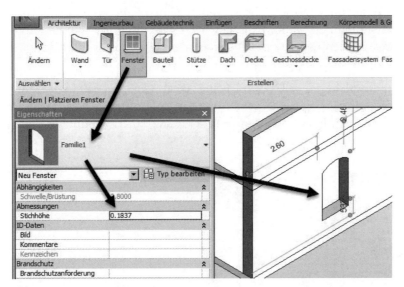

Abb. 15.9: Neue Fenster-Familie austesten

Im Familieneditor wählen Sie ERSTELLEN|EIGENSCHAFTEN|FAMILIENTYPEN oder ÄNDERN|EIGENSCHAFTEN|FAMILIENTYPEN und setzen beispielsweise den Vorgabewert für die STICHHÖHE auf **0.2**.

Kapitel 15
Familieneditor

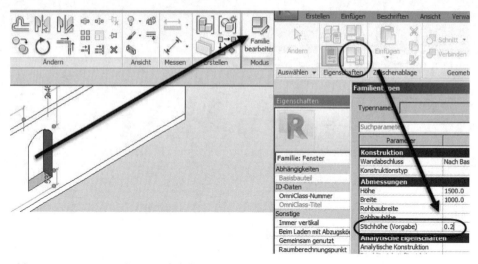

Abb. 15.10: Fenster-Familie weiterbearbeiten und Vorgabe-Wert einstellen

15.1.4 Fensterrahmen

Bis jetzt ist das Fenster noch sehr unfertig, weil es keinen Rahmen und kein Glas enthält. Der Fensterrahmen ist ein typisches SWEEP-Teil, weil das Rahmenprofil entlang den umlaufenden Kanten des Fensterausschnitts geführt werden muss.

Die erste Frage ist: Wo soll der Rahmen verlaufen? Nehmen wir an, dass der Rahmen in der Wandmitte liegen soll. Dann ist eine ARBEITSEBENE genau in die Mitte der Wand zu legen. Im Dialog ARBEITSEBENE FESTLEGEN können Sie diese Position unter NAME AUSWÄHLEN: REFERENZEBENE: MITTE (VORNE/HINTEN) wählen.

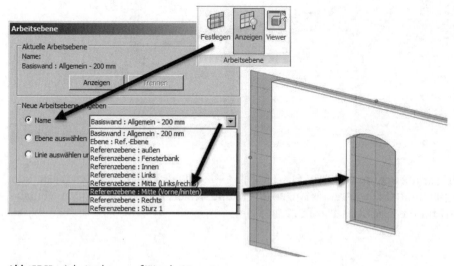

Abb. 15.11: Arbeitsebene auf Wandmitte setzen

Dann starten Sie mit ERSTELLEN|FORMEN|SWEEP und wählen zuerst die Funktion PFAD SKIZZIEREN, um den Pfadverlauf zu konstruieren. Erst danach zeichnen Sie mit PROFIL BEARBEITEN den Querschnitt des Fensterrahmens. Die einzelnen Segmente für den Pfad zeichnen Sie am bequemsten mit dem grünen Werkzeug LINIE AUSWÄHLEN, indem Sie die Kanten der Fensteröffnung anklicken. Die Pfadkurve entsteht dann automatisch durch Projektion auf die ARBEITSEBENE. Dabei sollten Sie beachten, dass Sie jede einzelne Kante mit dem SCHLOSS-Werkzeug fixieren, damit Ihr Rahmen später bei Änderungen von Fensterbreite oder Höhe an der Fensteröffnung fixiert bleibt. Beenden Sie dann die Pfad-Skizze mit .

Nun wählen Sie PROFIL BEARBEITEN und zeichnen die geschlossene Kontur für den Querschnitt des Rahmens (Abbildung 15.13). Beenden Sie schließlich die Profil-Skizze mit . Abschließend müssen Sie nur noch die SWEEP-Funktion mit einem weiteren beenden.

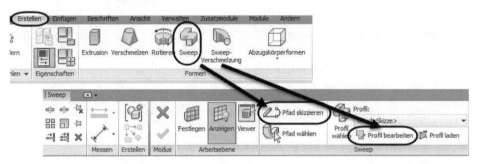

Abb. 15.12: SWEEP-Werkzeug für Fensterrahmen

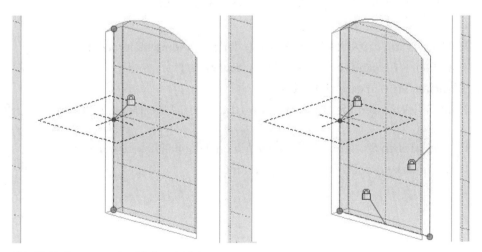

Abb. 15.13: Segmente des Pfads mit Fixierungen

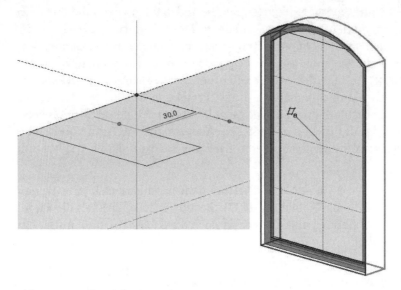

Abb. 15.14: Profil und fertiger Rahmen

Geometrisch ist der Rahmen nun fertig. Für die Darstellung soll nun noch ein besseres Material gewählt werden:

1. Im EIGENSCHAFTEN-MANAGER finden Sie nur das Material <NACH KATEGORIE>.
2. Wenn Sie mehr als nur ein allgemeines Fenstermaterial haben wollen, müssen Sie auf die *drei Pünktchen* daneben klicken.
3. Der MATERIALBROWSER wird gestartet.
4. Falls die untere Anzeige fehlt, müssen Sie hier klicken.
5. Aktivieren Sie START,
6. blättern Sie AUTODESK-MATERIALIEN oder eine andere Materialdatei auf,
7. wählen Sie beispielsweise die Materialkategorie HOLZ und
8. suchen Sie sich eine Holzart aus.
9. Mit Klick auf den Pfeil nach oben wird das Material im aktuellen Dokument verfügbar.
10. Hier können Sie dann auf das neue Material doppelklicken und es damit
11. dem markierten Fensterrahmen zuordnen.

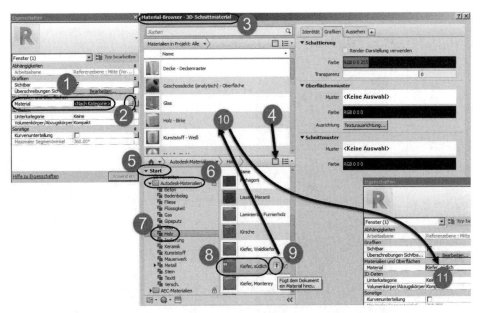

Abb. 15.15: Materialzuordnung für den Rahmen

15.1.5 Fensterglas

Die Glasscheibe ist ein typisches EXTRUSIONS-Teil, weil die Innenfläche des Rahmens einfach um 3 mm extrudiert werden muss.

Damit die Glasscheibe direkt am Rahmen anliegt, sollten Sie die ARBEITSEBENE in der 3D-ANSICHT von hinten an die Rahmeninnenflächen anlegen.

Nachdem Sie dann das Werkzeug EXTRUSION gewählt haben, zeichnen Sie die Rahmen-Innenkanten ähnlich wie bei SWEEP nach. Achten Sie darauf, dass die Kontur sauber geschlossen ist. Nach Beenden der Skizze zeigt sich sofort die Glasscheibe, allerdings mit der Vorgabe-Stärke von 250 mm. In der OPTIONSLEISTE sollten Sie die Vorgabe bei TIEFE auf **3** setzen. Auch hier sollten Sie das Material realistisch auf Glas umstellen.

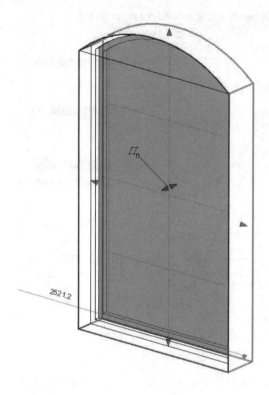

Abb. 15.16: Rahmen und Glasscheibe fertig

15.2 Übungsfragen

1. Welche Dateiendung haben die Familien und Familien-Vorlagen?
2. Was sind die typischen Browser-Kategorien im Familieneditor?
3. Beschreiben Sie die Modellierfunktionen im Familieneditor.
4. Was ist ein Abzugskörper?
5. Wie erstellen Sie einen Parameter für Ihr Familienteil?

Anhang A

Befehlskürzel

Die Befehlsabkürzungen sind immer dann sehr nützlich, wenn Sie viel mit dem Programm arbeiten und dafür auch schnell werden wollen. Je mehr Sie auch die PC-Tastatur nutzen und mit der Tasteneingabe vertraut sind, desto schneller können Sie mit den Befehlskürzeln arbeiten. Das Hin- und Herschalten zwischen Multifunktionsleisten und das Aufblättern von Flyout-Werkzeugen entfällt damit. Die Werkzeuge haben allerdings Abkürzungen, die sich aus den englischen Befehlsnamen ergeben, und sind deshalb nicht so einfach zu lernen.

Kürzel	Werkzeug	MFL-Aufruf
32	2D-Modus	Navigationsleiste
//	Fläche teilen	Kontextabhängige Registerkarten >TEILEN
3F	3D-Navigation	Navigationsleiste
3O	Objektmodus	Navigationsleiste
3W	2D-Navigation	Navigationsleiste
AD	Detailgruppe anhängen	Kontextabhängige Registerkarten >GRUPPE BEARBEITEN
AL	Ausrichten	ÄNDERN>ÄNDERN
AP	Zu Gruppe hinzufügen	Kontextabhängige Registerkarten >GRUPPE BEARBEITEN
AR	Reihe	ÄNDERN>ÄNDERN
BX	Auswahlrahmen	ÄNDERN>ANSICHT
CG	Abbrechen	Kontextabhängige Registerkarten >GRUPPE BEARBEITEN
CM	Bauteil platzieren	ERSTELLEN>MODELL; ARCHITEKTUR>ERSTELLEN; INGENIEURBAU>MODELL
CO#CC	Kopieren	ÄNDERN>ÄNDERN
CS	Ähnliches erstellen	ÄNDERN>ERSTELLEN
[Ctrl]+[`]	Erste kontextabhängige Registerkarte aktivieren	
DE	Löschen	ÄNDERN>ÄNDERN

Anhang A
Befehlskürzel

Kürzel	Werkzeug	MFL-Aufruf
DI	Ausgerichtete Bemaßung	Beschriften>Bemaßung; ÄNDERN>MESSEN; ERSTELLEN>BEMAßUNG; Kontextabhängige Registerkarten >BEMAßUNG; Schnellzugriffs-Werkzeugkasten
DL	Detaillinie	BESCHRIFTEN>DETAIL
DM	Spiegeln – Achse zeichnen	ÄNDERN>ÄNDERN
DR	Tür	ARCHITEKTUR>ERSTELLEN
EG	Gruppe bearbeiten	Kontextabhängige Registerkarten >GRUPPE
EH	In Ansicht ausblenden: Elemente ausblenden	ÄNDERN>ANSICHT
EL	Höhenkote	BESCHRIFTEN>BEMAßUNG; ÄNDERN>MESSEN; Kontextabhängige Registerkarten >BEMAßUNG
EOD	Grafik in Ansicht überschreiben: Überschreiben nach Element	ÄNDERN>ANSICHT
EOG	Grafiküberschreibung nach Element in Ansicht: Ghost-Fläche ein/aus	
EOH	Grafiküberschreibung nach Element in Ansicht: Halbton ein/aus	
EOT	Grafiküberschreibung nach Element in Ansicht: Transparenz ein/aus	
ER	Bearbeitungsanforderungen	ZUSAMMENARBEIT>KOMMUNIKATION
EU	Element einblenden	Kontextabhängige Registerkarten >VERDECKTE ELEMENTE ANZEIGEN
EW	Maßhilfslinien bearbeiten	Kontextabhängige Registerkarten >MAßHILFSLINIEN
EX	Ausschließen	Kontextmenü
FG	Fertig stellen	Kontextabhängige Registerkarten >GRUPPE BEARBEITEN
FR	Suchen/ Ersetzen	BESCHRIFTEN>TEXT; ERSTELLEN>TEXT; Kontextabhängige Registerkarten>EXTRAS
GD	Grafikdarstellungsoptionen	Steuerelemente für Ansichten

Kürzel	Werkzeug	MFL-Aufruf
GP	Modellgruppe: Gruppe erstellen; Detailgruppe: Gruppe erstellen	ERSTELLEN>MODELL; BESCHRIFTEN>DETAIL; ÄNDERN>ERSTELLEN; ERSTELLEN>DETAIL; ARCHITEKTUR>MODELL; INGENIEURBAU>MODELL
GR	Raster	ARCHITEKTUR>BEZUG; INGENIEURBAU>BEZUG
HC	Kategorie ausblenden	Steuerelemente für Ansichten
HH	Element ausblenden	Steuerelemente für Ansichten
HI	Element isolieren	Steuerelemente für Ansichten
HL	Verdeckte Linie	Steuerelemente für Ansichten
HR	Temporär ausblenden/isolieren zurücksetzen	Steuerelemente für Ansichten
IC	Kategorie isolieren	Steuerelemente für Ansichten
KS	Tastaturkurzbefehle	ANSICHT>FENSTER
LG	Verknüpfen	Kontextabhängige Registerkarten>GRUPPE
LI	Modelllinie; Linie; Begrenzungslinie; Bewehrungslinie	ERSTELLEN>MODELL; ERSTELLEN>DETAIL; ERSTELLEN>ZEICHNEN; ÄNDERN>ZEICHNEN; Kontextabhängige Registerkarten>ZEICHNEN
LI	Modelllinie	ARCHITEKTUR>MODELL; INGENIEURBAU>MODELL
LL	Ebene	ERSTELLEN>BEZUG; ARCHITEKTUR>BEZUG; INGENIEURBAU>BEZUG
LW	Liniengrafik	ÄNDERN>ANSICHT
MA	Typ anpassen – Eigenschaften	ÄNDERN>ZWISCHENABLAGE
MD	Ändern	ERSTELLEN>AUSWÄHLEN; EINFÜGEN>AUSWÄHLEN; BESCHRIFTEN>AUSWÄHLEN; ANSICHT>AUSWÄHLEN; VERWALTEN>AUSWÄHLEN; ZUSATZMODULE>AUSWÄHLEN; ÄNDERN>AUSWÄHLEN; ARCHITEKTUR>AUSWÄHLEN; INGENIEURBAU>AUSWÄHLEN; BERECHNUNG>AUSWÄHLEN; KÖRPERMODELL & GRUNDSTÜCK>AUSWÄHLEN; ZUSAMMENARBEIT>AUSWÄHLEN; Kontextabhängige Registerkarten>AUSWÄHLEN

Anhang A
Befehlskürzel

Kürzel	Werkzeug	MFL-Aufruf
MM	Spiegeln – Achse wählen	ÄNDERN>ÄNDERN
MP	In Projekt verschieben	Kontextmenü
MV	Verschieben	ÄNDERN>ÄNDERN
OF	Versatz	ÄNDERN>ÄNDERN
PC	Punktwolken fangen	Objektfang
PN	Sperren	ÄNDERN>ÄNDERN
PP Ctrl + 1 VP	Eigenschaften	ERSTELLEN>EIGENSCHAFTEN; ANSICHT>FENSTER; ÄNDERN>EIGENSCHAFTEN; Kontextabhängige Registerkarten>EIGENSCHAFTEN
PT	Farbe	ÄNDERN>GEOMETRIE
R3	Neues Drehzentrum definieren	Kontextmenü
RA	Alle ausgeschlossenen wiederherstellen	Kontextabhängige Registerkarten>GRUPPE; Kontextmenü
RB	Ausgeschlossenes Objekt wiederherstellen	Kontextmenü
RC	Letzten Befehl wiederholen	Kontextmenü
RD	In Cloud rendern	ANSICHT>GRAFIK; Steuerelemente für Ansichten
RE	Maßstab	ÄNDERN>ÄNDERN
RG	Render- Katalog	ANSICHT>GRAFIK; Steuerelemente für Ansichten
RG	Aus Gruppe entfernen	Kontextabhängige Registerkarten >GRUPPE BEARBEITEN
RH	Modus Verdeckte Elemente anzeigen ein/aus	Kontextabhängige Registerkarten >VERDECKTE ELEMENTE ANZEIGEN; Steuerelemente für Ansichten
RL RW	Letzte neu laden	ZUSAMMENARBEIT>SYNCHRONISIEREN
RM	Raum	ARCHITEKTUR>RAUM & FLÄCHE
RO	Drehen	ÄNDERN>ÄNDERN
RP	Referenzebene	ERSTELLEN>BEZUG; ERSTELLEN>ZEICHNEN; ÄNDERN>ZEICHNEN; ARCHITEKTUR>ARBEITSEBENE; INGENIEURBAU>ARBEITSEBENE; Kontextabhängige Registerkarten>ARBEITSEBENE

Anhang A
Befehlskürzel

Kürzel	Werkzeug	MFL-Aufruf
RR	Render	ANSICHT>GRAFIK; Steuerelemente für Ansichten
RT	Raum beschriften; Raumbeschriftung	ARCHITEKTUR>RAUM & FLÄCHE; BESCHRIFTEN>BESCHRIFTUNG
RY	Raytracing	Steuerelemente für Ansichten
SA	Alle Exemplare auswählen: im gesamten Projekt	Kontextmenü
SC	Zentrumspunkte	Objektfang
SD	Schattiert mit Kanten	Steuerelemente für Ansichten
SE	Endpunkte	Objektfang
SF	Fläche trennen	ÄNDERN>GEOMETRIE
SI	Schnittpunkte	Objektfang
SL	Element teilen	ÄNDERN>ÄNDERN
SM	Mittelpunkte	Objektfang
SN	Nächster	Objektfang
SO	Objektfang aus	Objektfang
SP	Lotrecht	Objektfang
SQ	Quadranten	Objektfang
SR	Entfernte Objekte fangen	Objektfang
SS	Überschreibung ausschalten	Objektfang
ST	Tangenten	Objektfang
SU	Weitere Einstellungen: Sonneneinstellungen	VERWALTEN>EINSTELLUNGEN
SW	Raster Arbeitsebene	Objektfang
SX	Punkte	Objektfang
SZ	Schließen	Objektfang
TG	Nach Kategorie beschriften	BESCHRIFTEN>BESCHRIFTUNG; Schnellzugriffs-Werkzeugkasten
TL	Feine Linien	ANSICHT>GRAFIK; Schnellzugriffs-Werkzeugkasten
TR	Stutzen/dehnen für Ecke	ÄNDERN>ÄNDERN
TX	Text	BESCHRIFTEN>TEXT; ERSTELLEN>TEXT; Schnellzugriffs-Werkzeugkasten
UG	Gruppierung aufheben	Kontextabhängige Registerkarten>GRUPPE
UN	Projekteinheiten	VERWALTEN>EINSTELLUNGEN
UP	Sperrung aufheben	ÄNDERN>ÄNDERN

Kürzel	Werkzeug	MFL-Aufruf
VC	Modus Anzeige von Abhängigkeiten ein/aus	Steuerelemente für Ansichten
VG VV	Sichtbarkeit/Grafiken	ANSICHT>GRAFIK
VH	In Ansicht ausblenden: Kategorie ausblenden	ÄNDERN>ANSICHT
VOG	Grafiküberschreibung nach Kategorie in Ansicht: Ghost-Fläche ein/aus	
VOH	Grafiküberschreibung nach Kategorie in Ansicht: Halbton ein/aus	
VOT	Grafiküberschreibung nach Kategorie in Ansicht: Transparenz ein/aus	
VU	Kategorie einblenden	Kontextabhängige Registerkarten >VERDECKTE ELEMENTE ANZEIGEN
WA	Wand; Wand: Nichttragende Wand	ARCHITEKTUR>ERSTELLEN; INGENIEURBAU>INGENIEURBAU
WC	Fenster überlappend anordnen	ANSICHT>FENSTER
WF	Drahtmodell	Steuerelemente für Ansichten
WN	Fenster	ARCHITEKTUR>ERSTELLEN
WT	Fenster neben-/untereinander anordnen	ANSICHT>FENSTER
ZA	Zoom alles	Navigationsleiste
ZE ZF ZX	Zoom Grenzen	Navigationsleiste
ZO ZV	Verkleinern 2x	Navigationsleiste
ZP ZC	Vorherige Einstellung Pan/Zoom	Navigationsleiste
ZR ZZ	Zoom Fenster	Navigationsleiste
ZS	Zoom für Plan anpassen	Navigationsleiste

Anhang B

Fragen und Antworten

Kapitel 1 Fragen

1. Wie unterscheiden sich Test-Version, Studenten-Version und lizenzierte Version?
2. Welche wichtigen Werkzeuge finden Sie im SCHNELLZUGRIFF-WERKZEUGKASTEN?
3. Welches sind die wichtigsten Dinge im EIGENSCHAFTEN-MANAGER?
4. Nennen Sie die wichtigsten Kategorien des PROJEKTBROWSERS.
5. Wo können Sie den PROJEKTBROWSER aktivieren, wenn er abgeschaltet ist?
6. Wie können Sie VIEWCUBE und NAVIGATIONSLEISTE ein-/ausschalten?
7. Was tun Sie, wenn die Multifunktionsleiste nur noch die Gruppen, aber keine einzelnen Werkzeuge mehr anzeigt?
8. Wo finden Sie die ANSICHTSLEISTE und was sind die wichtigsten Werkzeuge?
9. In welchen Registern liegen die wichtigsten Konstruktionswerkzeuge?
10. Wo finden Sie Befehlseingabeaufforderungen?

Kapitel 1 Antworten

1. Die Test-Version kann 30 Tage zum Testen des Programms benutzt werden, die Studenten-Version bis 3 Jahre und nur die lizenzierte Version berechtigt zum professionellen dauerhaften Einsatz, solange das Abonnement läuft.
2. ÖFFNEN, SPEICHERN, ZURÜCK, WIEDERHERSTELLEN, MESSE, AUSGERICHTETE BEMAßUNG, NACH KATEGORIE BESCHRIFTEN, TEXT, STANDARD-3D-ANSICHT, SCHNITT, DÜNNE LINIEN, VERDECKTE FENSTER SCHLIEßEN, FENSTER WECHSELN.
3. Die Typenauswahl oben, die einzelnen EXEMPLAR-EIGENSCHAFTEN und TYP BEARBEITEN.
4. GRUNDRISSE, DECKENPLÄNE, 3D-ANSICHTEN, ANSICHTEN, BAUTEILLISTEN/MENGEN und PLÄNE.
5. Unter ANSICHT|FENSTER|BENUTZEROBERFLÄCHE.
6. Ebenfalls unter ANSICHT|FENSTER|BENUTZEROBERFLÄCHE.

7. Man klickt so lange auf das kleine Werkzeug ▼ in der Titelleiste, bis das gewünschte wieder da ist.
8. Die ANSICHTSLEISTE liegt links unten in der vorletzten Zeile mit MASSSTAB, DETAILLIERUNGSGRAD, BILDSTIL, SONNENBAHN EIN/AUS, SCHATTEN EIN/AUS, RENDERN, ANSICHT ZUSCHNEIDEN, ZUSCHNEIDEBEREICH EINBLENDEN, 3D-ANSICHT SPERREN, VORÜBERGEHEND ISOLIEREN, VERDECKTE ELEMENTE.
9. ARCHITEKTUR und INGENIEURBAU.
10. Ganz links unten in der untersten Zeile.

Kapitel 2 Fragen

1. Was bedeuten bei Revit FAMILIEN?
2. Welche Projekt-Kategorien gibt es?
3. Wo können Sie die Anzeige für den Projekt-Basispunkt aktivieren?
4. Was ist alles unter OBJEKTFANG eingestellt?
5. Wo liegt die Wandbasislinie bei Außenwänden?
6. Welche Darstellungsgenauigkeit brauchen Sie, um die Fenster präzise dargestellt zu bekommen?
7. Was bedeutet ÄHNLICHE PLATZIEREN?
8. Wie können Sie umlaufende Wände wählen?
9. Was bedeutet WÄNDE AN GESCHOSSDECKE FIXIEREN?
10. Wie erstellen Sie ein Satteldach?

Kapitel 2 Antworten

1. Mit FAMILIEN werden Bauteilefamilien bezeichnet.
2. GRUNDRISSE, DECKENPLÄNE, 3D-ANSICHTEN, ANSICHTEN, BAUTEILLISTEN/MENGEN und PLÄNE.
3. Unter ANSICHT|GRAFIK|SICHTBARKEIT/GRAFIKEN und dort in den MODELLKATEGORIEN unter GRUNDSTÜCK|PROJEKT-BASISPUNKT.
4. ENDPUNKTE, MITTELPUNKTE, NÄCHSTE, ARBEITSEBENENRASTER, QUADRANTEN, SCHNITTPUNKTE, ZENTRIERT, LOT, TANGENTEN, PUNKTE.
5. Vorgabemäßig auf der Mittellinie, bei Option AUSSENKANTE TRAGENDE SCHICHT auf der linken Kante.
6. Fein.
7. ÄHNLICHE PLATZIEREN bedeutet, Elemente des gleichen Typs mit gleichen Eigenschaften erneut zu erstellen.

8. Mit der Mehrfachwahl: Anfahren und Berühren, ⇧-Taste und Klicken.
9. Bei WÄNDE AN GESCHOSSDECKE FIXIEREN werden die Oberkanten der Wände auf die Unterkante der Geschossdecke begrenzt.
10. Ein Satteldach entsteht aus einem viereckigen Dachumriss, indem man bei zwei gegenüberliegenden Kanten die Eigenschaft BESTIMMT NEIGUNG entfernt.

Kapitel 3 Fragen

1. Mit welcher Einstellung in den EIGENSCHAFTEN für eine 3D-Ansicht kann ein dreidimensionaler Ausschnitt erzeugt werden?
2. Welche Funktion haben die Icons rechts unten in der STATUSLEISTE?
3. Wie wird bei der Objektwahl der FENSTER-Modus aktiviert?
4. Mit welchem Werkzeug können Sie unterschiedliche Wandverbindungen an Ecken generieren?
5. Wie klicken Sie die Objekte beim STUTZEN an?
6. Was bewirkt das Werkzeug TRENNEN?
7. Unter welcher Bedingung können Sie Objekte ohne expliziten VERSCHIEBEN-Befehl verschieben?
8. Was macht das Werkzeug MAßSTAB?
9. Wozu dient das Werkzeug AUSWAHLRAHMEN?
10. Was macht das Werkzeug ELEMENTE VERSCHIEBEN?

Kapitel 3 Antworten

1. Mit 3D-SCHNITTBEREICH.
2. Die Icons rechts unten in der STATUSLEISTE spezifizieren die Elementwahl.
3. Von links nach rechts.
4. Mit WANDVERBINDUNGEN
5. Sie müssen die Partien anklicken, die erhalten bleiben sollen.
6. TRENNEN unterteilt ein Element in zwei Teilstücke an einer wählbaren Position.
7. Wenn in der STATUSLEISTE die Option ELEMENT BEIM AUSWÄHLEN VERSCHIEBEN aktiv ist.
8. Das Werkzeug MAßSTAB skaliert.
9. Es erzeugt aus einem 2D-Auswahlrahmen einen 3D-Schnittbereich.
10. ELEMENTE VERSCHIEBEN verschiebt Elemente temporär, um andere Partien der Konstruktion freizulegen. Diese Verschiebung lässt sich jederzeit mit einem Klick zurücknehmen.

Kapitel 4 Fragen

1. Welches ist die Standard-Bemaßung für komplette Wände?
2. Wie gehen Sie beim Ändern einer Maßkette vor?
3. Beschreiben Sie die Höhenkote für Rohfußböden.
4. Welche Optionen gibt es bei der Neigungskote?
5. Mit welcher Funktion wird die geografische Lage eingegeben?
6. Was ist der Unterschied zwischen den Beschriftungen ELEMENT-BAUELEMENT und MATERIAL-BAUELEMENT?

Kapitel 4 Antworten

1. Die Standard-Bemaßung ist die ausgerichtete Bemaßung.
2. Zum Ändern wird die Maßkette markiert, dann das Werkzeug HILFSLINIEN HINZUFÜGEN/ENTFERNEN aktiviert und dann die Kanten für neue oder zu entfernende Maße angeklickt. Beendet wird mit einem Doppelklick neben der Bemaßung.
3. Die Höhenkote für Rohfußböden ist ein gefülltes kopfstehendes Dreieck.
4. Bei der Neigungskote gibt es die Anzeige als Winkel oder Seitenverhältnis des Neigungsdreiecks. Es kann das Neigungsdreieck oder ein Pfeil angezeigt werden.
5. VERWALTEN|PROJEKTPOSITION|STANDORT.
6. Bei der Beschriftung ELEMENT-BAUELEMENT wird nach der Eintragung im Typ beschriftet. Das ergibt nur eine Codierung auch für zusammengesetzte Elemente. Dagegen wird bei MATERIALBAUELEMENT gemäß der einzelnen Schicht eines Elements beschriftet.

Kapitel 5 Fragen

1. Was ist der Unterschied zwischen Projekt-Basispunkt und Vermessungspunkt?
2. Wozu ist die Gebäudesohle nötig?
3. Bei der Eingabe von Positionen für das Gelände erscheint in der OPTIONSLEISTE die Anfrage ANSICHT. Was bedeutet das?
4. Welche Koordinaten werden in Geländetabellen benötigt?

Kapitel 5 Antworten

1. Der Projekt-Basispunkt läuft beim Verschieben des Projekts in der Höhe mit. Der Vermessungspunkt bleibt immer in der Höhe 0 m liegen.
2. Die Gebäudesohle schirmt ein Gebäude nach unten hin gegen das Gelände ab.
3. Die Anfrage ANSICHT in der OPTIONSLEISTE muss eigentlich Höhe heißen (»Ansicht« ist hier die falsche Übersetzung von »elevation«).
4. In Geländetabellen werden Gauß-Krüger-Koordinaten benötigt.

Kapitel 6 Fragen

1. Wo liegt die normale Schnitthöhe in den Grundrissen?
2. Wo ist sie definiert?
3. Welche Bedeutung hat der ZUSCHNEIDEBEREICH eines Grundrisses?
4. Wozu braucht man Deckenpläne?
5. Was generiert man mit 3D-SCHNITTBEREICH?
6. Womit erstellen Sie eigene Ansichten?
7. Wie wird ein SCHNITT mit Knick erstellt?
8. Was ist der Unterschied zwischen DETAILAUSSCHNITT und DETAILSCHNITT?
9. Wie erzeugen Sie einen neuen Plan für den Plot?

Kapitel 6 Antworten

1. Die normale Schnitthöhe in den Grundrissen liegt bei 1,20 m.
2. Sie ist unter EIGENSCHAFTEN bei ANSICHTSBEREICH unter SCHNITTHÖHE definiert.
3. Der ZUSCHNEIDEBEREICH eines Grundrisses legt den sichtbaren Bereich für den späteren Plot fest.
4. Deckenpläne braucht man zur Darstellung abgehängter Decken und/oder zum Positionieren von Deckenleuchten.
5. Mit 3D-SCHNITTBEREICH generiert man für eine Ansicht eine dreidimensionale Box, deren Seitenflächen verschiebbar sind und das 3D-Modell zuschneiden können.
6. Mit ANSICHT|ERSTELLEN|ANSICHT>ANSICHT werden eigene Ansichten erstellt.
7. Ein SCHNITT mit Knick wird zunächst als einfacher Schnitt erstellt, dann markiert und mit dem Werkzeug SEGMENT TEILEN mit einem Knick versehen.

8. DETAILAUSSCHNITT erzeugt eine Detailansicht für eine Draufsicht, DETAILSCHNITT ist eine SCHNITTANSICHT, die zum DETAILSCHNITT umgewandelt wurde.
9. Mit Rechtsklick auf die Kategorie PLÄNE im Browser erzeugen Sie einen neuen Plan.

Kapitel 7 Fragen

1. Wozu nutzen Sie typischerweise Modelllinien?
2. Nennen Sie eine typische Anwendung für Rasterlinien.
3. Ist die Rasterlinie immer eine Linie?
4. Wozu brauchen Sie Arbeitsebenen?
5. Wie läuft der Dialog zum Wählen einer vorhandenen Fläche als Arbeitsebene?
6. Wie können Sie eine Arbeitsebene exakt positionieren?
7. Was ist der Unterschied zwischen Referenzebene und Rasterlinie?

Kapitel 7 Antworten

1. MODELLLINIEN sind als Hilfslinien für Konstruktionen wie schräge Wandpartien oder als Grundlage für GELÄNDER nützlich.
2. RASTERLINIEN werden typischerweise zum Positionieren von STÜTZEN verwendet. Es gibt spezielle Funktionen zum Positionieren von STÜTZEN auf alle gewählten Rasterschnittpunkte.
3. Die RASTERLINIE kann in einer Draufsicht eine Linie, ein Bogen oder ein offener Linienzug sein.
4. ARBEITSEBENEN werden zum zweidimensionalen Zeichnen in beliebigen Ebenen benötigt, wie beispielsweise zum Skizzieren in einer schrägen Dachfläche.
5. Um eine vorhandene Fläche als ARBEITSEBENE zu definieren, wählen Sie das Werkzeug ARBEITSEBENE FESTLEGEN, dann aktivieren Sie dort EBENE AUSWÄHLEN, klicken auf OK und wählen danach die gewünschte Fläche.
6. Eine ARBEITSEBENE kann mit VERSCHIEBEN und AUSRICHTEN exakt positioniert werden.
7. Eine REFERENZEBENE ist immer eben, kann aber in der erzeugenden 2D-Ansicht eine beliebige Richtung haben. Die RASTERLINIE verläuft in Seitenansichten immer senkrecht, in Draufsichten kann sie eine beliebige Richtung haben und auch gebogen sein.

Kapitel 8 Fragen

1. Welche Priorität haben tragende Schichten bei den Wänden?
2. Wie können Sie die Fassade einer Hausfront symmetrisch gestalten?
3. Wo stellen Sie die Rastergröße ein?
4. Was definiert das RASTERLAYOUT?
5. Welcher Bildstil ist nötig, um ABZIEHBILDER sichtbar zu machen?
6. Was wird benötigt, um Lampen im Haus zu positionieren?
7. Welche Elemente müssen an die jeweiligen Fußbodenhöhen angepasst werden?
8. Welches ist der einfachste Treppentyp?
9. Welches ist der flexibelste Treppentyp?
10. Wie erzeugen Sie die Treppe für ein mehrgeschossiges Haus?

Kapitel 8 Antworten

1. Tragende Schichten haben die höchste Priorität, nämlich 1.
2. Wählen Sie in EIGENSCHAFTEN für das VERTIKALE RASTER die Ausrichtung MITTE.
3. Im TYP.
4. Das Rasterlayout definiert Neigungswinkel und Kantenversatz des Rasters.
5. REALISTISCH.
6. Eine DECKE.
7. Die Türen und Treppen.
8. Die TREPPE NACH BAUTEIL und über LAUF.
9. Die TREPPE NACH SKIZZE und über BEGRENZUNG und STEIGUNG.
10. In den EIGENSCHAFTEN der normalen Treppe tragen Sie unter OBERSTE EBENE EINES MEHRGESCHOSSIGEN GEBÄUDES die oberste Ebene ein.

Kapitel 9 Fragen

1. Welche Bedeutung haben die Stützenarten?
2. Was müssen Sie beim Positionieren von Stützen beachten?
3. Welche Eingaben verlangt die geneigte Stütze?
4. Welcher Objektfang wird bei Trägern empfohlen?
5. Mit welchen Einstellungen können Sie Träger verlängern?
6. Was ist die Voraussetzung für das Erzeugen von Gehrungen zwischen Trägern?

7. Was bedeutet ANZAHL bei Trägersystemen?
8. Was benötigen Sie für ein Trägersystem für Dachbalken?
9. Was müssen Sie bei Dachbalken an der Gaube berücksichtigen?
10. Wie werden Streben angepasst?

Kapitel 9 Antworten

1. Es gibt tragende und nichttragende Stützen. Die nichttragenden Stützen sind Zierstützen.
2. Sie müssen darauf achten, dass in der OPTIONSLEISTE HÖHE aktiviert ist und als Höhenangabe die nächste *Geschossebene*.
3. Die GENEIGTE STÜTZE verlangt zwei Punktpositionen in der Draufsicht, den ersten Punkt für das untere Ende, den zweiten Punkt für das obere. Die Höhen der Endpunkte ergeben sich aus den betreffenden Ebenen.
4. 3D-OBJEKTFANG.
5. TRÄGER können über ANFANGSFUGENVERKÜRZUNG und ENDFUGENVERKÜRZUNG jeweils mit negativen Werten verlängert werden.
6. Die Träger dürfen keine anderen Verbindungen beispielsweise mit Stützen haben.
7. Die ANZAHL bei Trägersystemen gibt an, wie viele Träger im Innern noch hinzukommen.
8. Eine ARBEITSEBENE in der Dachrichtung.
9. Eigentlich nichts Besonderes, denn wenn die Gaube korrekt erstellt wurde, enthält das Dach schon den nötigen Ausschnitt, nach dem sich auch das Trägersystem richtet.
10. STREBEN werden durch Verlängern mit den Pfeilgriffen und durch AUSKLINKUNG angepasst.

Kapitel 10 Fragen

1. Welche konstruktiven Varianten gibt es für Dächer?
2. Wie können Sie beim DACH ÜBER GRUNDFLÄCHE die Neigung festlegen?
3. Was geben Sie beim Neigungspfeil an?
4. Was ist die Voraussetzung für das DACH ÜBER EXTRUSION?
5. Was ist die Voraussetzung für das DACH ÜBER FLÄCHE?
6. Was ist die Einschränkung bei Dächern?
7. Wie erstellt man normalerweise das Dach einer GAUBE?

8. Wie läuft DACH VERBINDEN ab?
9. Welche Fixierung ist bei Gaubenwänden üblicherweise nötig?

Kapitel 10 Antworten

1. Es gibt DACH ÜBER GRUNDFLÄCHE, DACH ÜBER EXTRUSION und DACH ÜBER FLÄCHE.
2. Beim DACH ÜBER GRUNDFLÄCHE wird die Neigung über die Winkel an den Dachkanten oder über den NEIGUNGSPFEIL festgelegt.
3. Beim NEIGUNGSPFEIL gibt man Start- und Endpunkt und die Höhen an beiden Positionen an.
4. Voraussetzung für das DACH ÜBER EXTRUSION ist eine sinnvolle ARBEITSEBENE, um das Profil des Daches zeichnen zu können.
5. Das DACH ÜBER FLÄCHE setzt einen Volumenkörper voraus.
6. Dächer können keine nach unten weisenden Flächen beinhalten.
7. Als DACH ÜBER EXTRUSION.
8. Bei DACH VERBINDEN sollte das zu verbindende Gaubendach zuerst vor dem Hauptdach enden. Dann aktivieren Sie die Funktion, klicken die Kante des Gaubendaches an, die zum Hauptdach zeigt, und dann eine beliebige Kante des Hauptdaches.
9. Gaubenwände müssen üblicherweise oben und unten fixiert werden.

Kapitel 11 Fragen

1. Welche Arten von Volumenkörpern haben Sie kennengelernt?
2. Wie können Sie hier ARBEITSEBENEN erstellen?
3. Wie werden GESCHOSSDECKEN im konzeptionellen Design erstellt?
4. Wie ist die Körperanzeige eingestellt?

Kapitel 11 Antworten

1. Extrusionskörper, Rotationskörper und Lofting-Körper.
2. Auf Grundlage von Wänden und anderen ebenen Flächen von bestehenden Elementen oder über die Geschosshöhen.
3. Es werden zuerst nach Anklicken des Volumenkörpers die Körpergeschosse erstellt und dann erst die Geschossebenen dazu.
4. Vorgabemäßig werden Körper nicht angezeigt. Im Register KÖRPERMODELL & GRUNDSTÜCK gibt es eine Option KÖRPERFORM UND GESCHOSSDECKEN ANZEIGEN zum Aktivieren der Körperanzeige.

Kapitel 12 Fragen

1. Wie können Sie bei einer Gruppe den Basispunkt ändern?
2. Wie bearbeiten Sie Gruppen?
3. Wie können Sie ein Gelände aus AutoCAD verwenden?
4. Was bedeutet beim Export zu AutoCAD die Export-Einrichtung?
5. Was bedeutet beim Export zu AutoCAD der Export-Satz?

Kapitel 12 Antworten

1. Den BASISPUNKT einer Gruppe ändern Sie durch direktes Verschieben des Achsensymbols.
2. Gruppen werden durch Markieren und Aufruf der BEARBEITEN-Funktion bearbeitet.
3. Die AutoCAD-Zeichnung importieren und dann mit KÖRPERMODELL & GRUNDSTÜCK|GRUNDSTÜCK MODELLIEREN|GELÄNDE|IMPORTEXEMPLAR WÄHLEN daraus ein Revit-Gelände erstellen.
4. Die EXPORT-EINRICHTUNG definiert die Layer-Umsetzung beim Export.
5. Der EXPORT-SATZ legt fest, welche Ansichten exportiert werden.

Kapitel 13 Fragen

1. Was ist der Unterschied zwischen RAUM und RAUMSTEMPEL?
2. Was ist eine RAUMTRENNUNGSLINIE?
3. Wo finden Sie die FARBEN-LEGENDEN?
4. Womit können Sie die Tabellenstruktur bearbeiten?
5. Wie können Sie die Bauteilnummern aus der Tabelle in der Zeichnung sichtbar machen?

Kapitel 13 Antworten

1. Der RAUM wird durch ein x-förmiges Kreuz gekennzeichnet und wird durch die Wände eines einzelnen Zimmers begrenzt. Er liefert die Daten für Fläche und Umfang in der RAUMLISTE. Der RAUMSTEMPEL ist ein Textfeld, das die Daten des Raums anzeigt.
2. Eine RAUMTRENNUNGSLINIE ist eine Linie, die ein Zimmer anstelle einer Wand in zwei Bereiche auftrennt, von denen dann jeder einen einzelnen Raum bilden kann.

3. Unter BESCHRIFTEN|FARBFÜLLUNG|FARBEN-LEGENDE.
4. Unter EIGENSCHAFTEN der Bauteilliste in der Kategorie SONSTIGE finden Sie die FELDER, die SORTIERUNG und die FORMATIERUNG für die Tabelle.
5. Unter BESCHRIFTEN|ALLE BESCHRIFTEN können Sie den Bauteil-Typ wählen und die Art der Beschriftung auswählen. So können Sie beispielsweise die BAUTEIL-NUMMERN aus der Tabelle in der Zeichnung sichtbar machen.

Kapitel 14 Fragen

1. Wo wird der STANDORT eingegeben?
2. Welche Optionen gibt es für die Standortbestimmung?
3. Wie aktivieren Sie die manuelle Einstellung für den SONNENSTAND?
4. Wo aktivieren Sie ein Hintergrundbild für eine Ansicht?
5. Wie definieren Sie eine KAMERA?
6. Was ist ein WALKTHROUGH?

Kapitel 14 Antworten

1. Unter VERWALTEN|PROJEKTPOSITION|STANDORT.
2. Es gibt eine Karte mit Internet-Verbindung oder eine Städteliste. Alternativ können Sie auch eigene Längen- und Breitengrade eingeben.
3. Mit dem Werkzeug SONNENSTAND EIN aus der Anzeigeliste links unten aktivieren Sie die Sonnenstandsanzeige in der 3D-ANSICHT, wo Sie die Sonne manuell gemäß Datum und Uhrzeit bewegen können.
4. Im EIGENSCHAFTEN-MANAGER der Ansicht unter GRAFIKDARSTELLUNGSOPTIONEN.
5. In einer Draufsicht sollten Sie die Kamera zuerst positionieren und die Zielrichtung angeben. In der 3D-ANSICHT können Sie dann über die Kamera-Anzeige noch die Höhenausrichtung, Blicktiefe und Öffnungswinkel manuell einstellen.
6. Ein WALKTHROUGH ist eine Verkettung mehrerer Kamera-Positionen. Der komplette WALKTHROUGH kann als Film abgespielt werden.

Kapitel 15 Fragen

1. Welche Dateiendung haben die Familien und Familien-Vorlagen?
2. Was sind die typischen Browser-Kategorien im Familieneditor?
3. Beschreiben Sie die Modellierfunktionen im Familieneditor.

4. Was ist ein Abzugskörper?
5. Wie erstellen Sie einen Parameter für Ihr Familienteil?

Kapitel 15 Antworten

1. Die Familien haben Dateiendung *.rfa und die Familien-Vorlagen *.rft.
2. GRUNDRISSE|REFERENZEBENE, 3D-ANSICHTEN|ANSICHT(1), ANSICHTEN|AUSSEN, INNEN,LINKS und RECHTS.
3. EXTRUSION zieht ein Profil in die Höhe. VERSCHMELZEN bildet einen Körper aus zwei Profilen in verschiedenen Höhen, ROTIEREN dreht ein Profil um eine Achse, SWEEP führt ein Profil an einem Pfad entlang, SWEEP-VERSCHMELZEN verbindet zwei Profile an den Enden einer einzelnen Pfadkurve.
4. Ein ABZUGSKÖRPER wird nach gleichen Methoden wie ein normaler Körper erzeugt, aber er wird automatisch von dem normalen Körper abgezogen.
5. Sie müssen zuerst eine Bemaßung erstellen, diese markieren und dann die Funktion BESCHRIFTUNGSBEMASSUNG|PARAMETER ERSTELLEN wählen.

Stichwortverzeichnis

Symbole
.RVT 28

Numerisch
3D-Ansicht 68
3D-Darstellung 22
3D-Schnittbereich 192
    einrichten 113

A
Abbruch
    Funktion 58
Abhängigkeit 47
Abkürzung
    Befehle 52
Abziehbild 224
Abzugskörperform 343
ACIS
    Import 34
ADSK
    einfügen 35
Ähnliches platzieren 81
Ändern (Gruppe) 119
Ändern (Register) 114
Anschlagsrichtung 79
Ansicht 63, 189
    Außenansichten 195
    Bedeutung 68
    Detailansichten 202
    Innenansichten 198
    Iso 191
    perspektivisch 334
    Schnittansichten 199
Ansicht (Gruppe) 133
Ansichtsrichtung 191
    schwenken 191
Ansichtswürfel 52
Anwendungsmenü 28
Arbeitsebene 33, 214, 275
Ausblenden (Werkzeug) 133
Ausrichten 120

Auswählen (Gruppe) 115
Auswahlmethode
    zusammenhängende Elemente 86
Auswahlrahmen 135
Außenansicht 49, 63, 195
AutoCAD 310
    Import 34, 309
Autodesk 360 25
Autodesk Exchange Apps 31
Autodesk-Materialien 350

B
Baugruppe 139
Bauteil
    beschriften 174
Bauteilbeschriftung 35
Bearbeiten
    mit Doppelklick 57
    Typen 40
Bearbeitungsmöglichkeit 111
Beenden 29
Befehlsabbruch 58
Befehlsabkürzung 52
Befehlsvorgabe 70
Befehlszeile 44
Bemaßung
    assoziative 161
    ausgerichtete 159
    Bogenlängenbemaßung 167
    Durchmesserbemaßung 167
    lineare 165
    Radiusbemaßung 167
    temporär 74
    Winkelbemaßung 166
Bemaßungsbefehl 159
Benutzeroberfläche 28
Benutzeroberfläche (Werkzeug) 37
Betriebssystem 21
Bibliothek 154
Bodenbelag 229
Bogenlängenbemaßung 167

Stichwortverzeichnis

C
Cloud 31

D
Dach 259
    erstellen 99
    erzeugen 295
    rotationssymmetrisch 282
    über Extrusion 275, 284
Dachform 260
Dachgaube 284
Darstellung
    fotorealistische 330
Decke 85
Dehnen
    einzelnes Element 131
    für Ecke 127
    mehrere Elemente 132
Design
    konzeptionell 291
    konzeptuelles 36
Detailansicht 202
Detailausschnitt 37, 202
Detailgenauigkeit 45
Detailzeichnung 35
Dezimalpunkt 66
Doppelklickbearbeitung 57
Drehpunkt 126
Durchmesserbemaßung 167
Durchsuchen 31

E
Ebene 0 62
Eckenrundung
    automatische 42
Eigenschaften (Gruppe) 117
Eigenschaften-Manager 40
Einheit 66
Einrasten 65
Element
    teilen 123
Elemente
    ausgeblendete 47
Elementwahl
    Einstellungen 116
EQ
    bei Maßen 161
Erdgeschoss 62
Erstellen (Gruppe) 139
Erstinstallation 21
ESC-Taste 58
Extrusion 275, 343

F
Faltdach 273
Familie 26, 50
Familieneditor 111, 341
Fangstufe 65
Farb-Legende 318
Fassade
    erzeugen 296
Fenster
    bearbeiten 153
    einfügen 79
Fensterliste 323
Fenster-Modus 117
Fensterrahmen 348
Fenstertyp 79
Fenster-Wahl 55
Festplatte 22
Filter 116
Fixieren 89, 161
Fixiertes Objekt 156
Flachdach 270
Flächenplan 322
Flyout 32, 39
Formel 148
Fundamentplatte 98
Funktion
    Abbruch 58
Fußboden 226
Fußbodenmaterial 229

G
Gebäudesohle 36
Gelände 36, 177
    Sichtbarkeit 37
Geländer 241
Geometrie (Gruppe) 118
Gesamtfläche 321
Geschoss
    kopieren 156
    neues 49
Geschossdecke 85
    bearbeiten 140
    erzeugen 297
    Kontur ändern 140
Geschosshöhe 49, 67

Geschoss-Schnitthöhe 144
Glasscheibe 351
Grabendach 278
Grafikkarte 22
Griff 58
Griffmenü 57
Grundeinstellungen 29
Gruppe 31, 140, 307

H
Hardware 21
Hilfe 31
Hilfsgeometrie 33
Hilfslinie 74
Hintergrundbild 35, 333
Höhe
    Geschoss 68
Höhenkote 168
Höhenverschiebung 185

I
Innenansicht 198
Installation 22
Iso-Ansicht 191

K
Kamera 334
Kamera-Position 334
Kästchen
    blaue 58
Kegeldach 281
Kette 42
Konstruktionsbefehl
    grundlegend 33
Kontextmenü 53
    mit aktivem Element 54
Konzeptionelles Design 291
Konzeptuelles Design 36
Kopieren 125
    Geschosse 156
Körperelement 343
Körpergeschoss 297
    erzeugen 297
Kreisgriff
    bei Treppen 238
Kreuzen-Modus 117
Kreuzen-Wahl 56

L
Längeneinheit 66

Laternendach 268
Lauflinie 239
Linienstärken
    echte 37
Linienstil 209
Liste 315
Lizenzdaten 19
Lofting 295
Löschen 147
Löschen (Werkzeug) 132
Lücke 123

M
MAC-Rechner 22
Mansarddach 274, 276
Maßhilfslinie 74
Maßkette 163
    bearbeiten 162
Maßstab 44, 130
    eigener 44
Materialbrowser 229, 350
Materialzuordnung 351
Mausrad
    Orbit 51
    Pan 51
    Zoom-Grenzen 51
Messen (Gruppe) 137
MicroStation
    Import 34
Modellierfunktion
    Familieneditor 343
Modelllinie 209
Multifunktionsleiste 31, 39
    kontextspezifisch 111

N
Navigationsleiste 37, 50
Neigungskote 172
Neigungspfeil 271
Nettofläche 319
Nord-Richtung
    geografisch 186
    Projekt 186
Null-Maß 163

O
Objekt
    fixiertes 156
Objektfang 65
Objektwahl 55

Stichwortverzeichnis

Öffnung
　Familieneditor 344
Online-Hilfe 31, 58
Optionen 29
Optionsleiste 40, 41
Orthogonale Richtung 73

P

Pan 51
Parameter
　erstellen 346
Perspektive 334
Pfeilgriff
　bei Treppen 237, 238
Pfostenausrichtung 302
Pfostenwinkel 302
Pixelformate
　Import 34
Plandarstellung 46
Plot 205
Priorität 89, 142
　der Materialien 230
Profil
　anpassen 150
Programmleiste 28
Projekt 26
　neu 62
Projekt1.rvt 28
Projekt-Basispunkt 49, 64, 185
　Sichtbarkeit 37
Projektbrowser 37, 48
Projekthöhe
　echte 184
Projektinformationen 38, 63
Projektkörper 36, 281
Projekt-Nullpunkt 185
Pultdach 269
Punktedatei 182
Punktkoordinate 170

Q

Quadratgriff
　bei Treppen 238

R

Radiusbemaßung 167
Rampe 242
RAM-Speicher 21
Rasterfunktion 213
　bei Stützen 246

Rasterlinie 213
Raum 316
Raumbegrenzung 315
Raumstempel 315, 316
　Legende 35
Raumtrennung 315
Raumtrennungslinie 316
Referenzebene 217
Register 31
Reihe (Werkzeug) 128
Rendern 330
Rhombendach 273
Richtung
　orthogonale 73
Rotationsachse 282
Rotationskörper 293
Rotieren 343
RVT
　einfügen 35

S

Satteldach 265
Schattenwurf 328
Schleppdach 266
Schmetterlingsdach 267
Schnellzugriff-Werkzeugkasten 30
　hinzufügen zu 64
Schnitt 37
Schnittansicht 37, 199
Sheddach 278
Shift-Taste 66
Sicherungsintervall 29
Sichtbarkeit
　einschalten 64
　Volumenkörper 281, 282
Skalierfaktor 130
SketchUp
　Import 34
Software 21
Sonnensimulation 328
Sonnenstand 328
Sperren 131
Sperrung
　aufheben 123
Spurlinie 73
Start 26
Statusleiste 37, 40, 42
Stockwerk
　kopieren 95
Streben 257

Studentenversion 21
Stütze 245
Stutzen
    einzelnes Element 131
    für Ecke 127
    mehrere Elemente 132
Sweep 343
Sweep-Verschmelzen 344

T

Tabulatortaste 66
Teilelement 140
Testversion 19, 26
Text-Werkzeug 173
Tonnendach 279
Träger 252
Trägersystem 255
Trennen 124
Treppe 231
    erstellen 90, 93
    nach Bauteil 232
Trimble
    Import 34
Tür
    bearbeiten 156
    einfügen 79
Typ
    erstellen 84
Typen-Auswahl 39

U

Überschreiben
    Grafik in Ansicht 134
Umschalt-Taste 66
Unterlage 43

V

Verbinden 88, 89
Verbinden (Werkzeug) 150
Verknüpfen 34
Verknüpfung
    auswählen 42
Vermessungspunkt 49, 185

Versatz 42, 120
Verschieben 115, 124, 149
Verschiebungs-Pfad 47
Verschmelzen 343
ViewCube 37, 50, 191
Volumenkörper 291
    erstellen 291

W

Wahl
    zusammenhängende Elemente 56
Walkthrough 337
Walmdach 260
Wand 219
    bearbeiten 144
    ergänzen 145, 147
    erzeugen 296
    fixieren 150
    löschen 145, 147
    verschieben 145
Wandeigenschaft 70
Wandhöhe 42, 96
Wandlänge
    ändern 74
Wandliste 325
Wandtyp
    ändern 144
Winkelbemaßung 166

Z

Zeichenfläche 50
Zeichnungsbeschriftung 63
Zeltdach 271
Zollingerdach 280
Zoom
    Grenzen 51
Zurück
    Drop-down-Liste 193
Zuschneidebereich 46
Zuschneiderahmen 200
Zwerchdach 272
Zwischenablage (Gruppe) 117

Detlef Ridder

AutoCAD 2017 und LT 2017 für Architekten und Ingenieure

Für die Versionen AutoCAD 2017 und AutoCAD LT 2017

Konstruktionsbeispiele aus Architektur, Handwerk und Technik

Zahlreiche Praxisbeispiele und Übungen

Dieses Grundlagen- und Lehrbuch zeigt Ihnen anhand konkreter Praxisbeispiele aus Architektur, Handwerk und Technik die Möglichkeiten von AutoCAD 2017 und AutoCAD LT 2017 und bietet insbesondere AutoCAD-Neulingen einen gründlichen und praxisnahen Einstieg in CAD.

Mit dem Buch und einer 30-Tage-AutoCAD-Testversion von der Autodesk-Webseite können Sie sofort beginnen und Ihre ersten Zeichnungen erstellen. Sie arbeiten von Anfang an mit typischen Konstruktionsaufgaben aus Studium und Praxis. Zu jedem Kapitel finden Sie Übungsaufgaben, Testfragen und Lösungen.

Zahlreiche Befehle werden detailliert erläutert, wie z.B.:

- Zeichnen mit LINIE, BOGEN, PLINIE, Multilinie/Doppellinie und Schraffur
- Bearbeiten (VERSETZ, STUTZEN, DEHNEN und weitere), Griffe, Eigenschaften-Manager
- Komplexe Editierbefehle wie Anordnungen, STRECKEN, VARIA, LÄNGE
- Komplexe Objekte: BLOCK, Dynamischer Block, Attribute und externe Referenzen
- Parametrisches Konstruieren für Variantenteile 3D-Modellierung mit Volumenkörpern, Netzkörpern und NURBS-Flächen
- Anpassen der Benutzeroberfläche, Makro-Aufzeichnung, AutoLISP-Einführung
- Deutsche Beschreibung der englischen Expresstools

ISBN 978-3-95845-419-4

Probekapitel und Infos erhalten Sie unter:
www.mitp.de/419